Das Buch

Kriegseinsätze, kein Wirtschaftswachstum, immer mehr Arbeitslose, Steueroasen für Reiche, Milliardengeschenke an Großunternehmen, Lohndrückerei und eine Globalisierung, die nur wenige Gewinner, aber viele Verlierer hervorbringt – es ist genug. Oskar Lafontaine nimmt die Unterlassungssünden der rot-grünen Regierung, aber auch die weltweiten Fehlentwicklungen scharf ins Visier. Er kritisiert die mangelhafte Finanz- und Wirtschaftspolitik der Bundesregierung ebenso wie Schröders militärisch oft allzu engagierte Außenpolitik. Faktenreich attackiert Lafontaine aber auch Unternehmen, die den höchsten Renditen hinterherjagen, ohne sich um Umwelt und Menschen zu kümmern, die Finanzmärkte, die Billionen um den Erdball schleudern, ohne auf die Dritte Welt besondere Rücksicht zu nehmen, und die USA, die immer skrupelloser ihre militärische und ökonomische Vormachtstellung zur Durchsetzung eigener Interessen nutzen – wie im Krieg gegen den Irak. Das Gesetz des Marktes, so Lafontaine, kann aber nicht die Maxime der Zukunft sein. Wir brauchen eine gerechtere Welt, die nicht ausschließlich von den Interessen der Stärkeren geprägt ist, sondern von einer Weltinnenpolitik, die den Mächtigen Grenzen setzt.

Der Autor

Oskar Lafontaine, Jahrgang 1943, ist seit 1966 Mitglied der SPD. 1976 wurde er Oberbürgermeister von Saarbrücken und 1985 Ministerpräsident des Saarlands. Er kandidierte 1990 für das Kanzleramt und wurde während des Wahlkampfs bei einem Attentat schwer verletzt. 1995 wählten ihn die Sozialdemokraten zum SPD-Vorsitzenden. Mit Gerhard Schröder schaffte Lafontaine bei der Bundestagswahl 1998 den Machtwechsel zu Rot-Grün. Am 11. März 1999 trat er wegen unüberbrückbarer politischer Differenzen mit dem Bundeskanzler von allen politischen Ämtern zurück. Sein Buch *Das Herz schlägt links* wurde ein phänomenaler Bestseller.

Oskar Lafontaine

Die Wut wächst

Politik braucht Prinzipien

Ullstein

Besuchen Sie uns im Internet:
www.ullstein-taschenbuch.de

Umwelthinweis:
Dieses Buch wurde auf chlor- und säurefreiem Papier gedruckt.

Aktualisierte Ausgabe im Ullstein Taschenbuch
1. Auflage September 2003
2. Auflage 2005

Umschlaggestaltung: Büro Hamburg
(unter Verwendung einer Vorlage von Petra Soeltzer, Düsseldorf)
Titelabbildung: Konrad Rufus Müller, Focus
Satz: Franzis print & media GmbH, München
Druck und Bindearbeiten: Ebner & Spiegel, Ulm
Printed in Germany
ISBN-13: 978-3-548-36492-6
ISBN-10: 3-548-36492-6

Inhalt

Vorwort zur Taschenbuchausgabe

Das vorliegende Buch wurde im Mai 2002 abgeschlossen. Inzwischen ist mehr als ein Jahr vergangen. Daher habe ich den Text überarbeitet und ergänzt. Die Einschätzung, dass Amerika in jedem Fall den Irak angreifen würde, hat sich bestätigt. Die Waffenindustrie wird im Verein mit den Ölfirmen weitere Indianerkriege im Vorderen Orient verlangen. Als Indianerkriege bezeichne ich Feldzüge der USA gegen hoffnungslos unterlegene Gegner, die, wie Afghanistan und der Irak, über keine ernst zu nehmende Luftabwehr verfügen. Insbesondere Europa hat zukünftig die Aufgabe, die UNO zu stärken. Die einzig verbliebene »Supermacht« kann auf der Weltbühne nicht Ankläger, Richter und Henker zugleich sein. Damit der alte Kontinent in der Weltpolitik Gewicht und Stimme erhält, brauchen wir einen deutsch-französischen Bund. Die Forderungen nach einem Europa der zwei Geschwindigkeiten, nach einem Kerneuropa, sind einleuchtend. Die zwei Staaten, auf die es ankommt, müssen vorangehen.

Die Jahrhundertflut und der Irakkrieg verhalfen der rot-grünen Koalition noch einmal zu einer knappen Mehrheit im Bundestag. Da die Konjunktur wie nach einem Lehrbuch im Jahr 2000 abgewürgt wurde und diese falsche Politik trotz vieler Rückschläge weitergeführt wurde, haben wir mittlerweile Rekorde bei Schulden und Arbeitslosigkeit. Die Umverteilung von unten nach oben geht weiter. Reform heißt in Deutschland: Abbau des Sozialstaates und Abbau von Arbeitnehmerrechten. Sobald es an die Privilegien der Wohlhabenderen, der Manager, der Pharmaindustrie, der Apotheker, der Handwerker, der Freien Berufe geht, ist die Reformunwilligkeit in Deutschland groß. Mittlerweile warnen der Internationale Währungsfonds und viele Geschäftsbanken vor einer Deflation. Wenn die derzeitige Wirtschafts- und Finanzpolitik unverändert fortgesetzt wird, werden wir bald japanische Verhältnisse haben. Ironie der Geschichte: Bevor die japanische Wirtschaft infolge maßloser Immobilien- und Börsenspekulationen in die Knie ging, haben die »neoliberalen Sachverständigen« sich für Deutschland immer japanische Verhältnisse gewünscht.

Die Warnungen der Globalisierungskritiker vor den Folgen des Kasinokapitalismus werden jeden Tag bestätigt. Eine Regulierung der internationalen Finanzmärkte ist unvermeidbar. Wenn die Globalisierung so weiterläuft wie bisher, werden die Reichen immer reicher und die Armen immer ärmer. In den Industriestaaten wird dann die Demokratie wieder zur Plutokratie, zur Herrschaft der Reichen. In Italien hat sich Berlusconi die staatliche Macht gekauft und das Kabinett des US-Präsidenten George W. Bush, der 500 000 Stimmen weniger erhielt als der demokratische Präsidentschaftskandidat Al Gore, wird »Kabinett der Millionäre« genannt. Demgegenüber ist Willy Brandts berühmte Aufforderung »Wir wollen mehr Demokratie wagen« nach wie vor aktuell – gerade auch im Sinne eines Programms für eine Globalisierung mit menschlichem Antlitz.

Saarbrücken, im Juni 2003
Oskar Lafontaine

Links und rechts – ohne Standpunkt geht es nicht

Jede Zeit hat ihre Begriffe. In den letzten Jahren ist von neuer Unübersichtlichkeit und neuer Beliebigkeit die Rede. Hoch im Kurs steht auch das Wort Modernisierung. Aber die neue Unübersichtlichkeit entbindet uns nicht von der Pflicht einen Standpunkt zu beziehen und uns zu entscheiden. Die neue Beliebigkeit steht für Orientierungslosigkeit und Opportunismus. Ihre Protagonisten erwecken den Eindruck, alles mitzumachen, solange sie selbst gut dabei wegkommen. Und die Modernisierer sind eifrig dabei, den Sozialstaat zu demontieren, der den Zusammenhalt der demokratischen Gesellschaft garantiert. Sie wirken wie unfreiwillige Handlanger und Trottel des Neoliberalismus, denen der Ausgang aus der selbstverschuldeten Unmündigkeit nicht gelingen will.

In der Politik ist es Tradition, zwischen der Linken und der Rechten zu unterscheiden. In Frankreich ist das heute noch selbstverständlich. Sozialisten und Kommunisten zählen sich zur Linken, Bürgerliche und Gauillisten zur Rechten. In Deutschland ist das anders. Alle Parteien drängen sich in der Mitte. Schon vor Jahren hieß es, das sozialdemokratische Zeitalter sei zu Ende. Als ich das zum ersten Mal in den achtziger Jahren hörte, musste ich schlucken. Schnell rief ich mir die wichtigen Programmpunkte sozialdemokratischer Politik in Erinnerung, um zu überprüfen, ob die Zeit der Sozialdemokraten tatsächlich zu Ende war. Als Erstes fiel mir die Aufgabe ein, Frieden zu schaffen und Frieden zu bewahren. Willy Brandt war damals Vorsitzender der SPD und hatte für seine Friedens- und Entspannungspolitik den Nobelpreis erhalten. Aber mir war sofort klar, ein Konservativer würde ebenfalls behaupten, auch wir wollen Frieden schaffen – und dem könnte ich so ohne weiteres nicht widersprechen. Für die politische Linke gehören aber Frieden und soziale Gerechtigkeit untrennbar zusammen. Hier scheiden sich die Geister. Der Zusammenhang von sozialer Gerechtigkeit und Frieden ist auch das zentrale Thema der Globalisierung.

Da niemand die Notwendigkeit gerechter Verteilung leugnen kann, wird darüber gestritten, was gerecht ist. Natürlich gibt es nie ganz eindeutige Antworten. Aber wenn aus den armen Ländern über den Schuldendienst mehr Geld in die reichen fließt als umgekehrt, dann kann ein normal empfindender Mensch das nicht mehr gerecht nennen. Oder wenn die Vorstandsgehälter um mehrere hundert Prozent steigen, während die Realeinkommen der Arbeitnehmer und Rentner sinken, dann wird das nur noch eine Minderheit in Ordnung finden.

Das Sein bestimmt das Bewusstsein, wusste schon Karl Marx. Der Besitzende hat andere Interessen als der Habenichts. Er hat auch einen anderen Begriff von sozialer Gerechtigkeit als der Sozialhilfeempfänger. Die Sozialhilfe wurde ursprünglich eingeführt, um die innere Sicherheit zu verbessern. Die Armen sollten die öffentliche Ordnung nicht gefährden, nicht betteln oder stehlen und aufgrund mangelnder Hygienemöglichkeiten keine Seuchen verbreiten. Während vieler Jahrhunderte war der Militäretat der wichtigste Titel im Staatshaushalt. Erst im 20. Jahrhundert wurde er vom Sozialhaushalt abgelöst. Für die Vermögenden sind die innere und die äußere Sicherheit immer wichtiger als die soziale. Konservative Regierungen bauen Bürgerrechte ab und schenken dem Militäretat größere Aufmerksamkeit. Das kann man heute wieder in Amerika beobachten. Vielfach beeinflussen die finanziellen Nutznießer der Rüstungsgeschäfte die Regierungspolitik.

Stramme Konservative behaupten kurz und bündig, der Markt

sei gerecht. Das ist aber nur etwas für Leute, die nicht genau hinsehen. Jeder kleine Einzelhändler kann ein Lied vom gerechten Markt singen. Hätten wir keine Kartellgesetze, dann würden die Großen die Kleinen fressen. Raffiniertere weichen der Frage nach sozialer Gerechtigkeit durch Begriffsverwirrung aus. Es gehe nicht um Chancengleichheit, sondern um Chancengerechtigkeit, sagen sie. Das hört sich gut an, hilft aber auch nicht weiter, wie ein Gedankenexperiment zeigt. Eine Gruppe ausgehungerter und verdurstender Menschen erfährt von einem Vorrat an Speisen und Getränken, der in einer Entfernung von einem Kilometer angeboten wird. Diejenigen, die noch bei Kräften sind, werden ihren Hunger und Durst stillen; Kinder, Kranke und Schwache werden zu spät kommen. Es wäre zynisch zu sagen, jeder hätte die faire Chance gehabt, etwas zum Essen und zum Trinken zu bekommen.

Alte, Kranke, Kinder, Schwache und Behinderte gibt es in jeder Gesellschaft. Die Linke sieht es als ihre Kernaufgabe an, gesellschaftliche Bedingungen durchzusetzen, die auch diesen Menschen ein würdiges Leben ermöglichen. Der Markt kann nach meiner Überzeugung keine soziale Gerechtigkeit herstellen. Er ist für ethische Fragen blind, weil die einzelnen Menschen ungleiche Startbedingungen und ungleiche Zugangsbedingungen zum Markt haben. Es gibt reiche und arme Eltern, intakte und zerrüttete Familien, und die Menschen sind gesund oder krank, begabt oder weniger begabt, schön oder weniger schön. In einer gerechten Gesellschaft dürfen die ungleichen Startbedingungen nicht alleine über die individuellen Lebensentwürfe und deren Realisierungschancen entscheiden. Deshalb muss der Staat durch gerechte Verteilung der Grundgüter, zu denen Bildung und Gesundheitsvorsorge ebenso wie Einkommen und Vermögen gehören, für bessere Ausgangsbedingungen der Benachteiligten sorgen. Die Zufälligkeit der sozialen Herkunft und der natürlichen Begabung soll ausgeglichen werden.

Mittlerweile haben sich die Hohepriester des Raubtierkapitalismus etwas Neues einfallen lassen. Sie berufen sich auf den amerikanischen Philosophen John Rawls und sagen, wenn mehr Gerechtigkeit nur dazu führt, dass die Armen noch weniger haben, dann sei die ungleiche Verteilung im Interesse der Benachteiligten. Dahinter steckt die nette Idee vom fähigen Manager, dessen Initiative und Kreativität erlahmt, wenn er nicht Millionen scheffelt. Wenn ihm die Arbeitslust ausgeht, schadet das nicht nur den Arbeitnehmern, sondern der ganzen Volkswirtschaft und damit dem Sozialstaat. Lernziel: Ohne hochbezahlte Eliten geht es allen schlechter. Amerika ist dabei das leuchtende Vorbild, nur mit dem Sozialstaat klappt es dort nicht so. Die Vertreter solcher Weisheiten übersehen: Die Aussage ist umgekehrt eher gültig. Wenn die Arbeitnehmer die Arbeitslust verlieren, dann kann auch der beste Manager nichts mehr ausrichten. Im Übrigen habe ich in den letzten Jahren in Deutschland den Eindruck gewonnen, die Bezahlung der Vorstände läuft nach folgender Regel: je größer der Milliardenbetrag, den der Wirtschaftsboss im Ausland versenkt, umso höher sein Einkommen. Die großen Geldvernichter in der Automobilbranche, ich denke an DaimlerChrysler und an BMW, haben fürstliche Gehälter. Mannesmann und die Berliner Bankgesellschaft stehen für einen anderen gesellschaftlichen Skandal. Je größer die Niete im Nadelstreifen, umso höher die Abfindung.

Inzwischen treten sich in Deutschland alle Parteien in der Mitte auf die Füße. Nur die kleine PDS ist ein bisschen links und rackert sich im Osten ab.

Ich konnte mit dem Begriff der »Mitte« nie etwas anfangen. Er ist weder Fisch noch Fleisch und erinnert mich an die liebenswerten Restaurantbesucher, die vom Kellner gefragt werden, ob sie gerne Rotwein oder Weißwein trinken. Um ja nichts falsch zu machen, bestellen sie einen Rosé.

Die Parteien tun sich mit ihrem Beharren auf dem inhaltsleeren Begriff der Mitte keinen Gefallen. Wer in Deutschland die Interessen der Arbeitnehmer und Rentner vertritt und bei diesen Wählergruppen glaubwürdig bleibt, hat immer die Mehrheit. Und es gibt noch genügend Unternehmer, die wissen, ohne zahlungsfähige Kunden kann man keine Geschäfte machen. Der Automobilhersteller Henry Ford pflegte zu sagen: Autos kaufen keine Autos.

Neben dem Begriff der Mitte wurde in den letzten Jahren wieder die alte Platte vom Dritten Weg zwischen Sozialismus und Kapitalismus aufgelegt. Vor allem New Labour spielte sie ständig ab, bis Eisenbahnunglücke, überfüllte Schulen und ein miserables Gesundheitswesen die englische Arbeiterpartei wieder auf den richtigen Weg zwangen. Sie entdeckte die Notwendigkeit von Staatseinnahmen und Staatsausgaben für das Allgemeinwohl und erhöhte die Steuern und Abgaben. Als ich auf Einladung des französischen Erziehungsministers Jack Lang die Stadt Blois an der Loire besuchte, traf ich in einem Restaurant den ehemaligen Schweizer Bundespräsidenten Flavio Cotti. Wir unterhielten uns über die Veränderungen der europäischen sozialdemokratischen Parteien. Am Ende zog er folgendes Resümee: »Am schlimmsten sind Sozialdemokraten, die keine mehr sind.« Ich konnte ihm nur noch zuprosten.

Auf der Heimfahrt dachte ich darüber nach, warum es in Europa auch keine wirklich konservativen oder christlichen Parteien mehr gibt. Die Anpassung an den Ökonomismus, der angeblich die einzige Antwort auf die Globalisierung ist, zerstörte die Wertorientierung der politischen Rechten genauso wie die der politischen Linken. Die Reduzierung des Lebens auf das Gesetz des Marktes ist das Gegenteil von Freiheit und lässt keinen Raum für Würde, Ehre, Opferbereitschaft, Treue und Nächstenliebe. An die Stelle dieser Werte traten die bekannten modischen Lehrformeln Modernisierung, Flexibilisierung und Deregulierung, die die Auflösung traditioneller Lebenswelten zur Folge hatten. Die Familie wird dem Dogma der Flexibilisierung und Deregulierung der Arbeitswelt geopfert. Die aus der Schöpfungsverantwortung abgeleitete Sorge für die Umwelt muss dem opportunistischen Feldgeschrei für billiges Benzin weichen. In der Debatte um die Stammzellenforschung fehlte das klare Bekenntnis zum christlichen Menschenbild. An seine Stelle trat die

Befürchtung, man könne im internationalen biotechnischen Wettbewerb zurückfallen. Und das ehemalige Eintreten für Recht und Ordnung wich der zweifelhaften Forderung nach einer Amnestie für Steuersünder. Auch die konservativen und christlichen Parteien Europas stehen verloren in der Mitte herum.

Jungsozialisten, die sich mit der Rolle der Linken in der SPD beschäftigten, stellten unisono fest, die Linke sei tot. Den gleichaltrigen Aufsteigern in der SPD hielten sie vor, diese hätten nur noch ein einziges Projekt: sich selbst. Ich hätte mich nicht getraut, so etwas zu schreiben, weiß ich doch um die Egomanie und Selbstverliebtheit der Vorgängergenerationen. Dabei denke ich nicht nur an die eigene, der man fälschlicherweise den Ehrentitel Toskanafraktion verlieh. Wenn ich heute die von der Verantwortung zerfurchten Gesichter sehe, dann fällt mir vieles ein, aber nicht die sanfte Hügellandschaft zwischen Florenz und Pisa.

Bei der Beobachtung unserer Altvorderen lernte ich: Der Lackmustest auf die Glaubwürdigkeit eines linken Politikers ist der Umgang mit seiner Familie, seinen Freunden und mit den ihm anvertrauten Mitarbeiterinnen und Mitarbeitern. Wer Solidarität predigt, die Gleichberechtigung der Frau in Beruf und Gesellschaft fordert, die eigenen Kinder aber nicht kennt und der Frau die Erziehung allein überlässt, ist unglaubwürdig. Wer Freundschaften nur pflegt, solange sie der eigenen Karriere nützen, ist bindungslos und einsam. Und wer das Personal von oben herab behandelt, hat in einer linken Partei nichts verloren.

Aber zurück zur Diskussion des sozialdemokratischen Nachwuchses. Die Beobachtung, dass sich gesellschaftlich einiges verändert hat und dass diese Veränderungen vor den Parteien nicht Halt gemacht haben, ist richtig. Nicht umsonst ist in den letzten Jahren von der »Ich-AG« die Rede. Der *Spiegel* konnte einen Titel mit Boris Becker gut verkaufen, auf dem ein einziges Wort stand: »Ich«. Das sind schlechte Zeiten für die Solidarität. Aber wie viel Zugeständnisse an den Zeitgeist und die herrschenden Eliten sind erlaubt? Wes Brot ich ess, des Lied ich sing, heißt es in einem

Sprichwort. Damit nicht nur das Lied der Reichen gesungen wird, tritt die Linke für soziale Grundrechte ein. Soziale Sicherheit ist die Bedingung eines freien Lebens. Der im Zeitalter des Neoliberalismus geschmähte Sozialstaat ist die Voraussetzung einer wirklich demokratischen Gesellschaft. Er hilft, unwürdige Abhängigkeiten abzubauen. Ein Arbeitnehmer, der Kündigungsschutz und Anspruch auf Arbeitslosengeld hat, muss im Betrieb nicht kuschen und den Vorgesetzen nach dem Mund reden.

Der Mensch lebt nicht nur vom Brot, sondern von jedem Wort, das aus Gottes Mund kommt, lesen wir in der Bibel. Wer ist der Gott unserer Zeit und welche Wörter bietet er uns zur geistigen Nahrung an? Die Sprache formt die Gedanken, weil wir in vorgegebenen, uns vertrauten Begriffen zu denken gelernt haben. »Die Grenzen unserer Sprache sind die Grenzen unserer Welt«, schrieb der Philosoph Ludwig Wittgenstein. Immer neue Wörter entstehen und prägen das Denken auch in den sozialen und politischen Auseinandersetzungen. Wenn die Linke nicht wachsam ist, hat sie schon verloren, einzig weil sie in der Sprache der Herrschenden denkt. Das ist eine entscheidende, bisher zu wenig beachtete Ursache für das Versagen der Linken in der Politik. Die tägliche Gehirnwäsche wird gar nicht bemerkt. Greifen wir mitten hinein. »Lohnzurückhaltung«, das Unwort der verteilungspolitischen Auseinandersetzung der letzten Jahre, ist keine Wortschöpfung der Arbeitnehmer. Der Begriff ist heute in aller Munde und wird in vielen tausend Wirtschaftskommentaren heruntergebetet. Warum gibt es das Wort »Gewinnzurückhaltung« nicht? Wenn sie einen Arbeitnehmer auf die Straße setzen, dann sprechen sie von »Freisetzung«. Ich habe oft vernommen, wie Gewerkschaftsfunktionäre dieses Wort gedankenlos nachplappern. Es klingt dann so, als entließe man den betroffenen Arbeitnehmer in die Freiheit. Deregulierung und Flexibilisierung? Es hieß doch immer, der Mensch braucht Regeln und einen festen Grund, um sein Leben zu gestalten. Wenn die Begriffe in der deutschen Sprache zu eindeutig sind, flüchtet man in

Fremdwörter. Deregulierung und Flexibilisierung hört sich besser an, als keine Gesetze und keine geregelten Arbeitszeiten. »Du Protektionist« ist für die Neoliberalen aller Länder ein Schimpfwort. Die deutsche Übersetzung, du willst Schutzrechte für Menschen und Kulturen, klingt nicht wie ein Vorwurf, sondern wie ein Kompliment. Noch ausgeprägter ist das Unterfangen, die militärischen Intentionen mit Hilfe von Fremdwörtern zu verschleiern: »Intervention«, »Militäraktion« oder »Schlag gegen Serbien und den Irak« hört sich humaner an als »wir bringen Serben und Iraker um.« Der Mensch muss aus der Sprache des Militärs verschwinden. Unschuldige Kinder, Frauen und Männer, die Opfer der Bomben werden, nennt die Kriegspropaganda »Kollateralschäden«. Die Wörter dienen oft nicht nur zur Verschleierung der Gedanken, sondern zur Verzerrung der Wirklichkeit. Für die politischen Fehlentwicklungen der letzten Jahre war es entscheidend, dass die Linke sich ihren Reformbegriff klauen ließ. Unter Reform verstand man lange Jahre die Besserstellung des Volkes. Heute heißt Reform Abbau des Sozialstaates, Beseitigung von Arbeitnehmerrechten und Umverteilung von unten nach oben. Rentenreform, Steuerreform, Arbeitsmarktreform und Gesundheitsreform – das klingt so verführerisch, aber mittlerweile wissen die Menschen, dass sie bei solchen Ankündigungen den Geldbeutel zuhalten müssen.

Neben dem zentralen Anliegen der sozialen Gerechtigkeit ging es der Linken immer um die Demokratisierung der Macht und die Veränderung von Herrschaftsstrukturen. Als sie noch echten Kaisern und Königen gegenübertrat, brauchte das nicht erläutert zu werden. Aber längst gibt es neue Kaiser. Sie beherrschen die großen Finanzhäuser und multinationalen Konzerne, die in der Welt eine wichtigere Rolle spielen als viele Staaten. Vor diesen neuen Kaisern, die oft nackt sind und ohne Kleider dastehen, verharren die Mächtigen der Politik in unterwürfiger Demut. Manchmal stehen sie auch auf ihrer Spendenliste oder auf ihrer Gehaltsliste. Die Demokratisierung der Unternehmen und die Schutzrechte der

Arbeitnehmer bleiben zentrale Anliegen der Linken, auch wenn der Zeitgeist dem entgegensteht. Mitbestimmung, Kündigungsschutz und Lohnfortzahlung drücken nach Meinung der neoliberalen Glaubensgemeinde den Aktienkurs und halten angelsächsische Unternehmer davon ab, in Deutschland zu investieren.

Aber wo ist die Linke? Das werde ich oft mit aggressivem Unterton gefragt. Eine Antwort lautet: Am Beginn des Jahres 2002 versammelte sich die Rechte auf dem World Economic Forum in New York, während die Linke im brasilianischen Porto Alegre tagte. 3000 Führungskräfte aus aller Welt kamen in New York zusammen. Bis zu 25 000 Dollar Teilnahmegebühr wurden bezahlt. Das Motto der Tagung hieß: »Führungsstärke in ungewissen Zeiten«. Aber was wussten die dort Versammelten – verglichen mit den Kriegs- und Armutsflüchtlingen der Welt – von ungewissen Zeiten? In Porto Alegre sah man nicht die Reichen und Mächtigen, sondern Globalisierungskritiker, Gewerkschafter und Kirchenvertreter, kurz, Menschen, die sich für soziale Gerechtigkeit in der Welt engagieren. Ihr Motto hieß: »Eine andere Welt ist möglich.« Ihr Programm ist überzeugend. Sie fordern die Entschuldung der armen Länder, das Austrocknen der Steueroasen, die Bekämpfung der Steuerflucht, eine neue Weltfinanzarchitektur mit stabilen Wechselkursen und Kapitalverkehrskontrollen, die Demokratisierung der internationalen Organisationen, den Abbau der Agrarsubventionen, die Änderungen der Spielregeln des Welthandels, die Steigerung der Entwicklungshilfe und die Einführung einer Tobin-Steuer. Das sozialdemokratische Zeitalter kann nicht zu Ende gehen, weil die soziale Gerechtigkeit immer wieder durchgesetzt werden muss. Der Unterschied zu früher: Heute haben politische Antworten globale Dimensionen und können nur durch internationale Zusammenarbeit Wirklichkeit werden.

Wer der Linken das Totenglöckchen läutet, hat die Signale von Seattle bis Genua nicht verstanden. Auf den Verlust politischer Gestaltungsmöglichkeiten im nationalen Rahmen antwortet die Linke mit Vorschlägen zur politischen Steuerung auf übernationaler Ebene. Die Massenarbeitslosigkeit kann mit einer nationalstaatlichen Wirtschafts- und Sozialpolitik allein nicht mehr erfolgreich bekämpft werden. Der notwendige soziale und ökologische Umbau setzt internationale Reformen voraus. Die Vorschläge der Globalisierungskritiker liegen auf dem Tisch. Zur Realität können sie aber nur werden, wenn Europa zu einer gemeinsamen Politik findet, und wenn die einzige Führungsmacht der Welt, die Vereinigten Staaten, bereit ist, ihren Unilateralismus und ihren Anspruch auf Weltherrschaft aufzugeben. Die kritische Auseinandersetzung mit der amerikanischen Politik nach den Terroranschlägen in New York und Washington ist notwendig, um Konzepte und Handlungsoptionen für eine gerechtere Welt auszuloten.

In den Anschlägen vom 11. September 2001 auf das World Trade Center in New York und das Pentagon in Washington sah ich anfangs ein Ereignis, das die Welt verändern würde. Nichts wird wieder so sein, wie es einmal war, lautete das allgemeine Urteil und ich stimmte dieser Einschätzung zu. Vielleicht kam darin auch die Angst vor weiteren Terroranschlägen zum Ausdruck. Sie konnten jeden treffen. Als die ersten Anthraxbakterien in der amerikanischen Post entdeckt wurden, öffnete ich meine Briefe etwas vorsichtiger. Man kann ja nie wissen. Aber im Lauf der Zeit kamen mir Zweifel, ob die Ereignisse in Amerika wirklich einen welthistorischen Einschnitt bedeuteten. Hatte sich tatsächlich etwas Neues ereignet, und was war das Besondere an den Terroranschlägen? Zum ersten Mal war die ganze Welt durch das Fernsehen Zeuge eines Massenmordes, der die Vereinigten Staaten bis ins Mark erschütterte. Aber auch in den Jahren davor gab es viele Kriege, in denen Millionen ihr Leben ließen. Täglich verhungern 30 000 Menschen, ohne dass die Welt etwas daran ändert. Für die Beurteilung der weltpolitischen Lage war die Reaktion der Vereinigten Staaten und der übrigen Länder auf die Anschläge wichtiger als das Ereignis selbst. In beeindruckender Weise wurde deutlich, welche Vormachtstellung die USA heute in der Welt haben. Diese historisch einmalige Machtfülle ist zum

Problem für die Weltinnenpolitik geworden, weil die mächtigste Militär- und Wirtschaftsmacht der Welt auf das Recht des Stärkeren pocht. In vielfältiger Form sabotiert sie Vereinbarungen, die zu einer internationalen Rechtsordnung gehören.

Die viel beschworene Globalisierung ruft aber geradezu nach Regeln, an die sich alle halten müssen. Von dem Philosophen Jean-Jacques Rousseau stammt der Gedanke: »Entre le faible et le fort c'est la liberté, qui opprime, et c'est la loi, qui libère«, zwischen dem Schwachen und dem Starken ist es die Freiheit, die unterdrückt, und das Gesetz, das befreit. Das ist, auf den Punkt gebracht, der Gegensatz zwischen neoliberalem Marktfundamentalismus und sozialdemokratischer Politik. Eine gerechtere Welt kann nicht allein auf den Interessen der Stärkeren aufgebaut werden. Vielmehr muss eine internationale Rechtsordnung, die eine neue Weltwirtschaftsordnung einschließt, die Schwachen vor den Starken schützen.

Die Mächtigen selbst sind sich oft über ihre Motive nicht im Klaren. Das gilt vor allem für »gods own country«. Die Politikerin und Kolumnistin Eleanor Roosevelt, Ehefrau des Präsidenten Franklin D. Roosevelt, meinte dazu: »Das ist ... ein Wesenszug, den keine andere Nation in gleichem Maß aufweist wie wir – nämlich das Gefühl der Schmach und der fast kindischen Verletztheit, weil die übrige Welt nicht erkennt, dass wir nur die großzügigsten und besten Vorsätze hegen.« Unter dem Schock der Terroranschläge hieß es in Deutschland: Wir sind alle Amerikaner. Trauergottesdienste wurden mediengerecht veranstaltet. Aber es blieb ein fader Beigeschmack. Viele Menschen werden in der Welt Opfer von Gewalt und Terror, ohne dass bei uns getrauert wird. Ein Israeli kommentierte kurze Zeit später die Betroffenheit der US-Bürger nach den Ereignissen in New York und Washington wie folgt: »Jetzt erlebt ihr einmal, was bei uns Alltag ist.« Das Bekenntnis, »wir sind alle Amerikaner«, veranlasste mich nach der Bombardierung Kabuls im Freundeskreis zu sagen: »Wir sind alle Afghanen.« Die Reaktion war Heiterkeit, weil einige an die Hunderasse dachten. Nach Lachen war mir aber nicht zumute. Wenn ich nicht schlafen konnte, stellte ich mir vor, unter welchen Bedingungen afghanische Familien die Nacht verbrachten. Und ich malte mir aus, dass bald wieder von »Kollateralschäden« die Rede sein würde, weil unschuldige Menschen im Bombenhagel ums Leben gekommen waren. Wenn man weit weg und nicht betroffen ist, kann man mit den Schultern zucken und realpolitische Weisheiten von sich geben wie: Wo gehobelt wird, fallen Späne. Aber der Afghane, dessen Familie durch die amerikanischen Bomben umgebracht wurde – ich komme später darauf zurück – erlebt das anders. Es empörte mich auch zu sehen, wie der amerikanische Militärminister Donald Rumsfeld mit geschwellter Brust und dem zynischen Lachen des Siegers von den Erfolgen der amerikanischen Bomberflotte berichtete. Das waren tapfere Helden, die aus mehreren tausend Meter Höhe Bauernjungs, die nur mit Kalaschnikows bewaffnet waren, bombardierten, um sie aus ihren Schutzgräben und Verstecken zu verjagen. Rumsfeld erinnerte mich an den Nato-Sprecher Jamie Shea, der im Kosovokrieg auch dann charmant lächelte, wenn er vom Leid und Elend der Bombenopfer erzählte.

Viele in Deutschland scheuen vor einer schonungslosen Analyse der Vormachtstellung Amerikas und ihrer Folgen für die Welt zurück. Wer sucht nicht gerne Schutz bei dem Stärkeren? Aber es gibt noch eine andere Veranlagung in uns Menschen, die Gott sei Dank noch nicht abgestorben ist. Wir wollen den Schwächeren helfen. Und in der Welt gibt es mehr Schwache als Starke. Die Amerikanische Verfassung von 1776 gilt für die ganze Menschheit: »Wir halten es für selbstverständliche Wahrheiten, dass alle Menschen gleich geschaffen wurden, dass sie alle von ihrem Schöpfer mit gewissen unabdingbaren Rechten ausgestattet wurden und dass dazu Leben, Freiheit und das Streben nach Glück gehören.«

Die militärisch gestützte Außenpolitik der einzig verbliebenen Supermacht dient dazu, die Profitinteressen der Finanzindustrie durchzusetzen, die Marktmacht der internationalen Konzerne auszuweiten und den reichen Nationen die Rohstoffe der armen Länder zu sichern. Schon 1991 hatte der Hardliner des Pentagons, Paul Wolfowitz, gefordert, die USA sollten jeden Industriestaat daran hindern, die Vormachtstellung Amerikas herauszufordern oder auch nur eine größere regionale oder globale Rolle zu spielen. Das ist das ungeschminkte Verlangen nach der Weltherrschaft. Jeder Versuch, die Hegemonie der USA irgendwo auf dem Erdball infrage zu stellen, soll unterdrückt werden.

Wie soll sich Deutschland in dieser Situation verhalten und welche Außenpolitik soll es angehen? Von der rot-grünen Koalition durfte man eine Fortsetzung der Friedens- und Entspannungspolitik Willy Brandts erwarten. Brandt setzte auf die nichtmilitärische Lösung von Konflikten und warb für internationale Abrüstung und Beschränkung der Waffenexporte. Der Friedensnobelpreisträger trat dafür ein, die Entwicklungshilfe für die armen Länder deutlich zu erhöhen. In den Programmdiskussionen der Sozialdemokratischen Partei befürwortete er die Stärkung der UNO und die Beachtung des internationalen Rechts. Seine Politik gründete auf den Ideen des Gewaltverzichts und der gemeinsamen Sicherheit.

Der außenpolitische Sündenfall der Regierung Schröder war der Kosovokrieg, bei dem auch die Nato auf das Recht des Stärkeren setzte. Es war ein großer historischer Fehler, die USA darin zu bestärken, das internationale Recht zu missachten. Und es war ein ebenso großes Versäumnis, die militärische Vorgehensweise der Supermacht nicht zu thematisieren. Meine in der letzten Kabinettssitzung, an der ich im März 1999 teilgenommen habe, wiederholt gestellte Frage »Kann mir jemand sagen, was in Jugoslawien militärisch unternommen werden soll?« wurde weder von Außenminister Fischer noch von Militärminister Scharping beantwortet. Wenn die US-Strategie – möglichst »keine eigenen Toten« – zum Sterben unschuldiger Zivilisten führt, dann darf sich Deutschland an dieser Art der Kriegführung nicht beteiligen. Der jugoslawische Staatspräsident Vojislav Kostunica klagte, die

»humanen Bomben« der Nato hätten 1500 Zivilisten getötet, darunter 81 Kinder. Richtig wäre die Einrichtung von Schutzzonen gewesen, um das Leben der Zivilbevölkerung zu verteidigen. Obwohl viele gerade von der Regierung Schröder etwas anderes erhofften, stiegen die deutschen Waffenexporte. In Afghanistan versprach die Bundesregierung uneingeschränkte Solidarität auch dann noch, als die Fehler der Amerikaner und der UNO nicht mehr zu übersehen waren. Wenn die USA auf Terroranschläge mit Flächenbombardements und Streubomben antworten können, dann dürfen das die Inder auch in Pakistan, die Russen in Tschetschenien, die Israelis in Palästina und die Mazedonier gegen die UCK. So setzt man die Welt in Brand. Zweifellos steht es jedem Staat zu, sich gegen Terrorismus zu verteidigen. Dabei muss er sich aber bei der Wahl der Ziele und der Mittel an moralische und rechtliche Regeln halten. Die Schuldigen müssen einwandfrei festgestellt werden. Strafrechtliche Verantwortung ist immer eine personelle Angelegenheit. Sie kann nicht auf Nationen, Ethnien und Religionen, denen die Terroristen zufällig angehören, übertragen werden. Bei der Kriegführung und der Gefangenenbehandlung müssen alle Staaten, auch die USA, die Genfer Konventionen und das internationale Völkerrecht beachten.

Wie gerufen kam mir die Erklärung von Bürgerrechtlern der ehemaligen DDR zur Politik der rot-grünen Regierung, die ich auszugsweise zitiere: »Wir fühlen uns in wachsendem Maße ohnmächtig gegenüber wirtschaftlichen, militärischen und politischen Strukturen, die für Machtgewinn und Profit unsere Interessen in lebenswichtigen Fragen einfach ignorieren. Wir sind verblüfft und entsetzt, dass unsere Sehnsucht nach Gerechtigkeit mit höhnischem Gelächter und dem süffisanten Verweis auf den Rechtsstaat beantwortet wird. Wir sind entsetzt, wie selbstverständlich von hochrangigen Politikern gebilligt wird, dass die vermeintlichen Anstifter des Terroranschlags mit einer grotesk übermächtigen Militärmaschinerie umgelegt werden. Wir sind entsetzt, mit welcher Dumpfbackigkeit Gegnern des Kriegseinsatzes in Afghanistan entgegengehalten wird, dass Krieg gegen Terroristen helfen kann. Weshalb traut sich niemand an die Waffenhändler in den USA und in der Bundesrepublik heran? Wir haben einen Bundeskanzler satt, der um der Macht willen Abgeordnete dazu bringt, Ja zum Krieg zu sagen, wenn sie Nein meinen, und Nein zu sagen, wenn sie Ja meinen. Wir machen nicht mit, wenn Kriegseinsätze mit Worthülsen wie ›Verantwortung übernehmen‹, ›der neuen Rolle Deutschlands in der Welt‹, mit ›Politikfähigkeit‹ und ›der Durchsetzung der Rechte der Frauen‹ verharmlost werden. Wir verweigern uns diesem Krieg.«

Es war kaum zu verstehen, dass ausgerechnet die rot-grüne Koalition gegenüber den Amerikanern eine Servilität an den Tag legte, die mit dem Wort Renegatentum noch zurückhaltend beschrieben ist. Sowohl beim Kosovo- als auch beim Afghanistankrieg machten Schröder und Fischer einfach mit. Das internationale Recht wurde missachtet und Fragen zur Kriegsführung Washingtons – Streubomben, Flächenbombardements, Uranmunition – wurden nicht gestellt. Sich mit der mächtigsten Macht der Welt zu verbünden, ist im deutschen Interesse. Aber die moralische Versuchung besteht darin, zum bequemen Mitläufer zu werden und auch dann zu schweigen, wenn ein offenes Wort unter Partnern geboten ist. Als George W. Bush von der »Achse des Bösen« sprach – gemeint waren der Irak, der Iran und Nordkorea – und dem irakischen Diktator Saddam Hussein immer unverhohlener mit Krieg drohte, wurden in Europa kritische Stimmen laut. Konservative Politiker warnten vor dem rücksichtslosen amerikanischen Unilateralismus. Da wollte auch Außenminister Joschka Fischer nicht mehr zurückstehen und kritisierte zur Abwechslung mal wieder Amerika. Die Opposition warf ihm billigen Populismus vor, weil der Wiedereinzug der Grünen in den Bundestag nach aktuellen Umfragen gefährdet war. Bis zu diesem Zeitpunkt hatte die Bundesregierung immer erklärt, sie halte sich mit öffentlicher Kritik zurück, um Einfluss bei den amerikanischen Entscheidungen zu nehmen. Es war aber im Lauf der Zeit offenkundig geworden, dass die Mitsprache der Bundesregierung wie die der anderen Nato-Partner bei den Entscheidungen der Bush-Regierung gleich Null war. Die Kritik des Bundesaußenministers wirkte auch deshalb unglaubwürdig, weil in Kuwait deutsche ABC-Einheiten zusammen mit US-Soldaten eine Übung abhielten. Schröder erklärte dann, die Einheiten blieben bei einem Krieg der USA gegen den Irak auch dann in Kuwait, wenn der Angriff ohne einen Beschluss der UNO erfolge. Wie schon im Kosovo wollte der Kanzler auch dann mitmachen, unabhängig davon, ob das internationale Recht beachtet wird. Die Amerikaner ließen sich deshalb auch von Fischers doppelzüngiger Kritik nicht beeindrucken. Außenminister Colin Powell nannte sie lapidar »heiße Luft«.

Da Militärinterventionen in aller Welt zum selbstverständlichen Instrument der Politik geworden sind, nenne ich Verteidigungsminister »Militärminister«. Als ich vor Jahren einmal die bulgarische Hauptstadt Sofia besuchte, spazierte ich mit einem einheimischen Germanistikprofessor am Verteidigungsministerium vorbei. Er blieb stehen und sagte mir: »Hier beginnt die Lüge. In meiner Jugend stand über dem Portal des Gebäudes ›Kriegsministerium‹. Das war ehrlicher.«

In seiner Abschiedsrede von 1961 warnte der amerikanische Präsident Dwight D. Eisenhower vor dem »militärisch-industriellen Komplex« seines Landes. Er bedrohe den Staat und richte sich gegen das Volk. An den Universitäten werde nicht mehr geforscht, sondern für die Rüstung gearbeitet. Eisenhower ahnte noch nicht, in welchem Umfang Ronald Reagan zwei Jahrzehnte später den Militäretat steigern würde. Und er konnte sich damals sicher nicht vorstellen, dass er im Zuge des Antiterrorfeldzuges des Präsidenten George W. Bush bis zum Jahr 2007 auf 451 Milliarden Dollar steigen soll. Das von Ozeanen und friedlichen Nachbarn umgebene Amerika mit 4,5 Prozent der Weltbevölkerung benötigt zu seiner »Verteidigung« mehr als 40 Prozent der Militärausgaben der gesamten Welt.

Die Aufgaben der Weltinnenpolitik

Nicht der 11. September, sondern die Auflösung der Sowjetunion und des Warschauer Paktes haben die Welt ganz entscheidend verändert. Zwar sprach der amerikanische Präsident George Bush sen. schon 1990 von einer neuen Weltordnung, aber die Menschheit brauchte Zeit, um den grundlegenden Wandel zu verstehen. Die Terroranschläge vom 11. September 2001 auf das World Trade Center und das Pentagon haben deutlich gemacht, dass tatsächlich eine neue Weltordnung entstanden ist. Der Duopol zweier Weltmächte und zweier Militärblöcke, die sich feindlich gegenüberstanden, ist aufgelöst. Die Vereinigten Staaten und die Nato sind übrig geblieben. Und was aus der Nato wird, muss sich noch zeigen. An den Strukturen des Atlantischen Bündnisses vorbei führt die USA den Krieg in Afghanistan. Zwar stellte die Verteidigungsgemeinschaft der westlichen Demokratien zum ersten Mal in ihrer Geschichte nach Artikel 5 des Nordatlantikvertrags den Bündnisfall fest, aber anschließend spielte die Nato keine Rolle mehr. »Die Missionen suchen sich ihre Bündnisse, nicht die Bündnisse ihre Missionen«, gab der amerikanische Militärminister Donald Rumsfeld zu verstehen. Als die Antiterrorkoalition gebildet wurde, trat die Hegemonie der Vereinigten Staaten voll zutage. Einstimmig unterstützten Sicherheitsrat und Vollversammlung der UNO eine Entschließung, die die USA ermächtigte, gegen Terroristen und gegen Staaten vorzugehen, die diese unterstützen oder beherbergen. Der Afghanistankrieg begann.

Die Amerikaner diskutierten über die neue Rolle Amerikas. Die *New York Times* berichtete, es sei ein Kampf darüber entbrannt, welche Form das amerikanische Empire annehmen soll. Hardliner wie Rumsfeld und sein Stellvertreter Wolfowitz seien der Meinung, Amerika müsse führen und zwar »ohne Rücksicht auf bestehende Verträge oder Einwände von Alliierten«. Die USA sollten »im muskulösen Ton des Interventionismus zur Welt sprechen«. Gemäßigtere wie Außenminister Colin Powell argumentierten, Amerika müsse das Beispiel einer großmütigen Macht abgeben und eine Außenpolitik betreiben, die ohne Ultimaten auskomme und sich pragmatischer Mittel bediene. Offensichtlich setzten Rumsfeld und Wolfowitz sich durch.

Will man die Reaktionen der Welt auf die USA verstehen, dann darf man eines nicht vergessen: Das Land von Coca-Cola, McDonalds, Levis-Jeans, Hollywood und NBC hat die kulturelle Hegemonie auf dem Erdball. Der Dollar ist die Leitwährung der Welt. Amerika ist der Hauptakteur auf den internationalen Finanzmärkten. Die Ölrechnungen werden in Dollar ausgestellt. Wie kein anderer Industriestaat kann Amerika den Ölpreis beeinflussen. Die Achillesferse der Supermacht: Amerika ist vom Kapitalexporteur zum größten Kapitalimporteur in der Welt geworden. Das Land der unbegrenzten Möglichkeiten lebt auf Kosten der übrigen Menschheit. Im Jahr 2000 sind 64 Prozent der globalen Kapitalexporte in die Vereinigten Staaten geflossen und 400 Milliarden Dollar lieh sich Amerika im Jahr darauf auf den Kapitalmärkten der Welt. Die Nettoschuld gegenüber dem Ausland beträgt 2200 Milliarden Dollar, das sind 22 Prozent des Bruttoinlandsprodukts. Der Chef der amerikanischen Notenbank, Alan Greenspan, sieht darin eine große Gefahr. Je größer dieser Berg von Forderungen wird, umso höher steigen die Zinszahlungen, die Amerika an die ausländischen Geldgeber leisten muss. Wenn George W. Bush weiter so viel Schulden macht wie sein Vorbild Ronald Reagan, dann könnte der Dollar, wie bereits in den achtziger Jahren, plötzlich abstürzen.

Anfang 2003 begann der Dollar seine Talfahrt und wertete gegenüber dem Euro um 30 Prozent ab. Neue Verwerfungen in der Weltwirtschaft sind die Folge. Interessant ist, dass die Höhe des jährlichen Leistungsbilanzdefizits mit 400 Milliarden Dollar in etwa der Höhe des Militäretats entspricht. Wenn man so will, lässt sich Amerika seine gewaltige Militärmacht vom Ausland finanzieren, vor allem von Japanern und Europäern.

Auf lange Sicht müsste den Vereinigten Staaten daran gelegen sein, nicht die einzige Hegemonialmacht der Welt zu bleiben. Jedes Übergewicht zieht gleichsam automatisch universellen Widerstand auf sich und verlangt nach einem entsprechenden Gegengewicht. Die Europäer haben dabei eine große Verantwortung. Schließlich wurde der Euro nicht nur als Gemeinschaftswährung für den einheitlichen europäischen Markt, sondern auch als Gegenpart zum Dollar geprägt. Auch andere Länder wollten sich mit der Hegemonie der Vereinigten Staaten nicht abfinden. Als Boris Jelzin 1996 mit dem chinesischen Ministerpräsidenten Li Peng zusammentraf, forderten die beiden Politiker die Rückkehr zu einer multipolaren Welt. Die atomare Aufrüstung Indiens und Pakistans ist ein Zeichen dafür, dass diese Länder sich einen eigenen Handlungsspielraum schaffen wollen. Eine Welt mit mehreren Polen, die über eine starke Volkswirtschaft und eine entsprechende militärische Macht verfügen, ist stabiler als eine monopolare.

Für die Weltpolitik sind nach wie vor drei politische Ziele maßgebend: Die Schaffung von Frieden, die Herstellung sozialer Gerechtigkeit und die Bewahrung der Umwelt. Die Ereignisse der Jahre nach dem Fall der Mauer zeigten, wie unverzichtbar es weiterhin ist, die Außen- und Innenpolitik der Staaten auf diese Ziele auszurichten. Krieg beginnt mit der Produktion von Waffen. Die alte römische Weisheit, si vis pacem para bellum, wenn du den Frieden willst, bereite den Krieg vor, ist im Atomzeitalter schon lange nicht mehr gültig. Die Menschheit hat technische Fähigkeiten entwickelt, die ihrem moralischen Vermögen weit vorauseilen. Will sie ihren Untergang vermeiden, dann muss sie die alte Machtpolitik miteinander rivalisierender Staaten durch eine internationale Ordnung ersetzen, die Frieden und soziale Gerechtigkeit ermöglicht.

Zu Beginn des 3. Jahrtausends sind die großen Industriestaaten die Waffenproduzenten und die Waffenlieferanten der Welt. Sie sind die eigentlichen »Schurkenstaaten«, allen voran die USA. Die Verringerung der Waffenproduktion und die Abrüstung bleiben aber die Voraussetzungen eines stabilen Friedens. Dabei muss man mit den Atomwaffen beginnen. Sie sind Waffen mit einem unvorstellbaren Vernichtungspotenzial und wurden bisher von den Vereinigten Staaten in Hiroshima und Nagasaki eingesetzt. Danach, in der Zeit des Kalten Krieges, kam es zum atomaren Overkill. Jede der beiden Supermächte hatte die Fähigkeit, die jeweils andere mehrfach zu vernichten. In den siebziger Jahren begannen zwischen den USA und der UdSSR die Verhandlungen zum Abbau der Atomwaffen. Es kam zu Vereinbarungen, die Zahl der Atomsprengköpfe zu begrenzen und zu reduzieren. Mit der Umsetzung der Verträge taten sich beide Supermächte schwer. Erst mit dem Zusammenbruch der Sowjetunion eröffnete sich die Chance auf eine weitere atomare Abrüstung. Im Jahre 2001 kündeten der amerikanische Präsident George W. Bush und der russische Präsident Wladimir Putin an, die Zahl der Atomwaffen weiter zu verringern. Als Bush den Vertrag, der beinhaltete, keine Raketenabwehr aufzubauen, ohne Absprache mit den Verbündeten kündigte, gab es neue Vorgaben. Er stellte in Aussicht, das amerikanische Atomarsenal einseitig von 6000 auf 1700 bis 2200 stationierte Sprengköpfe abzubauen. Im Gegenzug erklärte Putin, Russland werde die Zahl der strategischen Nuklearsprengköpfe auf 1500 bis 2200 verringern.

Kurz danach setzte das amerikanische Militär aber durch, dass die Atomsprengköpfe nicht verschrottet, sondern »eingelagert« werden. Und als sei das noch nicht genug, wurde im März 2002 ein Pentagon-Papier bekannt, in dem Einsatzoptionen kleiner Atomwaffen erörtert wurden. Auf der Liste der Zielländer standen Iran, Irak, Nordkorea, Libyen, Syrien, China und Russland.

Die Russen fühlten sich düpiert und lernten wieder einmal, dass sich das Militär in den USA gegen den Präsidenten durchsetzt. Ein weiteres Beispiel: Auch der ehemalige amerikanische Präsident Bill Clinton trat für das Verbot von Landminen ein, aber das Pentagon verhinderte den Beitritt der USA zu einem entsprechenden internationalen Abkommen. Eisenhower hatte Gründe, vor dem militärisch-industriellen Komplex Amerikas zu warnen.

Unabhängig von den Verhandlungen der Supermächte entwickelten immer mehr Staaten Atomwaffen. Das war unvermeidlich, weil die Politik der jetzigen Nuklearmächte zur Rüstungskontrolle auf einem unüberwindbaren Widerspruch beruht. Sie wollen selbst Atomwaffen behalten, aber anderen Staaten verbieten, derartige Waffen herzustellen. Dass diese Rechnung nicht aufgeht, versteht sich von selbst. Viele Staaten hatten den Atomwaffensperrvertrag nur deshalb unterzeichnet, weil die Nuklearmächte ihnen versprochen hatten, abzurüsten. Im Atomwaffensperrvertrag haben diese sich 1968 verpflichtet, »einen Vertrag zur allgemeinen und vollständigen Abrüstung unter strenger und wirksamer internationaler Kontrolle« abzuschließen. Leider sind die Atommächte vertragsbrüchig geworden und haben damit die weitere atomare Aufrüstung in Gang gesetzt. Es kann keine auserwählten Völker geben, die über Atomwaffen verfügen, während der Rest der Welt auf dieses militärische Drohpotenzial zu verzichten hat. Aus ähnlichen Gründen wurde der Atomteststoppvertrag von einigen Staaten abgelehnt. Aus ihrer Sicht war das Spiel des Atomclubs durchschaubar. Nachdem seine Mitglieder selbst viele Atomversuche durchgeführt hatten, wollten sie es anderen Ländern unmöglich machen, das notwendige Know-how zur Herstellung der Bomben zu entwickeln. Mit welchem Argument will man aber Staaten wie Indien und Pakistan die atomare Bewaffnung verbieten, wenn die USA, Russland, Großbritannien, Frankreich und China weiterhin Atomstreitkräfte besitzen? Ja, selbst die von den Amerikanern so oft an den Pranger gestellten Länder wie der Irak, Nordkorea oder Libyen – die so genannten Schurkenstaaten –, können auf Israel verweisen und mit guten Gründen bei der atomaren Bewaffnung gleiches Recht für alle verlangen. 1981 vernichteten die Israelis mit einem Überraschungsangriff einen irakischen Kernreaktor, der spaltbares Material liefern sollte. Wie selbstverständlich nimmt Israel das Recht für sich in Anspruch, als einziger Staat im Nahen Osten Atomwaffen zu besitzen. Da im Konfliktfall die Atommächte, allen voran die USA, nicht nur ihre überlegenen konventionellen militärischen Fähigkeiten anwenden können, sondern ihre Nuklearmacht immer noch in der Hinterhand haben, setzen sie ihre politischen Ziele durch. Aufstrebende Staaten, die noch keine Atomwaffen haben, werden daher notwendigerweise versuchen, in den Besitz solcher Waffen zu gelangen. Will man diese Kette von atomarer Vor- und Nachrüstung durchbrechen, dann gibt es nur die Möglichkeit der völligen atomaren Abrüstung. In der Zwischenzeit sollten die Nuklearwaffen der Kontrolle der UNO unterstellt werden. Eingefleischte Realpolitiker sehen darin sicher eine weltfremde Träumerei. Aber es gibt nur zwei Wege: Entweder verzichten alle Staaten auf Atomwaffen oder immer mehr Länder werden aus Gründen des Gleichgewichts nuklear aufrüsten. Und wenn viele Staaten über Bomben verfügen, dann werden sie eines Tages auch wieder eingesetzt.

Wie mit den Atomwaffen, so verhält es sich auch mit den biologischen und chemischen Waffen. Auch hier wird es keine Weltordnung geben, in der einzelne Staaten diese Waffen besitzen, während andere auf sie verzichten. Ein Chemiewaffenabkommen wurde im Januar 1993 in Paris von 130 Staaten unterzeichnet. Spätestens zehn Jahre, in Ausnahmefällen 15 Jahre nach Inkrafttreten des Vertrages am 29.4.1997, müssen sämtliche Arsenale chemischer Waffen und die entsprechenden Produktionsanlagen vernichtet sein. Die Organisation für das Verbot chemischer Waffen mit Sitz in Den Haag soll die Einhaltung des Vertrages überwachen sowie Kontrollen im militärischen Bereich und bei der chemischen Industrie durchführen. Es ist also möglich, internationale Vereinbarungen abzuschließen, die den Besitz bestimmter Waffen verbieten. Aber die größeren Mächte konnten dieses Abkommen auch deshalb leicht unterzeichnen, weil sie ja immer noch auf die Atombomben zurückgreifen können. Die atomare Abrüstung bleibt die vorrangige Aufgabe der internationalen Politik.

Für die biologischen Waffen wurde 1972 ein Vertrag unterzeichnet. Er verbietet die Herstellung dieser Waffen und schreibt vor, alle Bestände innerhalb von neun Monaten nach der Vereinbarung zu vernichten. Das Abkommen wurde von 143 Staaten ratifiziert. Nicht unterschrieben haben unter anderem Israel, der Sudan und der Irak. Der Vertrag sieht aber keine ausreichenden Kontrollmöglichkeiten vor. Die Vereinigten Staaten waren trotz ihrer Erfahrungen mit den Anthrax-Anschlägen auch im Jahr 2001 nicht bereit, ein Zusatzprotokoll zu unterschreiben, das es ermöglichte, die Herstellung biologischer Waffen einer stärkeren Kontrolle zu unterziehen.

Die USA sind am Beginn des 3. Jahrtausends für die Hälfte der Waffenexporte verantwortlich und liefern an 140 Staaten, von denen 90 Prozent entweder Diktaturen sind oder die Menschenrechte nicht achten. Nicht nur imperiale oder militärische Überlegungen liegen diesen Waffenlieferungen zugrunde. Es geht oft nur ums Geld. Die Waffenproduzenten haben in den Industriestaaten eine starke politische Lobby. Sie schmieren Politiker und Parteien. So wie der Waffenhändler Karlheinz Schreiber in Bonn die politische »Landschaft« pflegte, so gibt es viele Schreibers auf der Welt. Oft sind Politiker selbst in den Waffenhandel involviert. Solche Vorwürfe wurden beispielsweise gegen den ehemaligen argentinischen Präsidenten Carlos Menem erhoben, der deshalb eine Zeit lang inhaftiert war, bis ein mit seinen Günstlingen besetztes Verfassungsgericht die Haft aufhob. Wenn die Politiker selbst nicht beteiligt waren, dann waren manchmal Mitglieder ihrer Familien in dubiose Waffengeschäfte verwickelt, wie die Söhne von Margaret Thatcher und François Mitterand. Würden Waffenexporte verboten, dann bliebe der Menschheit millionenfacher Tod und viel Leid und Elend erspart. Bei der UNO sollte eine Behörde angesiedelt werden, die das Verbot der Waffenexporte überwacht.

Nach der Auflösung der Sowjetunion und dem Ende des Kalten Krieges ist tatsächlich die Chance zu einer gerechteren Weltordnung gegeben. Sie kann aber nur genutzt werden, wenn die UNO und ihre Vollversammlung als Vorläufer einer Weltregierung und eines Weltparlaments begriffen werden. Eine neue Weltordnung setzt voraus, dass alle Staaten das von den Vereinten Nationen gesetzte internationale Recht respektieren. UNO-Generalsekretär Kofi Annan reklamiert die Zuständigkeit der Weltorganisation für die Terrorismusbekämpfung. Seine Organisation sei das natürliche Forum, um eine weltweite Koalition zu bilden. Sie allein könne dem langfristigen Kampf gegen den Terrorismus Legitimität verleihen. Da aber nur derjenige etwas durchsetzen kann, der auch über militärische Macht verfügt, muss eine Streitmacht aufgestellt werden, die im Konfliktfall von der UNO eingesetzt werden kann. Sie muss auch über technisch gut ausgerüstete Katastrophenschutzeinheiten verfügen. Als Saddam Hussein den Persischen Golf mit Öl verseuchte, sah die Weltgemeinschaft hilflos zu. Während es Bomber, Raketen und Kriegsschiffe im Übermaß gibt, fehlt es an Geräten, um Leben zu retten und Umweltkatastrophen zu bekämpfen. Weltpolizei kann nur die UNO sein, nicht ein einzelner Staat. Auch die Vereinigten Staaten werden sich auf Dauer übernehmen, wenn sie aus falsch verstandenem Eigeninteresse die Rolle des alleinigen Weltpolizisten anstreben. Weil er das sah, wollte Präsident Franklin D. Roosevelt ein System kollektiver Sicherheit, in dem die USA neben Großbritannien, der UdSSR und China die Rolle eines von vier Weltpolizisten übernehmen sollten.

Internationale Streitfälle rufen nach internationalen Gerichten. Der Gerichtshof in Den Haag muss von allen Staaten anerkannt werden. Während das Den Haager Gericht Staaten zur Rechenschaft zieht, würde ein internationaler Strafgerichtshof über Einzelpersonen urteilen. Bisher werden dafür UNO-Tribunale eingerichtet. Vor einem solchen steht auch der ehemalige serbische Präsident Slobodan Milošević. Im Zeitalter des Terrorismus ist ein internationaler Strafgerichtshof unverzichtbar. Es ist bedauerlich, dass die Vereinigten Staaten sich der Gründung eines Gerichts, das über Individualfälle verhandelt, widersetzen. Die Republikaner haben im amerikanischen Verteidigungshaushalt Hürden errichtet. Durch Zusätze zum Militärbudget wird der Präsident verpflichtet, alle notwendigen Maßnahmen zu ergreifen, um Amerikaner zu befreien, die sich vor einem solchen Gericht zu verantworten hätten. In Zukunft wollen sich die USA nur dann an UNO-Friedensmissionen beteiligen, wenn die Weltorganisation den US-Soldaten Immunität garantiert. Zudem missachten Amerikaner das Kriegsvölkerrecht. Der Einsatz von Streubomben in Afghanistan widersprach den völkerrechtlich verbindlichen Genfer Konventionen.

Washington setzt auf eine militärisch gestützte Außenpolitik, die immer auch Energie- und Wirtschaftspolitik ist. Das ist nichts Neues. In seinem 1933 veröffentlichten Buch »Jahre der Entscheidung« schrieb der Kulturphilosoph Oswald Spengler: »Die Kolonial- und Überseepolitik wird zum Kampf um Absatzgebiete und Rohstoffquellen der Industrie, darunter in steigendem Maße um die Ölvorkommen. Denn das Erdöl begann die Kohle zu bekämpfen, zu verdrängen. Ohne die Ölmotoren wären Automobile, Flugzeuge und Unterseeboote unmöglich gewesen.« Der konservative Denker, dessen Hauptwerk, »Der Untergang des Abendlandes«, ein Welterfolg war, hatte gegen diesen Wirtschaftsimperialismus keine Einwände. Vielmehr warf er den deutschen Politikern das Versäumnis vor, in Mittelafrika kein großes Kolonialreich errichtet zu haben. Für ihn war der Mensch ein Raubtier. Und Sozialethiker nannte er »Raubtiere mit ausgebrochenen Zähnen«. Da wir heute allen Menschen die gleichen

Grundrechte zubilligen und die Idee der sozialen Gerechtigkeit anders bewerten, müssen wir entscheiden, ob sich Deutschland an einer solchen Politik beteiligen will. Bisher waren wir stolz darauf, eine Friedensmacht zu sein. Wir hatten gelernt, auf Diplomatie, friedlichen Ausgleich und wirtschaftliche Zusammenarbeit zu setzen. Auf einmal hieß es, wir dürften, wenn andere kämpfen, nicht auf den Zuschauerbänken sitzen bleiben. Aber ist uns der Platz auf den Zuschauerbänken, während die USA nach dem Zweiten Weltkrieg an vielen Orten der Erde Krieg führten, nicht gut bekommen? Damit es keine Missverständnisse gibt: Deutschland muss zum Aufbau einer internationalen Ordnung beitragen und sich an UNO-Missionen beteiligen. Aber die UNO braucht für ihre Polizeieinsätze klare Kriterien. Sie darf nicht zum Spielball einzelner Mitgliedstaaten werden. Das Vetorecht der Vereinigten Staaten, Russlands, Großbritanniens, Frankreichs und Chinas im Sicherheitsrat ist überholt. In der Demokratie geben Mehrheitsentscheidungen den Ausschlag. Das Mitmachen im Afghanistankrieg wurde von der rot-grünen Regierung aus der deutschen Bündnisverpflichtung abgeleitet. Das war weit hergeholt. Ehrlicher wäre es gewesen, zu sagen, wir laufen dem Stärksten hinterher. Mitläufertum ist in allen Zeiten und in allen Gesellschaften das Verhalten der Mehrheit. Aber es ist nicht immer richtig. Eine kleine Anekdote, die über General Charles de Gaulle erzählt wird, handelt davon, dass Menschen oft die Seiten wechseln und verschiedenen Fahnen hinterherlaufen. Als der ehemalige französische Staatspräsident am Ende des Zweiten Weltkriegs im Triumph auf den Champs-Élysées in Paris einzog, jubelten ihm viele tausend Menschen zu. Eilfertig und beflissen sagte sein Adjutant, das seien aber viel mehr als bei Pétain. Marschall Henri Philippe Pétain, der während der Besatzungszeit mit den Nazis kollaborierte, hatte als französischer Staatschef ebenfalls die Champs-Élysées genutzt, um den Jubel der Bevölkerung entgegenzunehmen. Nachdem sein Adjutant ihm mehrfach zugerufen hatte, es seien aber mehr als bei Pétain, drehte sich de

Gaulle um und erwiderte barsch: »Nein, es sind genauso viele und es sind dieselben.«

Die deutsche Debatte speist sich auch aus der Erinnerung an die Nazi-Zeit. War mitmachen tatsächlich »Pflicht«, wie da und dort zu hören ist? Oder war mitmachen im totalitären Staat eher ein Zwang, dem die meisten sich fügten? Diejenigen, die sich verweigern, die Deserteure, werden immer noch verachtet. Adolf Hitler hatte in »Mein Kampf« geschrieben: »Der Soldat kann sterben, der Deserteur muss sterben.« Auf die Idee, Menschen könnten Gründe haben, sich dem Militärdienst und dem Krieg zu verweigern, kam der »Führer« nicht. Nach vielen Jahren wurde im ehemaligen KZ Buchenwald ein Gedenkstein für Kriegsdienstverweigerer und Deserteure der Wehrmacht enthüllt. Auf ihm ist zu lesen: »In Erinnerung an die Opfer der nationalsozialistischen Militärjustiz, die den Krieg verweigert haben und einem verbrecherischen Regime nicht mehr dienen wollten.« Es gibt Zeiten, in denen die Verweigerung eine moralische Pflicht ist. So lehnten französische Piloten im Afghanistankrieg mehrere Einsätze ab, weil sie das Bombardement für die Bevölkerung als zu risikoreich einschätzten. Ebenso erklärten israelische Reserveoffiziere, sie seien nicht mehr bereit, sich an Aktionen der Armee in widerrechtlich von Israelis besetzten Gebieten zu beteiligen. Der Pazifismus hat in Deutschland Tradition. Menschenliebe, christlicher Glaube oder das Bekenntnis zu einer anderen Religion können zur Ablehnung des Krieges führen. Die Pazifisten verweigern den Militärdienst und lehnen den Krieg zwischen Staaten ab. Was aber ist ihre Antwort, wenn nicht mehr Staaten gegeneinander stehen, sondern organisierte Banden die Welt terrorisieren, und wenn eine Weltregierung die Polizei einsetzt? Pazifisten hatten nie die Abschaffung der Polizei verlangt. Gegen Verbrecher wird notfalls auch mit Waffengewalt vorgegangen. Die UNO-Polizei ist aber verpflichtet, wie die Polizei der klassischen Nationalstaaten, bei der Anwendung von Waffengewalt auf die Verhältnismäßigkeit der Mittel zu achten.

Frieden und soziale Gerechtigkeit sind untrennbar miteinander verbunden. Gerecht muss es zugehen, wenn die Güter der Welt verteilt werden. Das beginnt bei den Rohstoffen. Einer der wichtigsten Rohstoffe der Welt ist das Öl. Und die Ölquellen sind heute für Militärstrategen von ähnlicher Bedeutung wie Atombomben, Raketen oder Satelliten. Die Vereinigten Staaten stellen 4,5 Prozent der Weltbevölkerung, verbrauchen aber 25 Prozent der Welterdölproduktion. Das soll eine gerechte Weltordnung sein? Wie kein anderes Land wären die Vereinigten Staaten verpflichtet, ihre technologische Überlegenheit zur Energieeinsparung zu nutzen. Selbst der wirtschaftsnahe britische *Economist* empfahl den USA, nach dem 11. September eine Ökosteuer einzuführen. Die billige Polemik von CDU, CSU und FDP gegen die ökologische Steuer- und Abgabenreform der rot-grünen Koalition ist auch ein Ausweis mangelnder außenpolitischer Konzeption. Wenn die führenden Industriestaaten der Welt – zu ihnen gehört die Bundesrepublik Deutschland – bei der Energieeinsparung und bei der Entwicklung neuer Technologien zur Energiebereitstellung nicht vorangehen, dann werden die kriegerischen Auseinandersetzungen um die Öl- und Gasvorräte weitergehen. Außenpolitik im Zeitalter der Globalisierung ist Energie- und Wirtschaftspolitik.

Auch im Afghanistankrieg geht es nicht nur um Osama Bin Laden und das Talibanregime, sondern um die Öl- und Gasvorräte des Kaspischen Meeres. Es dient nicht dem Frieden, wenn die Vereinigten Staaten, unterstützt von den Europäern und der Bundesrepublik, die militärische Sicherung der Rohstoffquellen zum Bestandteil ihrer Außenpolitik erklären. Was würde man wohl sagen, wenn sich die muslimischen Staaten die texanischen Ölquellen militärisch sichern wollten?

»Überseepolitik wird zum Kampf um Absatzgebiete«, schrieb Oswald Spengler in seinem Buch »Jahre der Entscheidung«. Der Nobelpreisträger und ehemalige Chefökonom der Weltbank, Joseph E. Stiglitz, verweist auf Beispiele, die zeigen, dass es auch heute noch so ist. Das amerikanische Finanzministerium und die Weltbank forderten in Indonesien und Pakistan Verträge mit privaten Energieversorgern, die den Staat verpflichteten, große Mengen zu überhöhten Preisen abzunehmen. Als die korrupten Politiker, die diese Verträge abgeschlossen hatten, stürzten – Hutomo Suharto 1998 in Indonesien und Nawaz Sharif 1999 in Pakistan –, setzte die US-Administration die neuen Regierungen unter Druck, die Verträge zu erfüllen. Fair wäre es gewesen, auf die Neuverhandlungen der schlechten Vertragsbedingungen zu drängen. Bei diesen Konflikten müssen die Schwachen geschützt werden, damit sie überhaupt eine Chance haben. Dafür ist die Marktwirtschaft keine Garantie. In der Marktwirtschaft herrscht Wettbewerb. Wenn Kartellgesetze unfairen Wettbewerb und Monopolbildung nicht verhindern, dann haben kleine Unternehmen oft keine Chancen.

Diese Überlegungen gelten auch für den Welthandel. Dem Kampf um die Absatzgebiete soll die Welthandelsorganisation, die WTO, Regeln geben. Den Grundsätzen des fairen Wettbewerbs trägt sie aber nicht Rechnung. Sie verkehrt sie in ihr Gegenteil. Die Starken werden begünstigt und die Schwachen benachteiligt. Während die Zölle für die Industriegüter im Interesse der westlichen Staaten abgebaut wurden, verwehren diese den Entwicklungsländern den Zutritt zu ihren Agrarmärkten. Gleichzeitig stützen sie mit Milliardensubventionen ihren Agrarexport und ruinieren die Bauern in den weniger entwickelten Ländern. Hier setzen die Globalisierungskritiker an. So wie die Industriestaaten lange Jahre die heimische Wirtschaft mit Zöllen geschützt haben, bis sie wettbewerbsfähig wurde, so fordern sie, den Entwicklungsländern heute die gleichen Rechte und Chancen einzuräumen. Auch die Kritik an der Struktur der Weltfinanzmärkte wendet sich vor allem gegen die Benachteiligung der armen Länder. Die Weltfinanzkrisen haben gezeigt, wie Währungen wirtschaftlich weniger entwickelter Länder plötzlich abstürzen und wie schwere volkswirtschaftliche Schäden entstehen. Während Spekulanten gutes Geld verdienen, bezahlen Asiaten und Südamerikaner starke Wechselkursveränderungen mit Massenarbeitslosigkeit und sozialem Elend. Zu einseitig vertreten Weltbank und Internationaler Währungsfonds die Interessen des Finanzkapitals und der multinationalen Konzerne. Die mit dem »Washington-Konsens« verbundene Deregulierung des Kapital- und Güterverkehrs nützt den einen und schadet den anderen. Es war ein Fehler, in den ostasiatischen Staaten ohne eine solide Bankenstruktur den Kapitalverkehr freizugeben. Ihre Volkswirtschaften waren für diesen Schritt noch nicht reif. Um ein stetiges Wachstum der Weltwirtschaft zu erreichen, brauchen wir wieder stabilere Wechselkurse und die Kontrolle des kurzfristigen Kapitalverkehrs.

Der Export der westlichen Technologie und Lebensweise in alle Welt stößt auf kulturelle Hürden. Nach den Bombenangriffen auf Bagdad und Basra im Golfkrieg 1991 schrieb die *Times of India*, der Westen strebe ein regionales Jalta an, bei dem die »mächtigen Nationen die arabischen Beutestücke unter sich aufteilen«. Und weiter: »Das Verhalten der Westmächte hat uns die Kehrseite der westlichen Zivilisation gezeigt: ihre ungezügelte Gier nach Herrschaft, ihre morbide Anbetung hochtechnologischer Rüstung, ihren Mangel an Verständnis für fremde Kulturen, ihren abstoßenden Chauvinismus ...«

Bei dem rasanten Tempo wirtschaftlicher und technologischer Veränderungen können viele Menschen nicht mehr folgen. Sie setzen sich zur Wehr. Kommt noch das Gefühl hinzu, benachteiligt zu sein oder gar ausgebeutet zu werden, dann wird der Nährboden des Terrorismus bereitet. Die westliche Staatengemeinschaft wäre gut beraten, stärker als bisher auf die Kulturen anderer Länder Rücksicht zu nehmen. Das gilt vor allem für die muslimische Welt. Wir haben keinen Grund, überheblich zu sein. Das Christentum kannte Kreuzzüge, Folter und Hexenverbrennungen in großem Ausmaß.

Um im Nahen Osten die Säkularisierung zu unterstützen, sollte der Türkei – wenn sie zusagt, künftig die Menschenrechte zu beachten – eine enge Zusammenarbeit mit Europa angeboten werden. Sie wäre ein Brückenkopf Europas in der muslimischen Welt. Die Türkei verdient auch deshalb unsere Hilfe, weil sie ihr Modell der Trennung von Staat und Religion in die turksprachigen Staaten Mittelasiens exportieren will. Wäre die Säkularisierung ein Ziel der westlichen Außenpolitik, dann hätte es die Unterstützung der Taliban seitens der Vereinigten Staaten über mehrere Jahre hinweg nicht gegeben. Besonders die Frauenbewegung in Amerika hat darauf hingewiesen, dass es in Afghanistan nicht nur um Pipelines, sondern auch um die Rechte der Afghaninnen gehen sollte. Wichtig ist, dass diese nicht als Mittel zum Zweck missbraucht werden. Oft genug stehen hinter einer vordergründigen Verteidigung der Menschenrechte wirtschafts- und machtpolitische Interessen. Die Gleichstellung der Frauen in Beruf und Gesellschaft muss Bestandteil der neuen Weltordnung werden.

Der Fall der Mauer und der Zusammenbruch der kommunistischen Staaten fiel in die Ära des Neoliberalismus. Mit dem Amtsantritt von Margaret Thatcher in England und Ronald Reagan in Amerika hatte sich in der westlichen Welt der Marktfundamentalismus durchgesetzt. Die Individuen sollten auf der Basis von Privateigentum einen vom Staat möglichst wenig eingeschränkten Handlungsspielraum haben. Privatisierung, Deregulierung und Flexibilisierung waren die Heilsbotschaften dieses neuen Dogmatismus. Hatte man es im Wettbewerb mit dem östlichen Kommunismus noch für notwendig angesehen, der Marktwirtschaft den Sozialstaat zur Seite zu stellen, so gab es nach dem Zusammenbruch des Ostblocks kein Halten mehr. Nicht mehr von Menschen war die Rede, sondern nur noch von Marktpreisen und Kosten. Ein neuer Totalitarismus, ein menschenverachtender Ökonomismus, wurde zur globalen Leitkultur. Aber die Ökonomisierung der Gesellschaft ist ein Weg in die Barbarei. Der Sozialstaat wurde zur überflüssigen Einrichtung erklärt, die abgebaut werden müsse. Auch sozialdemokratische Parteien und Gewerkschaften verfielen mehr und mehr dem neoliberalen Paradigma. Die Entsolidarisierung der westlichen Gesellschaften setzte ein, die Idee der Solidarität schien ihren Glanz verloren zu haben. Ein verkürztes Verständnis von Modernisierung machte sich breit. Ging es früher darum, sich aus traditionellen Bindungen zu lösen, um freier und mündiger zu werden, so geht es heute um die Anpassung der Politik an die Zwänge des internationalen Wettbewerbs. Unter Modernisierung werden jetzt Maßnahmen verstanden, die die Möglichkeiten der Menschen zu einem freien selbstbestimmten Leben erheblich einschränken. Im Zentrum wirklicher Reformpolitik steht die Freiheit des Menschen. Modernisierung ist ein anderes Wort für Emanzipation, nicht für Profit, Shareholdervalue und neue Abhängigkeit.

Solidarität in unserer Zeit heißt immer auch Verantwortung für kommende Generationen. Ihnen wollen wir eine Welt hinterlassen, in der man das Wasser noch trinken und die Luft noch atmen kann und deren Böden noch fruchtbar genug sind, um die Menschheit zu ernähren. Die Welt braucht eine umweltverträgliche Energiepolitik und die reichen Länder müssen mit gutem Beispiel vorangehen. Es ist daher ein Hoffnungszeichen, dass im Jahre 2001 mehr als 100 Staaten in Marrakesch ein UNO-Abkommen zur Einschränkung der Treibhausgasemissionen getroffen haben, um die Erderwärmung zu verlangsamen. Der Vertrag wurde von den Vereinigten Staaten nicht unterschrieben – obwohl in keinem Land der Welt der Ausstoß von Treibhausgasen so hoch ist. Dem Ereignis kommt deshalb besondere Bedeutung zu, weil die Völkergemeinschaft auch dann zu globalen Vereinbarungen fähig ist, wenn die einzig verbliebene Supermacht nicht mitwirkt. Auf Dauer werden die Vereinigten Staaten jedenfalls ihre isolierte Position in der Welt nicht durchhalten können.

Langfristig ist nur eine Politik erfolgreich, die sich auf klare

Grundsätze stützt und diese auch dann beherzigt, wenn ihre Missachtung von außen betrachtet kurzfristige Scheinerfolge bringt. An der Utopie der Aufklärung, der Weltgesellschaft der Freien und Gleichen müssen wir uns weiter orientieren. In der Weltgeschichte gibt es den Kairos, den richtigen Zeitpunkt. Wird der amerikanische Präsident George W. Bush die Chance erkennen und einen Beitrag zum Entstehen einer gerechteren Weltordnung leisten? Denkt er überhaupt darüber nach, warum sein Land mit 4,5 Prozent der Weltbevölkerung 25 Prozent der gesamten Erdölförderung verbraucht, 40 Prozent der Militärausgaben der Welt in seinen Haushalt stellt, für 50 Prozent aller Waffenexporte verantwortlich ist und, obwohl es zu den reichsten Ländern gehört, 64 Prozent des auf den Weltmärkten angebotenen Kapitals zur Verbesserung seines Lebensstandards benötigt? Bisher spricht vieles dagegen. Bush hatte mit einem »compassionate conservatism«, einem mitfühlenden Konservatismus, Wahlkampf gemacht.

Als seinen Lieblingsphilosophen nannte er Jesus. Und er ließ die Welt wissen, seine Kraft und seinen Optimismus ziehe er aus seinen Gebeten. Bush ist von missionarischem Eifer erfüllt, das Böse auszurotten. Seit dem 11. September, so las man in der *New York Times*, sieht er sich als Werkzeug Gottes. Dafür halten sich auch die muslimischen Selbstmordattentäter. So wie Bush von der »Achse des Bösen« spricht, so nennen sie die USA den »großen Satan«.

Werden auf der anderen Seite die Europäer, deren Kontinent die Philosophie der Aufklärung hervorgebracht hat, ihre Rolle in der neuen Weltordnung finden? In keinem Fall dürfen sie der Versuchung erliegen, den USA beim Aufbau einer globalen Militärmacht nachzueifern. In der Welt gibt es viele Waffen, aber zu wenig Hilfe für die Hungernden und Unterdrückten. Auch in der Weltpolitik sollte Immanuel Kants kategorischer Imperativ Geltung haben: »Handle nur nach derjenigen Maxime, durch die du zugleich wollen kannst, dass sie allgemeines Gesetz werde.« Würden alle Staaten das Völkerrecht missachten, Atomwaffen produzieren, Waffen exportieren und so viel Energie verbrauchen, wie die Industriestaaten, dann wäre die Welt bereits zerstört. In ethischer Hinsicht sind die entwickelten Länder, allen voran die Vereinigten Staaten, unterentwickelt. Eine gerechte Weltordnung setzt voraus, dass die reichen Länder lernen, mit den ärmeren Solidarität zu üben. Dabei müssen sie ihre Ansprüche zurücknehmen. Das gilt vor allem für Amerika, das seinen Willen zur Weltherrschaft aufgeben und zu partnerschaftlicher internationaler Zusammenarbeit bereit sein muss. Der Anschlag vom 11. September hat die großen Stärken und Schwächen der Vereinigten Staaten noch einmal jedem vor Augen geführt.

Anschlag auf Amerika

Gebt mir Eure Müden, Eure Armen, Eure bedrängten Massen, die sich danach sehnen, frei zu atmen, das elende Strandgut Eurer überbevölkerten Gestade. Schickt sie, die Heimatlosen, die Sturmverwehten zu mir, ich erhebe meine Lampe am goldenen Tor.« Diese bewegenden Worte stehen auf dem Sockel der amerikanischen Freiheitsstatue. Die Vereinigten Staaten sind eine Nation von Einwanderern.

Sie mussten stets gegen Beschränktheit und Fremdenfurcht kämpfen. Immer wieder haben sie Zuwanderer aufgenommen, deren Ideen, Werte, Traditionen und Lebensart verschieden waren. Die Bürgerinnen und Bürger der USA lernten mit Menschen zusammenzuleben, die aus anderen Kulturkreisen kamen. Nirgendwo erlebt man das so beeindruckend wie in New York. Der Terroranschlag vom 11. September erschütterte das Land in seinem Selbstverständnis. Die Gewissheit, unangreifbar und unbesiegbar zu sein, wich einem Gefühl der Angst. Vier amerikanische Passagiermaschinen waren von arabischen Terroristen gekapert worden. Zwei wurden in die Türme des World Trade Centers gelenkt. Eine Maschine stürzte auf das Pentagon. Das vierte Flugzeug verfehlte sein Ziel. Es sollte den Landsitz des amerikanischen Präsidenten, Camp David, zerstören. Nach einem Handgemenge zwischen Terroristen und Passagieren stürzte diese Maschine in Pennsylvania ab. Mit großem Erstaunen las ich kurz nach den Anschlägen ein Gedicht, das Erich Kästner 1930 geschrieben hat. Hier ein Auszug:

Am 12. Juli des Jahres 2003
lief folgender Funkspruch rund um die Erde,
dass ein Bombengeschwader der Luftpolizei
die gesamte Menschheit ausrotten werde.

Die Weltregierung, so wurde erklärt, stelle fest,
dass der Plan, endgültig Frieden zu stiften,
sich gar nicht anders verwirklichen lässt,
als alle Beteiligten zu vergiften.

Am 13. Juli flogen von Boston 1000
mit Gas und Bazillen beladene Flugzeuge fort
und vollbrachten, rund um den Globus sausend
den von der Weltregierung befohlenen Mord.

Die Flugzeuge, die das World Trade Center zerstörten, starteten in Boston. Von den Twin-Towers, die die Skyline der Stadt New York krönten, blieb nur ein Haufen Schrott und Steine. Über 3000 Menschen kamen ums Leben. Bei den Rettungsversuchen fanden 400 Feuerwehrleute und Polizisten den Tod. Nie werde ich die Bilder von den verzweifelten Menschen vergessen, die sich aus den Fensters stürzten. Zum Ground Zero pilgerten Staatsmänner aus aller Welt, um ihre Trauer über die Opfer der Anschläge und ihre Solidarität mit Amerika zu bekunden. Noch Wochen später sah man überall dunkle Rauchschwaden. Wenn Trümmerteile entfernt wurden, loderte das Feuer immer wieder auf. Der Terroranschlag hat Opfer aus mehr als 80 Nationen gefordert. Die Menschen, die im World Trade Center arbeiteten, waren unterschiedlicher Rasse und Religion. Die Twin-Towers galten als Symbol des internationalen Handels und Wohlstandes. Nach den Anschlägen wurde der damalige Bürgermeister von New York City, Rudolph Giuliani, zur Leitfigur seiner Stadt. Er dirigierte die Aufräumarbeiten und machte den New Yorkern Mut. Zu den Anschlägen sagte er: »Dies war ein Angriff auf die

Idee einer freien, offenen Gesellschaft. Auf die Idee selbst, auf die Herrschaft des Rechts, auf die politische, religiöse und wirtschaftliche Freiheit, ja auf unsere Ehrfurcht vor dem Leben. Es war ein Angriff auf die zivilisierte Welt. Jede moralische Relativierung, mit der versucht wird, ihn zu rechtfertigen, ist ein Angriff auf die Prinzipien unserer Kultur. Diejenigen, die Terrorismus praktizieren, haben das Recht verwirkt, ihre Ziele durch normale Menschen und gesetzestreue Nationen gewürdigt zu sehen … Moralischer Relativismus hat in dieser Debatte keinerlei Platz, denn es gibt keinen moralisch gangbaren Weg, um mit amoralischen Nationen zu sympathisieren.«

Die Worte des ehemaligen Bürgermeisters von New York geben Stärke und Schwäche Amerikas exemplarisch wieder. Nach dem Massaker gab Giuliani seiner Stadt neuen Lebensmut und verlieh der Trauer Ausdruck. Aber wenn er »moralischen Relativismus« verwirft, wird er angreifbar. Amerika ist im Vergleich zu anderen Ländern eine freie und offene Gesellschaft. Aber die demokratischen Wahlen, an denen gerade die Hälfte der US-Bürger teilnimmt und der unglückliche Wahlentscheid zwischen George W. Bush und Al Gore – Gore hatte mehr Stimmen als Bush, aber Letzterer wurde Präsident – trüben das Bild. Die Wahlkampffinanzierung sorgt für die Herrschaft des Geldes und nicht für die des Volkes. Die soziale Gerechtigkeit hat in Amerika einen geringen Stellenwert. Millionen Amerikaner haben keine Gesundheitsvorsorge und die Gefängnisse sind überfüllt. Und wie steht es mit der Ehrfurcht vor dem Leben? In den USA gibt es die Todesstrafe. Und seit Hiroshima und Nagasaki und den vielen Bombenkriegen in den zurückliegenden Jahren, fällt es schwer, die Ethik des großen elsässischen Humanisten Albert Schweitzer mit Amerika in Verbindung zu bringen. Auf der internationalen Ebene halten sich die Vereinigten Staaten nicht an Recht und Gesetz.

Präsident George W. Bush sprach von einer nationalen Tragödie und kündigte Vergeltung an. Man werde die Verantwortlichen

»zur Strecke bringen« und »die Terroristen in ihren Löchern ausräuchern«. Die Vereinigten Staaten würden, so Bush weiter, keinen Unterschied machen zwischen Terroristen, die diese Taten begangen haben, und denjenigen, die sie unterstützten.

Erwartungsgemäß verdächtigten die USA Osama Bin Laden als den Drahtzieher der Anschläge. In einem erst später entdeckten Video bekannte sich dieser zu deren Urheberschaft. Er sagte: »Die Brüder, die den Einsatz leiteten, wussten nur, dass es um eine Märtyrer-Operation gehen sollte und wir baten jeden von ihnen, nach Amerika zu gehen. Sie waren ausgebildet, und wir haben ihnen gegenüber die Operation nicht offenbart, bis sie dort waren und erst kurz bevor sie an Bord gingen … Mohammed Atta aus der ägyptischen Familie war für die Gruppe verantwortlich. Diejenigen, die das Fliegen erlernt hatten, kannten die anderen nicht … Wir berechneten im Voraus die Anzahl der Menschen, die aufgrund der Position der Türme getötet werden würden. Aufgrund meiner Erfahrungen auf diesem Gebiet rechnete ich damit, dass das Feuer aus dem Kerosin im Flugzeug das Stahlgerüst des Gebäudes zum Schmelzen bringen würde.« Die kalte Analyse des Terrorscheichs empörte viele Menschen.

Bush forderte noch vor der Veröffentlichung dieses Videos die Taliban auf, Bin Laden und seine Gefolgsleute auszuliefern. »Wir sind bereit, mit den USA über das Schicksal von Osama Bin Laden zu verhandeln, aber die USA müssen zuerst genügend Beweise gegen ihn übergeben«, sagte der Taliban-Botschafter in Pakistan. Auf Verhandlungen ließ sich Bush aber nicht ein. Auch wenn die USA die Beweise rechtzeitig gebracht hätten, wären die Taliban nicht in der Lage gewesen, ihren Gast der amerikanischen Justiz zu übergeben. Die mehrere tausend Mann umfassende Truppe arabischer Gotteskrieger hätte ihren Anführer bis zur letzten Patrone verteidigt. In der ersten Phase des Afghanistankrieges fielen 400 bis 600 Mann dieser Elitetruppe der al-Qaida. 3000 bis 3500 Kämpfern gelang nach Geheimdienstberichten die Flucht.

Nach den Terroranschlägen verlor Amerika seine Unschuld. Die Abgeordnete Barbara Lee, die im Kongress als Einzige gegen Bushs Feldzug gestimmt hatte, brauchte Polizeischutz. Menschen, die fremd aussahen, wurden verdächtigt. John Cooksey, republikanischer Kongressabgeordneter in Washington, rief zur Jagd auf Turbanträger auf: »Wenn da einer am Steuer sitzt mit einer Windel auf dem Kopf, wird der Kerl natürlich rausgewunken und dann müssen wir uns den Burschen vorknöpfen.« Zwar entschuldigte sich Cooksey später, aber das verhinderte nicht mehr, dass einige Turbanträger in Amerika angegriffen und ermordet wurden. Um die aufkommende fremdenfeindliche Stimmung zu dämpfen, besuchte George W. Bush eine Moschee. Zum Beginn des islamischen Fastenmonats Ramadan sandte er eine Grußbotschaft an die Moslems in aller Welt. In ihr hieß es: »Der Islam lehrt den Wert und die Bedeutung von Wohltätigkeit, Gnade und Frieden.«

Eine Demokratie bewährt sich dadurch, dass sie die Rechte der Minderheiten schützt. Amerika wollte nach den Terroranschlägen vom 11. September anders reagieren als im Zweiten Weltkrieg. Als die japanische Luftwaffe im Dezember 1941 die US-Marine in Pearl Harbor bombardierte, kamen 3500 Amerikaner ums Leben. Viele tausend Japaner, die in die Vereinigten Staaten eingewandert waren, wurden danach in Sammellager gesperrt. Im Jahr 2001 veranstaltete man dagegen in New York bewegende Trauerfeiern, an denen auch viele amerikanische Muslime teilnahmen.

Unabhängig davon wurden die US-Bürger misstrauisch und unruhig. Neue Sicherheits- und Überwachungsmaßnahmen forderte man im ganzen Land. Wachsende Angst vor dem unbekannten Feind breitete sich aus. Der Kongress verabschiedete ein Antiterrorgesetz, in dem die Einschränkung der Bürgerrechte in Kriegszeiten verankert wurde. Weil vier Terrorverdächtige hartnäckig schwiegen, wurde die Einführung der Folter gefordert. 45 Prozent der Amerikaner sprachen sich nach einer Gallup-

Umfrage dafür aus. Im *Wall-Street-Journal* wurde daran erinnert, dass philippinische Folterknechte Pläne vereitelt hatten, in denen vorgesehen war, amerikanische Flugzeuge abstürzen zu lassen. Warum foltern wir nicht Terroristen, um Anschläge zu verhindern, bei denen tausende sterben können, wurde gefragt. Die Gegner dieses Rückfalls in die Barbarei wiesen auf die vielen Feldzüge hin, die Amerika für die Menschenrechte unternommen hatte. Artikel 5 der Internationalen Erklärung der Menschenrechte wurde zitiert: »Niemand darf der Folter oder grausamer, unmenschlicher oder erniedrigender Behandlung oder Strafe unterworfen werden.« Etwas später berichtete die *Washington Post*, die CIA habe eine Lösung gefunden. Die Verdächtigen werden an Länder mit »ungewöhnlichen Verhörmethoden« ausgeliefert. Diese geben die durch die Folter erhaltenen Informationen dann an die USA weiter. Im Kampf gegen den Terror werden die Werte verraten, für die die freiheitlichen Demokratien stehen.

George W. Bush erließ eine Anordnung, dass Terrorprozesse vor US-Militärgerichten geführt werden sollen. Solche Militärgerichte wurden zuletzt 1942 im Zweiten Weltkrieg vom damaligen Präsidenten Franklin D. Roosevelt eingesetzt, um deutschen Saboteuren den Prozess zu machen. Durch diese Maßnahme erschwerte Bush die internationale Strafverfolgung. Gegen den Plan, ausländische Terroristen vor Militärgerichte mit stark eingeschränkten rechtsstaatlichen Verfahren zu stellen, wandten sich vor allem die Europäer. In den Gefängnissen Deutschlands, Frankreichs, Großbritanniens und Spaniens saßen Verdächtige, die die Vereinigten Staaten gerne übernehmen wollten. Aber die Europäer wussten nicht, wie sie vorgehen sollten, ohne die eigenen Rechtsgrundsätze aufzugeben, weil die amerikanischen Militärtribunale die in Europa geächtete Todesstrafe verhängen konnten.

Gefangene Taliban und al-Qaida-Kämpfer internierten die USA auf dem kubanischen Militärstützpunkt Guantanamo. Gegen das internationale Recht wurde ihnen zunächst der Status des Kriegsgefangenen nach der Genfer Konvention vorenthalten. Sie waren in Käfigen mit einer Grundfläche von einem Meter achtzig mal zwei Meter vierzig eingepfercht. Die UNO-Menschenrechtsbeauftragte Mary Robinson musste öffentlich die Einhaltung der Grundrechte für die Gefangenen anmahnen.

Hinter der rigorosen Beschränkung bürgerlicher Rechte stand der Justizminister John Ashcroft. Er ist der Sohn eines Pfingstler-Pfarrers und wurde erzogen, Seelen zu retten. Wenn andere Zeitungen lesen, liest Ashcroft morgens in seinem Büro Mitarbeitern die Bibel vor. Er raucht nicht, trinkt nicht, flucht nicht und tanzt nicht. Auch den traditionellen Brauttanz bei Hochzeitsfeiern, so wird berichtet, lehnt er ab, weil dieser ihn sexuell erregen könnte. In der Halle seines Ministeriums ließ Ashcroft eine weibliche Statue mit entblößter Brust verhüllen. Die Lebensweise Ashcrofts erinnert an den religiösen Fundamentalismus der Muslime.

Nach den Anschlägen, die Schrecken und Furcht verbreiteten, war Patriotismus angesagt. Amerika war ein einziges Flaggenmeer. Frauen und Männer trugen stets sichtbar Anstecknadeln mit dem Sternenbanner. Die Kinder kamen in T-Shirts, auf denen die amerikanische Flagge gedruckt war. Feuerwehrmänner, Polizisten und Soldaten waren die Helden der Nation. Die Meinungsfreiheit geriet in Gefahr. Robert Jensen beispielsweise hatte im *Houston Chronicle* einen Artikel veröffentlicht. Darin verurteilte er die Terroranschläge. Gleichzeitig sah er in ihnen eine Reaktion auf die verfehlte amerikanische Nahostpolitik und auf die massenhaften Akte des Terrorismus, welche die USA im Irak und in anderen Staaten begangen hätten. Der Aufsatz löste Proteststürme aus. Ähnlich erging es anderen Amerikanern, die es wagten, sich dem Mainstream entgegenzustellen. Verfasser kritischer Artikel verloren ihren Job. Erinnerungen an die Hexenjagd der fünfziger Jahre kamen hoch. Schwarze Listen tauchten wieder auf. In ihnen wurden »unpatriotische Umtriebe« von Liberalen und Pazifisten aufgelistet. In einer Zeit, in der die Meinungsfreiheit eine demokratische Gesellschaft vor Fehlentscheidungen bewahren kann, wurde sie unterdrückt. Unterdessen übten sich einige US-Bürger in makabrem Humor. Toilettenpapier mit dem Konterfei Bin Ladens wurde angeboten. In den Urinbecken amerikanischer Imbisshallen klebten Fotos des Terrorscheichs. Den Vogel schoss das Investmenthaus Merrill Lynch ab. Am 13. September veröffentlichte es in einer italienischen Wirtschaftszeitung eine Anzeige: »Von heute an hat der Aktienmarkt einen neuen Anführer.« Der Hauptkonkurrent Morgan Stanley hatte im Südturm des World Trade Centers Büros, in denen 2500 Mitarbeiter beschäftigt waren. Die Freude von Merrill Lynch währte nicht lange. Morgan Stanley teilte mit, dass so gut wie alle Mitarbeiter gerettet werden konnten. So geht es zu im Raubtierkapitalismus.

Die Schwurfinger des Geldes

Das World Trade Center war ein Zentrum der Globalisierung. Der Schriftsteller Botho Strauß nannte die Twin-Towers »Schwurfinger des Geldes«. Sie seien »abgehackt worden«. Das Gesetz des Islam, die Scharia, sieht vor, Dieben die Hand abzutrennen. Im Bild des Dichters wird der Kampf der Armen gegen die Reichen, der Muslime gegen die restliche Welt, zusammengefasst. Aber wie so oft wurden Unschuldige zum Opfer dieses Kampfes. Der Anschlag hatte eine Symbolik, die nicht zu übertreffen ist. Schon der russische Anarchist Michail Aleksandrowitsch Bakunin forderte, dass von dem Terrorakt eine Propagandawirkung ausgehen müsse, und er empfahl den Schlag gegen das Zentrum. Der war den Attentätern gelungen. Wenn irgendwo die Spielhöllen des Kasinokapitalismus stehen, dann in New York. Wenn Geld die Welt regiert, dann ist New York die Welthauptstadt. Hier jagen Investmentbanker und Derivatenhändler Milliarden Dollar um den Erdball. Insidergeschäfte werden gemacht und Analysten und Journalisten spielen zusammen, um den Anlegern »die Haut vom Gesicht zu reißen«. So drücken sich die Händler aus, wenn sie einen Anleger um eine Menge Geld gebracht haben. Die Wall Street ist mächtiger als der amerikanische Präsident.

Viele Filmregisseure und Schriftsteller hatten New York schon zuvor zum Schauplatz ähnlicher Katastrophenszenarien gewählt. Aber als das schreckliche Ereignis dann eintrat, waren alle geschockt. Das Massaker hatte nur wenige sichtbare Leichname hinterlassen. Die Menschen trauerten, aber sie konnten ihre Toten nicht begraben. »Warum waren in den Türmen keine Fallschirme?«, fragte ein Kind. Dass die Gigantomanie der modernen Architektur Gefahren birgt, haben viele gewusst oder zumindest geahnt. Der saarländische Lyriker Johannes Kühn, der besonders in Frankreich hohe Wertschätzung genießt, verfasste am 31. Januar 2001 ein Gedicht mit dem Titel »Hochhaus«. Dort heißt es:

Unter ihm geh ich staunend hin,
verwünsch die Bombe,
die es treffen könnte,
und bin in Kriegsangst.

Aufdämmern lässt sie ein Flugzeug,
das noch höher fliegt,
als das Haus steht,
in lauter Raserei voll Raketenlärm
am Mittagshimmel.

Ich glaubte, ich sei im Film, weil ich im Kino ähnliche Bilder gesehen hatte. Dass das soeben gesehene Wirklichkeit war, drang nur langsam in mein Bewusstsein. Dabei war die Welt vorgewarnt.

Der Terrorist Ramzi Ahmed Yousef hatte am 26. Februar 1993 in einer Tiefgarage unter dem World Trade Center eine Bombe gezündet, die er selbst konstruiert und gebaut hatte. Bei seinem Anschlag kamen fünf Menschen ums Leben und 1000 wurden verletzt. Die Explosion war die größte Katastrophe, mit der die New Yorker Feuerwehr bis dahin in ihrer 128-jährigen Geschichte konfrontiert worden war. Zwar hatten die US-Behörden Telefongespräche aufgezeichnet, die auf die Planung eines Bombenanschlags im World Trade Center hinwiesen, leider konnte aber keiner der zuständigen Beamten Arabisch. Yousef schwieg sich über seine Geldgeber aus. Er stand auch als Informant auf der Gehaltsliste des FBI. Seine Identität konnte nicht eindeutig festgestellt werden. Er war in Großbritannien zum Elektrotechniker ausgebildet worden und anschließend in den von Bin Laden finanzierten Camps in Afghanistan zum Terroristen. Yousef war kein Selbstmordattentäter. Vielmehr hatte er seine Fluchtwege sorgfältig vorbereitet. Im Zuge der Ermittlungen hatten die Behörden herausgefunden, dass auch die Sprengungen wichtiger Tunnels und Brücken und des UN-Gebäudes in New York geplant worden waren. Als Yousef zu 240 Jahren Haft verurteilt wurde, erklärte er: »Ich bin ein Terrorist, und ich bin stolz darauf.« Sein Ziel sei es gewesen, die amerikanische Politik im Nahen Osten zu verändern. Er warf den Vereinigten Staaten vor, unschuldige Menschen zu töten. Sie hätten die indianischen Ureinwohner und andere Minderheiten unterdrückt und misshandelt. Die USA hätten seiner Ansicht nach den Terrorismus erfunden.

Von dem erneuten Anschlag auf das World Trade Center konnte daher niemand überrascht sein. Die Ermittlungen nach dem Terrorakt vom 26. Februar 1993 lieferten alle notwendigen Hinweise. Der Regierung Bush, so wurde später bekannt, lagen Informationen der Geheimdienste vor, nach denen es bald zu größeren Terroranschlägen kommen würde. Zudem hatte ein Fluglehrer aus Minnesota das FBI im August 2001 gewarnt, Terroristen könnten ein Linienflugzeug als Waffe benutzen. Er schöpfte Verdacht, weil einer seiner auszubildenden Piloten – er stellte sich tatsächlich als einer der Terrorpiloten des 11. September heraus – sich auffallend für die Boing 747 interessierte. Zudem wollte er keine Fragen nach seinem persönlichen Hintergrund beantworten. Die CIA hatte sich in den letzten Jahrzehnten überwiegend auf technische Verfahren konzentriert. Sie überwachte den Funkverkehr und machte Satellitenfotos. Das war im Kalten Krieg sicher sinnvoll. Aber wie sich zeigte, reichen diese Mittel nicht aus, um den Terrorismus zu bekämpfen. Es wurde gefordert, wieder mehr Agenten einzusetzen. Bei näherem Hinsehen stellte man aber fest, dass die Orientalistik in den Vereinigten Staaten zu den Fächern gehört, für die sich kaum jemand interessiert. Die Voraussetzungen für das Anwerben von Mitarbeitern, die ein kulturelles und soziales Verständnis der islamischen Länder haben, sind äußerst schlecht.

Die amerikanischen Politiker mussten neu darüber nachdenken, wie sie ihren Bürgern Schutz und Sicherheit gewährleisten konnten. Das Antiraketenprogramm, das Präsident George W. Bush mit seiner Regierung zum vorrangigen Ziel erklärt hatte, war auf einmal infrage gestellt. Nicht heranfliegende Raketen mit atomaren, biologischen oder chemischen Sprengköpfen bedrohten Amerika, sondern Menschen, die, mit Teppichmessern bewaffnet, eine große Katastrophe auslösen konnten. Den Terroristen wäre es beinahe gelungen, die Zentren der amerikanischen Politik komplett zu zerstören. Wer hätte je gedacht, dass es so leicht sei, eine Boeing über dem Pentagon abstürzen zu lassen? Man musste doch davon ausgehen, dass die Schaltzentrale der größten Militärmacht der Welt gegen solche Anschläge mehrfach gesichert war. Unwillkürlich fühlte ich mich an den jungen Sportflieger Matthias Rust aus Wedel bei Hamburg erinnert, der vor Jahren seelenruhig mit einem Privatflugzeug auf dem Roten Platz in Moskau gelandet war. Er hatte vorher – von der russischen Luftabwehr unbehelligt – eine Schleife über dem Kreml gedreht.

Anfang 2002 steuerte ein 15-jähriger Schüler mit einer Sportmaschine in ein Hochhaus, nachdem er für kurze Zeit in den Luftraum über dem Luftwaffenstützpunkt MacDill in Tampa eingedrungen war. Dort ist das Hauptquartier des Zentralkommandos der Vereinigten Staaten, das den Krieg in Afghanistan leitet. Hätte der Schüler es mit Sprengstoff beladen und über der Kommandozentrale abstürzen lassen, dann wäre sie schwer beschädigt worden. Obwohl die Luftabwehr schon gegenüber kleinen Privatflugzeugen versagte, hielt die Bush-Administration an dem Antiraketenprogramm fest. Schließlich versprach sich die Republikanische Partei, wie zu Zeiten Ronald Reagans, von der

Aufrüstung Impulse für die amerikanische Wirtschaft. Zudem hatte die Rüstungsindustrie für Bushs Wahlkampf viel Geld gespendet.

Die Reaktionen in der übrigen Welt auf die Terroranschläge vom 11. September waren zwiespältig. Während in den westlichen Industriestaaten Anteilnahme und Trauer vorherrschten, kam im Nahen Osten, in Asien, Südamerika und Afrika Schadenfreude auf. Viele fragten sich, warum es zu diesen Anschlägen gekommen war und warum die amerikanische Politik soviel Hass in der Welt hervorrief.

Eine Umfrage der in Paris erscheinenden Zeitung *International Herald Tribune* unter 275 einflussreichen Persönlichkeiten aus Politik, Medien, Wirtschaft und Kultur ergab, dass 58 Prozent der Befragten – soweit sie keine Amerikaner waren – meinten, die US-Politik sei eine der wichtigsten Ursachen für den 11. September. Unter den US-Bürgern vertraten nur 18 Prozent diese Ansicht. 60 Prozent der Nichtamerikaner gaben zudem an, dass die USA zumindest teilweise für die große Kluft zwischen Arm und Reich auf der Erde verantwortlich seien, und dass das reichste Land der Erde zu wenig für die armen Länder täte.

Das trifft ohne Zweifel zu, denn Amerika gibt am meisten für das Militär, aber am wenigsten für die Entwicklungshilfe aus. Und was ist mit der Außenpolitik Washingtons als Ursache des Terrors? Wenigen Amerikanern war im September 2001 bewusst, dass die USA in einem gemeinsamen Einsatz mit Großbritannien den Irak regelmäßig bombardierte. 500 000 irakische Kinder starben bislang an Unterernährung und Krankheit – als Folge des verhängten Wirtschaftsembargos. Seit Pearl Harbor hat kein Staat die USA angegriffen, aber die Vereinigten Staaten mussten immer wieder Länder mit Gewalt daran hindern, die freie Welt zu verlassen und kommunistisch zu werden. Jetzt werden Staaten angegriffen, die Terroristen beherbergen oder Massenvernichtungswaffen herstellen. Mit dieser Begründung ließ Präsident Bill Clinton während der Lewinsky-Affäre eine Aspirinfabrik im Sudan bombardieren. Die Liste der Länder, mit denen Amerika seit dem Zweiten Weltkrieg Krieg geführt hat, die es bombardiert hat oder in denen es in kriegerische Auseinandersetzungen verwickelt war, ist lang: Korea, Guatemala, Indonesien, Kuba, Zaire, Laos, Vietnam, Kambodscha, Grenada, Libyen, El Salvador, Nicaragua, Panama, Irak, Bosnien, Sudan, Jugoslawien und jetzt Afghanistan. Als Präsident George W. Bush die Luftangriffe auf Kabul ankündigte, sagte er: »Wir sind eine friedliche Nation.« Aber warum hat die friedliche Nation in den letzten Jahren so viele Kriege geführt? Alle nur im Namen der Freiheit und der Menschenrechte? Der englische Schriftsteller Harold Pinter zitierte im November 2001, als ihm die Hermann-Kesten-Medaille verliehen wurde, in seiner Dankesrede im Hinblick auf die amerikanische Machtpolitik William Shakespeare, der im »Julius Cäsar« den Cassius sagen lässt:

Ja, er beschreitet, Freund, die enge Welt
wie ein Colossus, und wir kleinen Leute,
wir wandeln unter seinen Riesenbeinen,
und schauen umher nach einem schnöden Grab.

Das Pentagon ist sich sehr wohl der Tatsache bewusst, dass die vielen Militärinterventionen der Amerikaner Folgen haben. So schrieben schon 1997 Mitglieder des Defense Science Board, eine Abteilung des amerikanischen Militärs zur Entwicklung neuer Strategien und Konzepte, in einem Bericht: »Historische Daten belegen einen engen Zusammenhang zwischen der US-amerikanischen Verwicklung in internationale Situationen und einer Zunahme von Terroranschlägen gegen die Vereinigten Staaten. Zudem verleitet die militärische Asymmetrie, die anderen Staaten offene Angriffe auf die USA unmöglich macht, zum Einsatz von übernationalen Tätern.« Gemeint sind damit Terroristen, die Anschläge auf Einrichtungen der Vereinigten Staaten verüben. In der amerikanischen Diskussion ist vom »Blowback«, vom Rückstoß der amerikanischen Außenpolitik die Rede. Wann werden die Vereinigten Staaten aus dem engen Zusammenhang zwischen den US-Militärinterventionen und den Terroranschlägen gegen die Vereinigten Staaten Konsequenzen ziehen? Und haben die Staatsmänner Europas diese Gefahren bedacht, als sie die Beteiligung ihrer Soldaten am Afghanistankrieg anboten? Der Terrorismus kann nicht durch Krieg bekämpft, geschweige denn ausgerottet werden. Wenn im Bombenhagel viele Unschuldige sterben, wächst die nächste Terroristengeneration heran. »Der Krieg ist darin schlimm, dass er mehr böse Menschen macht, als er deren wegnimmt«, schrieb Immanuel Kant.

Keine eigenen Toten

Unmittelbar nach den Anschlägen war oft vom Krieg die Rede. Aber bald wurde klar, dass das Wort »Krieg« nicht angemessen war. Unter »Krieg« versteht man das Gegeneinander von Staaten und Armeen. Davon konnte keine Rede sein. Zwar kämpften in vielen Ländern der Welt bereits marodierende Banden gegeneinander, die kein Interesse an der Rückkehr des Friedens hatten, aber diese Deregulierung und Privatisierung des Krieges war bisher eine Angelegenheit der Dritten Welt. Jetzt aber hatte diese neue Form der Gewaltanwendung die einzig verbliebene Supermacht erreicht. Das war kein Zufall. In den achtziger Jahren wurden in den USA in verschiedenen Städten Rekrutierungsbüros für die Anwerbung islamischer Jugendlicher für den »Heiligen Krieg«, den Dschihad, in Afghanistan eröffnet. Solche Büros gab es unter anderem in New York, Detroit und Los Angeles. Das Al-Kifah-Afghan-Refugee-Center in Brooklyn war von Osama Bin Ladens Freund Scheich Abdullah Azzam gegründet worden, der 1989 ermordet wurde. Er reiste damals quer durch die USA und sammelte Spenden und Freiwillige für den Dschihad. Unter Präsident Jimmy Carter hatte man damit begonnen, »heilige Krieger« zu trainieren. Sie sollten gegen die Kommunisten kämpfen. Ronald Reagan führte dieses Programm fort. Auch der Bundesnachrichtendienst hatte Mitte der achtziger Jahre die afghanischen Mudschaheddin Kampf gegen die sowjetischen Invasoren unterstützt. Während die CIA Waffen lieferte, schickte der BND Gasmasken, Nachtsichtgeräte, Decken und Zelte in die pakistanische Stadt Peschawar.

Kriege zwischen Staaten werden nach Auffassung von Militärtheoretikern immer seltener, weil starke Länder in der Lage sind, Atomwaffen zu bauen. Diese Waffen bedrohen auch die Supermacht USA und andere Industriestaaten in ihrer Existenz. Dieser Gefahr wollen sie um jeden Preis ausweichen. In den zurückliegenden Jahren wurden die Kriege häufig von Organisationen geführt, die keine Territorien besitzen und die keinen Staat repräsentieren. Zu nennen sind hier die ETA, die IRA, die Hamas, die Hisbollah und auch al-Qaida. Auch eine Supermacht kann diesen Organisationen nicht mit Raketen und Atomwaffen drohen. Terrorismus ist die Möglichkeit, eine übermächtige Militärmacht herauszufordern. Von den mehr als 100 bewaffneten Konflikten, die nach 1945 in der Welt ausgetragen wurden, waren die meisten von nichtstaatlichen Organisationen angezettelt worden. Schwere Waffen sind immer weniger in der Lage, solche Konflikte zu beenden.

Ein Wandel im Wesen des Krieges ergab sich aber vor allem dadurch, dass die Supermacht USA im Lauf der Jahrzehnte die Art und Weise ihrer Kriegführung entscheidend veränderte. Im Ersten Weltkrieg ließen 114 000 Amerikaner ihr Leben, im Zweiten Weltkrieg waren es 292 000. Im Vietnamkrieg kamen 57 939 Soldaten um, im Koreakrieg waren es 37 904. Solche Verluste an Menschenleben waren dem amerikanischen Volk kaum noch zu vermitteln. Daher wurde die Strategie der Kriegführung derart neu gestaltet, dass möglichst wenig amerikanische Soldaten fielen. Im Golfkrieg starben dann nur noch 148 Soldaten, und im Kosovokrieg hatte die US-Armee keine Toten zu beklagen. Während die amerikanischen Luft- und Seestreitkräfte den jeweiligen Gegner mit einem Bombenteppich belegten, kämpften am Boden diejenigen, denen die Amerikaner den Weg freibombten. In Jugoslawien die Kroaten und Albaner und in Afghanistan die Nordallianz. Diese Art der Kriegführung geht zulasten der jeweiligen Zivilbevölkerung. Viele Menschen sterben im Bombenhagel. Diese, die Regeln des Kriegsvölkerrechts außer Kraft setzende Vorgehensweise, entwickelte sich vor allem im Zweiten

Weltkrieg, als die Nazis begannen, Städte zu bombardieren und die Alliierten mit entsprechenden Mitteln antworteten. Der Höhepunkt dieser Entwicklung war der Abwurf der Atombomben auf Hiroshima und Nagasaki. Das Abwerfen von Bomben aus 5000 Meter Höhe und das Abfeuern einer Rakete fällt manchem leichter, als das Schlachten eines Huhnes oder eines Kaninchens. Der Soldat drückt auf einen Knopf und beobachtet den Einschlag auf dem Bildschirm wie bei einem Computerspiel.

Ende 2001 berichtete die *Washington Post* von einem Wendepunkt in der Militärgeschichte. Erstmals werde im Afghanistankrieg von den Amerikanern eine ferngelenkte, unbemannte aber bewaffnete Aufklärungdrohne erprobt. Dieses Fluggerät war mit einer Hellfire-Rakete bestückt worden, die zur Bekämpfung von Panzern geeignet ist. Die amerikanischen Militärplaner wollen in einem künftigen Krieg den noch moderneren unbemannten Aufklärer »Global Hawk« bewaffnen und einsetzen. Dieser hat eine Reichweite von 25 000 Kilometern und kann 40 Stunden in der Luft bleiben. Der mit neuesten Digitalkameras, Infrarot- und Radargeräten ausgestattete Global Hawk fliegt viel höher als alle bisherigen Aufklärungsflugzeuge. Er ist daher schwerer zu bekämpfen und kann ein größeres Gebiet überwachen. In einigen Jahren sollen auch unbemannte Kampfflugzeuge einsatzbereit sein. Weil sie deutlich kleiner sind, können sie billiger gebaut werden. Die Flugzeugkonstrukteure müssen dabei auch auf die körperlichen Belastungsgrenzen der Piloten keine Rücksicht mehr nehmen.

Mittlerweile werden für den Kampf am Boden auch Roboter entwickelt. Ihre Vorzüge wurden im Januar 2002 in der Zeitung *Die Welt* gepriesen: Sie haben keinen Hunger. Sie werden nicht müde. Sie haben keine Angst. Sie haben keine Zweifel. Sie empfinden keine Schmerzen. Sie bekommen kein Heimweh. Sie kennen keine Liebe und keinen Hass. So sollen sie sein, die perfekten Krieger. In dem Artikel wurde weiterhin berichtet, dass die US-Armee Forschungsprogramme für »Unmanned Ground

Vehicles«, unbemannte Bodenfahrzeuge, ins Leben gerufen hat. Die ersten tatsächlich hergestellten Bodenroboter der US-Armee wurden für die Minensuche und Minenräumung konstruiert. Sie sind handtaschengroß und können von Soldaten in feindlichen Städten ausgesetzt werden, um Tunnels und Abwasserkanäle auf biologische und chemische Kampfstoffe zu untersuchen. Darüber hinaus werden Miniroboter kreiert, die mit Wärmesensoren und Sprengstoff ausgestattet sind. Sie sollen im Gelände Soldaten aufspüren, sich an deren Körper heften und explodieren. Diese Miniroboter werden »Kampfkäfer« genannt. Sie würden für die amerikanische Armee damit ähnliche Aufgaben übernehmen wie die Selbstmordattentäter. In dem Bericht der *Welt* wird ein Experte zitiert, der den technischen Wahn relativiert: »Der Mensch als Krieger ist nicht ersetzbar.« Und es wird darauf hingewiesen, dass unbemannte Waffensysteme, die mit großem Abstand operieren, störanfällig sind.

Aber wenn wir bald unbemannte Flugzeuge und Maschinen als Soldaten haben, dann wäre es vielleicht angebracht, vor Kriegsbeginn die Zivilbevölkerung zu evakuieren und auch sie durch Roboter zu ersetzen.

Zu Beginn des Jahres 2002 hielt Militärminister Donald Rumsfeld vor den Studenten der Nationalen Verteidigungsakademie eine programmatische Rede. Er sprach von einer »Revolution des Kriegshandwerks«: Während im Golfkrieg zehn Prozent Präzisionswaffen mit Erfolg eingesetzt worden waren, steigerte es sich im Kosovokrieg auf 30 Prozent und in Afghanistan waren es schon bis zu 60 Prozent – mithin eine »deutliche Verbesserung«. Dort hätten sich Soldaten aus Sondereinheiten als Afghanen verkleidet, hinter den Stellungen der Taliban positioniert und die Zieldaten übermittelt. Etwa 20 Minuten nach der Zielerfassung werde bombardiert. Die Trefferquote sei sehr hoch. Man brauche daher zukünftig weniger Bomber und Stützpunkte. In den nächsten Jahren würden immer mehr unbemannte Flugzeuge eingesetzt. Im neuen Militärhaushalt sei genug Geld für Computernetze, Radaraufklärung, Hochgeschwindigkeitsraketen und Sonderkommandos bereitgestellt.

Die Militärtechnik schreitet unaufhaltsam voran. Und die Welt fällt immer weiter auseinander. Die reichen Länder schicken zukünftig unbemannte Tötungsmaschinen, die armen kämpfen mit Selbstmordattentätern gegen diese Übermacht. »Keine eigenen Toten«, das ist die Strategie der Supermacht, »eigene Tote« ist die verzweifelte Antwort der Ohnmächtigen.

Nicht nur Wut und Verzweiflung motivieren die Selbstmordattentäter, sondern vor allem der gerechte Lohn im Himmel. Wer die Gerechtigkeit auf Erden nicht findet, sucht sie im Paradies. Die Terroristen vom 11. September 2001 waren Selbstmordattentäter. Auch japanische Kamikazeflieger – Kamikaze heißt im Japanischen »göttlicher Wind« – stürzten sich gegen Ende des Zweiten Weltkriegs mit ihren mit Sprengstoff beladenen Flugzeugen auf Einheiten der amerikanischen Flotte. Die »Black Tigers« in Sri Lanka begehen im dortigen Bürgerkrieg Selbstmordattentate. Im Krieg zwischen Iran und Irak wurden tausende von Jugendlichen als Minensucher eingesetzt. Sie trugen einen Schlüssel um den Hals, der ihnen im Todesfall, so war es versprochen, die Pforten des Paradieses öffnen werde. Die Familien der jungen Männer, die ihr Leben opfern, bekommen Geld und können anschließend ein besseres Leben führen. Die palästinensische Islamistenbewegung Hamas diskutierte über die Zulässigkeit solcher Selbstmordattentate, denn Selbstmord ist nach der Lehre des Islam verboten. Doch es wurde ein Ausweg gefunden: Die Attentäter verübten keinen gewöhnlichen Selbstmord, vielmehr begingen sie ein Gott wohlgefälliges Werk. Denn das Ziel sei die Befreiung der heiligen Stätten von der Herrschaft der Ungläubigen. Entsprechend geben die Palästinenser zu verstehen: Wir sind unterdrückt und haben keine Möglichkeit, uns zu befreien, es sei denn durch die Selbstaufopferung unserer mutigsten jungen Leute. Gegen unsere Selbstmordkommandos hat der Feind keine Waffen.

Besondere Formen hatte die Anwerbung von Selbstmordattentätern in Afghanistan angenommen. Man versprach den jungen Männern für ihren Opfertod himmlische Liebe. Auf jeden von ihnen warteten 72 Mädchen, die sich immer wieder in Jungfrauen zurückverwandeln. In pakistanischen Koranschulen, Medressen genannt, wurden Nachwuchskräfte für die Gotteskrieger der Taliban ausgebildet. Dabei wird – wie in Palästina – die Not armer Eltern ausgenutzt. Die Koranschulen bieten Essen und Kleidung. Wenn ein Junge in den Krieg zieht, erhalten die Eltern monatlich 100 Dollar. Wenn er den Märtyrertod stirbt, gibt es etwa 3000 Dollar zusätzlich. Soziales Elend führt zu Krieg und Terror.

15 der 19 Terroristen des 11. September kamen nach offizieller Lesart aus Saudi-Arabien. Und das Geld, das sie brauchten, wurde aus den Arabischen Emiraten überwiesen. Im Testament Mohammed Attas stehen drei aufschlussreiche Sätze: »Weder schwangere Frauen noch unreine Personen sollen von mir Abschied nehmen … Frauen sollen weder bei der Beerdigung zugegen sein noch irgendwann später sich an meinem Grab einfinden … Derjenige, der meinen Körper rund um meine Genitalien wäscht, soll Handschuhe tragen, damit ich dort nicht berührt werde. Das Vermögen, das ich zurücklasse, soll nach den Regeln der islamischen Religion aufgeteilt werden, so wie der allmächtige Gott es uns aufgetragen hat: ein Drittel für die Armen und Bedürftigen.«

Die Verpflichtung zur sozialen Gerechtigkeit ist ein immanenter Bestandteil der islamischen Lehre. Wenn nach den Ursachen des Terrors in der Welt gefragt wird, dann sind die westlichen Freizügigkeiten, insbesondere bei den Frauen, die eigene unterdrückte Sexualität und das Empfinden für soziale Gerechtigkeit Beweggründe, die junge Männer dazu bringen, Gewalttaten zu begehen. Manche Kommentatoren sahen auch in der Sucht nach Ruhm ein Motiv. Für sie waren Mohammed Atta und seine Kumpane Widergänger des Herostrat. Dieser Grieche hatte im Jahre 356 v. Chr. den Tempel der Diana in Ephesus in Brand gesteckt. Der Tempel war eines der Sieben Weltwunder. Die Parallele zu den Twin-Towers des World Trade Centers ist augenfällig. Herostrat war zu allem bereit, auch zum Sterben, um die Unsterblichkeit Alexanders des Großen zu überbieten. Je größer die Zerstörung, umso größer der Ruhm.

Die Geschichtsbücher sind voll von Männern, die aus Geltungssucht Kriege anzettelten, in denen viele Millionen Menschen umkamen. Auch die Staatenlenker der Demokratien gefallen sich, wie wir immer wieder erleben, in der Rolle des Kriegsherrn. Wenn der Krieg beginnt, gehen ihre Umfragewerte steil nach oben, bis die Ernüchterung einsetzt.

Apocalypse Now – ABC-Waffen bedrohen die Menschheit

Nach dem Anschlag setzte eine Diskussion darüber ein, ob die Terroristen – wie auch immer mehr Staaten – über atomare, biologische oder chemische Waffen verfügen. Natürlich wurde fieberhaft darüber nachgedacht, wann und wo sie diese Waffen einsetzen würden. Schließlich hatten sich einige der Terrorpiloten nach der Ladekapazität und der Reichweite von Sprühflugzeugen erkundigt. Wolf Biermann veröffentlichte nach den Anschlägen in der *Welt* ein Gedicht mit dem Titel »Das neue ABC«. Darin heißt es:

Doch bald spielt uns dies Terrorpack
Das Liedchen C-B-A
Und ruft beim Hase-Igel-Spiel
Wie irre: Bin schon da.
Das Massensterben fängt erst an
Der neue Terror trifft
Das nächste Mal auch nuklear
Mit Seuchen oder Gift.

Spätestens seit dem Giftgasanschlag der japanischen Aum-Sekte, die 1995 in Tokyo Sarin verwendet hatte, weiß die Welt, dass auch Terroristen mit ABC-Waffen hantieren. Sarin ist ein hoch gefährlicher Kampfstoff. Nach dem Anschlag in einem U-Bahnhof starben zwölf Japaner, tausende wurden verletzt. Die Aum-Sekte hatte darüber hinaus vergeblich versucht, Biowaffen zu züchten. Ohne Erfolg schickte sie einige ihrer Mitglieder nach Afrika, um das tödliche Ebola-Virus zu importieren. Der Anschlag der Aum-Sekte war kein Einzelfall. Schon 1984 verseuchte ein Bhagwan-Anhänger Hunderte von Amerikanern mit Salmonellen. 1998 verhaftete das FBI einen Amateurbiologen, der versucht hatte, Milzbrandkulturen zu erwerben. Der Mann war Mitglied einer neonazistischen Sekte. Auf Platz eins der Bestsellerliste des US-Internethändlers Amazon stand Mitte September 2001 ein Sachbuch über Biowaffen.

Bald nach den Terrorakten tauchten in Amerika die ersten Milzbrandbakterien auf. Ende Oktober waren 15 Menschen infiziert. Drei von ihnen starben. Anfang Dezember wurde vermutet, ein US-Biowaffenexperte habe die Milzbrandfälle ausgelöst. Die chemische Beimengung, die zugesetzt wurde, um die Teilchen in der Luft zu verbreiten, war eine spezielle US-Rezeptur. Fachleute spekulierten, der Täter habe auf die Gefahr durch biologische Kriegführung aufmerksam machen und mehr Geld für die Forschung erpressen wollen. Nach einer Studie der US-Regierung von 1993 würde das Ablassen von 100 Kilo Milzbrandsporen über Washington DC bis zu drei Millionen Menschen töten.

Westliche Geheimdienste setzten das Gerücht in Umlauf, Bin Laden habe die Koffer-Atombombe. Mit ihr könne man im Umkreis von zwei Kilometern alles in Schutt und Asche legen, die radioaktive Strahlung reiche zehn Kilometer weit. Und in den folgenden Monaten berichtete die amerikanische Presse regelmäßig über die Bemühungen des Terrorscheichs, sich radioaktives Material zu besorgen und Wissenschaftler aus der ehemaligen Sowjetunion und Pakistan für seine Pläne einzuspannen. Für den Bau einer kleinen Atombombe braucht man 25 Kilogramm hoch angereichertes Uran oder acht Kilogramm waffenfähiges Plutonium. Auf diese Möglichkeit hatte einer der führenden Atomforscher der Vereinigten Staaten, Theodore B. Taylor, schon in den sechziger Jahren hingewiesen: Falls Terroristen in Washington während der Verlesung der Jahresbotschaft des Präsidenten am Rande der um das Kapitol gezogenen Bannmeile eine Atombombe zündeten, die nur eine Kilotonne Sprengkraft besäße – ein Zwanzigstel der Hiroshima-Bombe –, dann würden alle, die sich zu diesem Zeitpunkt im Parlament befänden, den Tod finden. Auf einen einzigen Schlag könnte so die gesamte Führungsmannschaft der USA beseitigt werden. Taylor war der Auffassung, dass die erforderliche Menge durch Diebstahl, Bestechung, Raub oder Überfall zu beschaffen sei. Schließlich nähmen die Vorräte an explosionsfähigem Spaltmaterial ständig zu und würden schlecht bewacht.

Bewaffnete Terroristen könnten in eine Atomanlage eindringen, um sich nukleares Material zu besorgen. Kleine Gruppen, so Taylor, wären imstande, ganze Städte und Staaten zu lähmen, indem sie die Nervenzentren der Produktion, der Energie und des Verkehrs treffen. Auch die zahlreichen Atomtransporte bieten Möglichkeiten, an radioaktives Material heranzukommen. Das ist auch in Deutschland möglich.

In der Bundesrepublik begann nach dem 11. September eine neue Diskussion über die Gefahr, die von Kernkraftwerken ausgeht. Die Befürchtungen ihrer Gegner, dass Terroristen die Kraftwerke attackieren könnten, waren wieder aktuell. Terrorpiloten, die einen Airbus auf ein deutsches Kraftwerk stürzen ließen, würden weite Teile der Bundesrepublik unbewohnbar machen. Aber es geschah zunächst nichts. Wie bisher hielt man Augen und Ohren zu und hoffte, dass nichts passieren würde. Das Bundesverfassungsgericht hatte 1978 entschieden, der Bevölkerung sei das Risiko eines Supergaus zuzumuten, solange dessen Wahrscheinlichkeit unter der »Schwelle praktischer Vernunft« bleibe. Nun ergab sich in Deutschland eine neue Situation. Niemand konnte noch behaupten, ein Terroranschlag auf ein Kernkraftwerk läge unterhalb der Schwelle praktischer Vernunft. Und wenn die Deutschen überall auf der Welt bei Militärinterventionen dabei sind, dann könnten Terroristen auf die Idee kommen, in Deutschland einen Airbus in ein Kernkraftwerk zu lenken. Der

Philosoph Günther Anders hatte vor Jahren geschrieben, »die Menschheit ist apokalypseblind«.

Nach dem Motto, was ich nicht weiß, macht mich nicht heiß, werden die großen Gefahren der Menschheit einfach verdrängt. Wieder war nur Verharmlosung angesagt. Ein Beispiel dafür gab auch Mohammed el Baradei, der Generaldirektor der Internationalen Atomenergieagentur. Auf die Frage, wie die Sicherheit gegen Anschläge auf Kernkraftwerke erhöht werden könne, antwortete er: »Das muss jedes Land für sich entscheiden. Es kommt auf die richtige Mischung aus Sicherheitsvorkehrungen und Verteidigungsbereitschaft an. Nehmen Sie Frankreich. Dort gibt es Überflugverbote über nuklearen Einrichtungen. Boden-Luft-Raketen werden in Stellung gebracht. Manche Atomkraftwerke sind jetzt schon besser geschützt, weil sie einen Betonmantel haben. Auch gibt es einen Unterschied zwischen Forschungsreaktoren und Wiederaufbereitungsanlagen. Ein individuelles Restrisiko bleibt dennoch. Aber wir müssen es minimieren.«

Auch nach Tschernobyl und den Terroranschlägen in Amerika findet die deutsche Gesellschaft nicht die Kraft, die technisch mögliche Umstrukturierung der Stromversorgung zügig in Angriff zu nehmen. Die Gewinnmargen der Stromkonzerne sind wichtiger als das Risiko der Unbewohnbarkeit großer Teile unserer Heimat. Darauf angesprochen, dass auch US-Experten gewarnt hatten, der Forschungsreaktor in München-Garching, in dem zu 80 Prozent angereichertes Uran verbrannt wird, könne ein Ziel für Terroristen sein, meinte el Baradei, das sei »Sache Deutschlands. Ein Anschlag auf den Reaktor hätte nicht automatisch den Effekt einer Atombombe«. Da kann der deutsche Michel beruhigt weiterschlafen.

Dabei braucht ein Airbus vom Frankfurter Flughafen zum Atomkraftwerk Biblis nur fünf bis sieben Minuten. Kein Abfangjäger ist schnell genug, um ein entführtes Passagierflugzeug aufzuhalten, das Kurs auf dieses Kernkraftwerk genommen hat, um es zu zerstören. In Frage kämen also nur Luftabwehrraketen. Die

Bundeswehr hat die Luftabwehrsysteme »Hawk« und »Patriot«. Der Vorsitzende des Deutschen Bundeswehrverbandes, Oberst Bernhard Gertz, empfahl, einen Raketenzaun um die Kernkraftwerke aufzubauen, da die Bundeswehr für die Luftabwehr besonders qualifiziert sei. Das Militärministerium blieb skeptisch. Dem zivilen Luftverkehr drohten bei einer solchen Maßnahme zu große Einschränkungen, weil die Lufträume um Kernkraftwerke großräumig gesperrt werden müssten. Und wer sollte über den Abschuss entscheiden, wenn denkbar wäre, dass sich ein Flugzeug, das auf eine Atomanlage zusteuert, einfach verflogen hat?

Nicht zuletzt wegen der Sicherung der Atomanlagen fordern CDU und CSU den Einsatz der Bundeswehr zum Objektschutz in Deutschland. An der kurzen Vorwarnzeit würde das aber nichts ändern. Warum der bayerische Ministerpräsident Edmund Stoiber, der sich als Sicherheitspolitiker profilieren will, weitere Kernkraftwerke fordert, ist mir ein Rätsel. Bundesumweltminister Jürgen Trittin beauftragte die Reaktorsicherheitskommission, die Folgen eines Angriffs auf ein Kernkraftwerk zu untersuchen. Laut Atomgesetz kann die Abschaltung von Kernkraftwerken angeordnet werden, wenn eine ernsthafte Bedrohung festgestellt wird. Eine ernsthafte Bedrohung liegt vor, aber die Kernkraftwerke laufen weiter.

Den Irak im Visier

Die Suche nach den Milzbrandattentätern führte in den USA zu der Vermutung, der Irak habe seine Hände im Spiel. Dafür gab es Gründe. Saddam Hussein bekam aus amerikanischen Labors jahrelang Erreger, die zur Herstellung biologischer Waffen geeignet waren. Zwischen 1985 und 1989 hat der Irak allein aus US-Beständen insgesamt 70 Bakterienkulturen mit 21 verschiedenen Stämmen von Milzbranderregern erhalten. Aber nicht nur die Vereinigten Staaten, sondern auch Deutschland, Frankreich und Japan stellten dem irakischen Regime, als es gegen die Ajatollahs im Iran kämpfte, unterschiedliche Bakterienstämme zur Verfügung. Westliche Unternehmen haben zudem die Nährlösungen geliefert, die für die Herstellung größerer Mengen von biologischen Waffen unabdingbar sind. Und das, obwohl diese Nährkulturen schon auf der Sanktionsliste der Vereinten Nationen gegen den Irak standen. Die Leiterin des irakischen B-Waffen-Programms, Rihab Tahab, ist in Großbritannien zur Biologin ausgebildet worden.

Wer anderen eine Grube gräbt, fällt selbst hinein. Mit ihren Waffenexporten ermöglichen die Industrienationen die Kriege in der Welt. Aufgerüstete Freunde wenden sich eines Tages gegen ihre Waffenlieferanten. Amerikanische Politiker wie Henry Morgenthau, George F. Kennan und Henry Kissinger vertraten die Lehre, Nationen hätten weder dauerhafte Feinde noch dauerhafte Freunde, sie hätten nur dauerhafte Interessen. Daraus leiteten sie ab, die Feinde der Feinde Amerikas seien Freunde der USA. So war Saddam Hussein lange Zeit ein Freund der Vereinigten Staaten, weil er ein Feind des Iran war. Osama Bin Laden war der Freund Amerikas, weil er der Feind der UdSSR war. Und die Mitglieder der Nordallianz wurden zu Freunden der USA, weil sie die Feinde der Taliban sind. Das Eintreten für Demokratie und Menschenrechte, so die Meinung der Realpolitiker und Pragmatiker, könne die ureigensten Interessen der USA beeinträchtigen. Auch internationale Institutionen seien unabhängig von ihren Zielen danach zu beurteilen, ob sie den amerikanischen Interessen dienen. Aus dieser Haltung erklärt sich auch der Unwillen der USA, internationalen Verträgen zuzustimmen. Nur vereinzelt findet sich die Auffassung, Amerikas Freunde sollten sich über Werte wie Demokratie und Menschenrechte, und nicht über Rohstoffe, Absatzmärkte und militärische Stärke definieren. Doch was sind die eigentlichen Interessen Amerikas? Die so genannten Realpolitiker lassen sich von Wirtschaftsinteressen und Machtgesichtspunkten leiten. Aber könnte es nicht auch das Interesse Amerikas sein, Hunger und Krankheit zu bekämpfen und für mehr Gerechtigkeit einzutreten? Kaum ein Begriff ist in der Weltpolitik moralisch so missbraucht worden wie der des »nationalen Interesses«. Saddam Hussein ist ein Beweis dafür, wie man sich selbst gefährdet, wenn man im vermeintlichen nationalen Interesse die falschen Freunde aufrüstet. Und Sie haben richtig gelesen, er wurde mit Biowaffen aufgerüstet. Das ist ein markantes Beispiel der Inkonsequenz der amerikanischen Politik.

Unter dem Eindruck der Milzbrandattentate in den Vereinigten Staaten hatte Präsident George W. Bush zunächst seine ablehnende Haltung gegenüber einer Vereinbarung zur Überwachung der Herstellung biologischer Waffen aufgegeben. Er rief die Unterzeichnerstaaten zum Kampf gegen den Bioterrorismus auf und regte gemeinsame Strafverfolgungsmaßnahmen an. Bald darauf änderte er aber seine Meinung. Er war nicht bereit, ein Protokoll zu unterschreiben, das Kontrollmaßnahmen ermöglicht hätte. Gegen solche wehren sich die Vereinigten Staaten, weil sie Industriespionage befürchten. Man muss wissen: 40 Prozent der pharmazeutischen und biotechnologischen Firmen der Welt sitzen in den USA. Befürworter schärferer Kontrollen argumentierten, dass das Wohlergehen der Menschheit wohl wichtiger sei als die wirtschaftlichen Interessen amerikanischer Biotechfirmen. Der Biowaffenvertrag erlaubt leider »defensive Forschung«. Also betreiben viele Staaten die Entwicklung von Biowaffen als defensive Forschung. Nach Schätzungen der CIA arbeiten 17 Länder an der Entwicklung derartiger Waffen. Darunter befinden sich Ägypten, Bulgarien, China, Indien, Iran, Israel, Libyen, Nordkorea, Russland, Südkorea, Südafrika, Syrien, Taiwan und Vietnam. 60 000 Wissenschaftler und Techniker hatte die ehemalige Sowjetunion in ihrem Biowaffenprogramm beschäftigt. Einige von ihnen fanden nach dem Fall der Mauer neue Arbeit in Libyen, Syrien, im Iran und im Irak. Letzterem gelang es, 25 Raketensprengköpfe mit fünf Tonnen biologischer Kampfstoffe herzustellen. Weitere 16 Tonnen waren im Irak auf Bomben verteilt, die von Flugzeugen abgeworfen werden konnten.

Auf der Überprüfungskonferenz im November 2001 schlugen die Vereinigten Staaten vor, dass der UNO-Generalsekretär bei begründetem Verdacht internationale Inspektoren benennen kann. Die betroffenen Staaten müssten dann diese Prüfung akzeptieren. George W. Bush forderte Saddam Hussein definitiv auf, UNO-Inspektoren ins Land zu lassen. Sie sollten überprüfen, ob und in welchem Umfang der Irak ABC-Waffen herstellt. Ein Reporter fragte nach: »Was passiert, wenn Saddam sich nicht fügt?« Die Antwort von Bush: »Das wird er herausfinden.« Diese Aufforderung kommentierte der *Züricher Tages-Anzeiger* unter der Überschrift »Kriegsgrund gesucht« mit folgenden Worten: »Siegen macht hungrig. Weil der Feldzug gegen die Taliban wie ein Spaziergang verläuft, nimmt Bush bereits das nächste Ziel ins Visier – Iraks Diktator Saddam Hussein. Die Anschuldigung ist alt. Saddam produziert Massenvernichtungswaffen. Neu ist, dass dieser Tatbestand als terroristischer Akt bezeichnet wird. Mit dieser Definition versuchen die USA einen Casus Belli zu konstruieren – und den haben sie bereits erhalten. Wie erwartet, schlug der Irak die amerikanische Forderung nach neuen UNO-Rüstungskontrollen in den Wind.« Einige Monate später lenkte der Irak ein und bot an, UNO-Inspektoren ins Land zu lassen.

Der anfängliche Verlauf des Afghanistankrieges gab in Amerika vor allem Leuten wie dem militärischen Hardliner Richard Perle auftrieb. Er forderte, gegen den Irak genauso vorzugehen wie gegen die Taliban. Widerlegt war nach seiner Meinung die These, ein Luftkrieg ohne Bodentruppen – siehe die Nordallianz – funktioniere nicht. Unterstützt von der US-Luftwaffe könnten demnach auch relativ schwache Oppositionsgruppen Diktatoren stürzen. Daher müsse man sofort mit der Bewaffnung der irakischen Opposition beginnen. George W. Bush war solchen Ratschlägen schon deshalb zugänglich, weil Saddam Hussein auf seinen Vater, George Bush sen., ein Attentat verüben ließ. Der Generalsekretär der Vereinten Nationen, Kofi Annan, sah sich veranlasst, bei der Entgegennahme des Friedensnobelpreises Stellung zu beziehen: Ein Angriff auf den Irak wäre unklug, die Entschließung des UNO-Sicherheitsrates beziehe sich nur auf den Kampf in Afghanistan.

Der frühere UNO-Koordinator für den Irak, Hans von Sponeck, rief die europäischen Regierungen dazu auf, gegen eine Ausweitung des Antiterrorkrieges auf den Irak zu intervenieren. Die Behauptung der USA, dass von Bagdad noch eine Bedrohung ausgehe, sei falsch. Von Sponeck berief sich dabei auf den ehemaligen amerikanischen Militärminister William Cohen. Zudem hatte der Kommandeur der im Golf stationierten 5. US-Flotte, dem sicherlich die neuesten Aufklärungsergebnisse der Geheimdienste aus dem Irak vorlagen, geäußert, seit dem Kuwaitkrieg sei es Bagdad auch aus finanziellen Gründen unmöglich, Massenvernichtungswaffen herzustellen.

Unabhängig davon war die amerikanische Bevölkerung bereit, einen Militärschlag gegen den Irak zu unterstützen. Bei einer Umfrage der *Washington Post* sprachen sich 78 Prozent dafür aus.

Auch der demokratische Senator Joseph Lieberman, der Al Gores Vizepräsident werden sollte, forderte den Sturz Saddam Husseins: »Die einzigartige Bedrohung der Sicherheit Amerikas durch Husseins Regime ist so real, dass wir, auch wenn keine andere Nation zu uns steht, bereit sein müssen, allein zu handeln.« Zur selben Zeit übten ABC-Einheiten der Bundeswehr zusammen mit den Amerikanern in Kuwait.

Der Irak wurde durch UNO-Resolutionen im April 1991 verpflichtet, bei Abrüstung und humanitärer Hilfe mit den Vereinten Nationen zusammenzuarbeiten. Unter Hinweis darauf, dass Bagdad internationale Abkommen zu Massenvernichtungswaffen ratifiziert und gebrochen habe, wurden dem Land bei Zuwiderhandlung Konsequenzen angedroht. Zudem hatte Saddam Hussein gegen Israel Raketen und gegen die Kurden Giftgas eingesetzt, den UNO-Inspektoren die Arbeit erschwert und sie 1998 des Landes verwiesen. Richard Butler, der Leiter der UNO-Sonderkommission für Rüstungskontrolle, musste zurücktreten, weil er den US-Geheimdiensten seine Ermittlungsergebnisse weitergegeben hatte. Washington und London nahmen die Resolutionen der UNO gegen den Irak zur Grundlage, um Flugverbotszonen durchzusetzen. Diese Resolutionen decken aber nicht eine Gewaltanwendung nach Artikel 7 der UNO-Charta. Saddam Hussein wurde vorgeworfen, den Atomwaffenvertrag unterschrieben zu haben, sich aber nicht daran zu halten. Diese Vorwürfe waren auch gegen den Iran und Nordkorea gerichtet. Erklärtes Kriegsziel gegen den Terrorismus bleibt trotzdem, atomare Aufrüstung entgegen den Bestimmungen des Atomwaffensperrvertrages zu verhindern. Dabei wird übersehen, dass die Ideologie des Interventionismus Staaten, die befürchten müssen, eines Tages selbst ins Visier des Westens zu rücken, darin bestärkt, sich ABC-Waffen zu beschaffen. *The Times of India* schreibt: »Die Nationen, die ihre strategische Autonomie und ihre politische Souveränität behalten wollen, haben keine andere Wahl, als ihr nukleares Arsenal zu bewahren, ballistische Waffenträger zu entwickeln und insgesamt zu versuchen, ihre militärischen Fähigkeiten zu erweitern. Als günstigste Methode bleibt – bis zur Erlangung strategischer Parität – nur die Konzentration auf die Entwicklung von Raketensystemen. Um dieser Logik zuvorzukommen, haben die Vereinigten Staaten beschlossen, ein System der Antiraketenabwehr aufzubauen, wobei die Ausfuhr dieser Technologien in andere Länder untersagt wurde.«

Im März 2003 war es soweit. Bush und Blair führten mit einer »Koalition der Willigen« erneut Krieg gegen den Irak. Vorher hatten sie vergeblich versucht, den UNO-Sicherheitsrat dazu zu bewegen, für ihren Angriffskrieg die Rechtsgrundlage zu schaffen. Obwohl die Amerikaner alle diplomatischen Register zogen und Bush und Blair, wie sich später herausstellte, vor Fälschungen und Lügen nicht zurückschreckten, war die internationale Staatengemeinschaft nicht bereit, ihnen zu folgen. Schröder hatte, nachdem er im Bundestagswahlkampf deutlich zurücklag, Bushs geplanten Feldzug gegen Saddam Hussein zum Wahlkampfthema gemacht. Seine Ablehnung des Krieges war sehr populär, brachte ihm zusätzliche Sympathien und letztendlich den denkbar knappen Wahlsieg. Ausschlaggebend für den Widerstand im Sicherheitsrat war aber die Haltung des französischen Präsidenten Jacques Chirac. Im Gegensatz zum deutschen Bundeskanzler verfügte er über ein Veto-Recht in diesem Gremium. Klugerweise hielt er sich seine Entscheidung bis zuletzt offen und setzte auf den Erfolg der Waffeninspektionen. Als die Amerikaner immer deutlicher zu erkennen gaben, dass sie auch dann einen Krieg beginnen würden, wenn die UNO nicht zustimmte, war Frankreich verärgert und deutete an, vom seinem Vetorecht Gebrauch zu machen. Die gleiche Vorgehensweise signalisierten Russland und China. Sie waren nicht bereit, den Angelsachsen im Sicherheitsrat das Placet für den seit langem geplanten Krieg zu geben.

Während die Europäer, auch die Briten, mit großer Mehrheit dem Krieg ablehnend gegenüberstanden, fand Bush im eigenen

Land viel Unterstützung. Die Propagandamaschine der amerikanischen Regierung hatte erfolgreich gearbeitet. 42 Prozent der US-Bürger waren nach einer Umfrage davon überzeugt, dass Saddam Hussein für die Anschläge auf das World Trade Center und das Pentagon verantwortlich sei. 50 Prozent der Amerikaner glaubten, Saddam Hussein unterstütze direkt die al-Qaida. Frühzeitig war von amerikanischen Diensten das Märchen in die Welt gesetzt worden, Mohammed Atta habe sich, bevor er die Maschine in das World Trade Center lenkte, in Prag mit dem irakischen Geheimdienst getroffen. In einer plumpen Fälschung wurde behauptet, der Irak habe versucht, im westafrikanischen Niger mehrere hundert Tonnen Uranoxyd zu kaufen. Die hätten ausgereicht, um viele Atombomben zu bauen. Vor dem Golfkrieg 1991 hatte eine Werbeagentur im Auftrag der Regierung von Vater Bush die Lüge verbreitet, irakische Soldaten hätten in Kuwait Neugeborene aus ihren Brutkästen gerissen. Diese Gräuelgeschichte kippte seinerzeit die Stimmung in Amerika. Die US-Bürger stimmten danach mehrheitlich dem Krieg zur Befreiung Kuwaits zu.

Eigentlich konnte es niemanden verwundern, dass dann nach dem Irakkrieg im Jahr 2003 keine Massenvernichtungswaffen gefunden wurden. Wie zur Bestätigung gab US-Vize-Verteidigungsminister Paul Wolfowitz in einem Interview zu, Saddam Husseins angebliche Massenvernichtungswaffen seien aus »bürokratischen Gründen« als Motiv für den Feldzug nur vorgeschoben worden. Das stärkste Argument für das Nichtvorhandensein des angeblichen Kriegsgrundes lieferte die tapfere indische Schriftstellerin Arundhati Roy. In einem Aufsatz, der am 3. April 2003 in der *Frankfurter Allgemeinen Zeitung* veröffentlicht wurde, schrieb sie: »In den Kriegswirren ist eines klar – wenn Saddam Hussein tatsächlich Massenvernichtungswaffen besitzt, reagiert er angesichts äußerster Provokation erstaunlich verantwortungsbewusst. Wäre unter ähnlichen Bedingungen – sagen wir, irakische Truppen bombardieren New York und belagern

Washington – ähnliches von George W. Bush zu erwarten? Würde er Tausende atomarer Sprengköpfe in ihrer Verpackung lassen? Und die chemischen und biologischen Waffen? Nun? Entschuldigen sie, wenn ich jetzt lache. In den Kriegswirren müssen wir spekulieren: Saddam Hussein ist entweder ein äußerst verantwortungsbewusster Tyrann. Oder er hat einfach keine Massenvernichtungswaffen.« Die Argumentation der Autorin des Romans »Der Gott der kleinen Dinge« ist schlüssig. Da man schlecht unterstellen kann, der Diktator von Bagdad sei verantwortungsbewusster als der amerikanische Präsident, gibt es nur eine Antwort: Saddam setzte keine Massenvernichtungswaffen ein, weil er keine hatte. Dieser Befund ändert sich auch dann nicht, wenn es Amerikanern und Briten gelingt, im Laufe ihrer »Untersuchungen« nachträglich »Beweise« für die Existenz von ABC-Waffen im Irak zu erbringen. Diese Beweise, sollten sie der Weltöffentlichkeit präsentiert werden, wären vorher von den angelsächsischen Diensten dorthin geschafft worden.

Alles Gerede von Freiheit und Demokratie kann nicht darüber hinwegtäuschen, dass der Kampf um Rohstoffe mit militärischen Mitteln fester Bestandteil der amerikanischen Außenpolitik ist. Das Zeitalter des Kolonialismus ist noch nicht zu Ende. Der Irak hat die zweitgrößten Ölreserven der Welt und Saudi-Arabien ist für die amerikanischen Truppen zu einem unsicheren Land geworden. Die militärische Eroberung und Besetzung Bagdads diente den Interessen der amerikanischen Ölindustrie. Der fetteste Auftrag ging wie selbstverständlich an die Firma Halibourton, deren früherer Chef der amerikanische Vize-Präsident Dick Cheney war.

Die schnellen »militärischen Erfolge« in Afghanistan und im Irak machen süchtig. Schon reden die Falken in der Bush-Administration von Waffengängen gegen Syrien und den Iran. Nur die amerikanische Öffentlichkeit kann diesem Anfall von Größenwahn erfolgreich Widerstand entgegensetzen. Aufgabe Europas ist es, der amerikanischen Außenpolitik entgegenzutreten, wenn sie das internationale Recht mit Füßen tritt und weitere Indianerkriege plant. Viele Staaten haben aus der unterschiedlichen Behandlung Nordkoreas und des Irak einen fatalen Schluss gezogen: Nur der Besitz von Raketen und Atomwaffen schützt vor der Willkür der einzig verbliebenen Supermacht. Wenn die Ausbreitung dieser Waffen verhindert werden soll, dann müssen die Atommächte, allen voran die USA, unter der Kontrolle der UNO mit der atomaren Abrüstung beginnen.

Die UNO ist die Weltpolizei

Nach den Terroranschlägen auf Amerika sah es zunächst so aus, als wollten die Vereinigten Staaten eigenmächtig handeln und den Angriff auf ihr Land rächen, änderte sich die Situation schon bald. Amerika entdeckte die UNO wieder. Jahrelang hatte man die Weltorganisation achtlos zur Seite geschoben. Der Kongress weigerte sich, die amerikanischen Mitgliedsbeiträge für die UNO freizugeben. Jetzt wollte George W. Bush eine Entschließung des UNO-Sicherheitsrates. Vor allem Russland, China und die arabischen Staaten wurden von den Amerikanern in die Verhandlungen mit einbezogen. Am Ende stand eine einstimmige Entscheidung des UNO-Sicherheitsrates, die die USA ermächtigte, militärisch gegen die Terroristen und die Staaten, die ihnen Unterschlupf gewährten, vorzugehen. Hatte man im Kosovokrieg noch geglaubt, die UNO links liegen lassen zu können, so wurde sie jetzt hofiert. Vorbei schienen die Zeiten, in denen die ehemalige amerikanische Außenministerin Madeleine Albright lässig bemerkte: »Wir handeln multilateral, wenn wir können, und unilateral, wenn wir müssen.« Präsident Bush, der zu Beginn seiner Amtszeit einem gedankenlosen Unilateralismus mit der Parole »America first« Vorschub geleistet hatte, gab nun zu verstehen, der Terrorismus könne einzig in einer Zusammenarbeit mit anderen Staaten bekämpft werden. Dabei hatten manche direkt nach dem Anschlag befürchtet – und manche auch gehofft –, dass jetzt eine neue Ära der nationalen Abschottung einsetzen werde. Konservative träumten davon, die Grenzen wieder dicht zu machen. Aber die fortgeschrittene Globalisierung erlaubt keinen Rückzug auf den Nationalstaat. Aufgaben, die bisher von diesem wahrgenommen wurden, können nur noch von Nationen übergreifenden Institutionen gelöst werden. Schnell also überwies Washington Geld an die UNO und bezahlte einen Teil seiner Schulden. Anschließend wurde John Negroponte zum US-Botschafter bei den Vereinten Nationen bestellt. Monatelang hatte George W. Bush den Posten unbesetzt gelassen. Nach den Bombenangriffen auf Afghanistan teilte Negroponte dem Sicherheitsrat der Vereinten Nationen mit, die USA behalte sich das Recht vor, auch andere Staaten, die den Terrorismus unterstützen, anzugreifen. Der amerikanische Präsident warb in einer Rede vor der UNO-Vollversammlung für eine internationale Zusammenarbeit im Kampf gegen den Terror. Er äußerte sich aber nicht zum Klimaprotokoll, zum nuklearen Teststoppabkommen, zu den Kleinwaffen und zur Biowaffenkonvention. Auch den internationalen Staatsgerichtshof klammerte er aus, obwohl gerade dieser dazu geeignet wäre, Terroristen zur Verantwortung zu ziehen. Wenn man es genau nimmt, warb Bush vor den Vereinten Nationen für eine internationale Zusammenarbeit, die von ihm selbst und seiner Regierung abgelehnt wird.

Von vielen wird die UNO infrage gestellt. Als ich im Oktober 2001 in Berlin auf einem Attac-Kongress sprach, wurde ich kritisiert, weil ich für die Anerkennung der UNO-Entscheidungen eintrat. Man hielt mir entgegen, im UNO-Sicherheitsrat seien die größten Waffenexporteure der Welt versammelt. Und Russland und China seien unglaubwürdig, weil sie die Menschenrechte nicht achteten. Aber gibt es eine Alternative zur UNO? Auch wenn viele Staaten der Welt nicht auf Freiheit, Demokratie und Menschenrechte verpflichtet sind, so müssen sie dennoch immer wieder in die Entscheidungen der Internationalen Staatengemeinschaft eingebunden werden. Nach den Angriffen auf Afghanistan verurteilte auch Osama Bin Laden die UNO: »Diejenigen, die so tun als seien sie arabische Herrscher, und deren Länder Mitglieder der UNO sind, sind Ungläubige, die sich vom Koran und den Lehren der Propheten losgesagt haben, weil sie die internationalen Gesetze dem Koran vorziehen. Diejenigen, die unsere Probleme mit Hilfe der UNO beilegen wollen, sind Heuchler, die Gott, seinen Propheten und die Gläubigen verraten, denn unsere Leiden kommen von der UNO. Wir haben gelitten und leiden noch immer wegen der UNO. Kein Moslem und kein vernünftiger Mensch sollte sich an die UNO wenden, denn sie ist ein Werkzeug des Verbrechens.«

Wenn die UNO sich in der Vergangenheit auch öfter zum Instrument der Interessen einzelner Staaten machen ließ, so gibt es dennoch keine Alternative zu ihr. Das Vetorecht einzelner Staaten ist ein Anachronismus. Bei der Reform der UNO-Verfassung sollte es beseitigt werden. Eine neue Satzung muss auch die Aufstellung einer eigenen UNO-Truppe vorsehen. Die Idee, die Vereinten Nationen mit internationalen Streitkräften auszurüsten, besteht schon lange. Sozialdemokratische und sozialistische Parteien hatten solche Vorschläge gemacht. Der Labour-Politiker Arthur Henderson beispielsweise setzte sich in den dreißiger Jahren für die friedliche Beilegung internationaler Streitfragen ein. Dabei forderte er, dass internationale Organisationen auch über die militärischen Mittel verfügen müssten, um notfalls als Weltpolizei fungieren zu können. Henderson erhielt 1934 für seine Tätigkeit als Präsident der Genfer Abrüstungskonferenz den Friedensnobelpreis. Aber die meisten Nationalstaaten, allen voran die USA, sperrten sich gegen solche Vorschläge. Nationale Interessen waren nach ihrer Meinung am ehesten gewährleistet, wenn die eigenen Streitkräfte sie – notfalls militärisch – durchsetzen.

Die außergewöhnlichen Ereignisse in New York und Washington könnten ein Umdenken einleiten. Nicht mehr die Vereinigten Staaten oder Großbritannien würden »Schurkenstaaten« – wie zuletzt den Irak – dazu zwingen, die Beschlüsse der UNO umzusetzen, sondern eine Armee, die der UNO unterstellt wäre. Sie würde aber auch Israel zur Einhaltung der UNO-Resolutionen anhalten. Sie wäre eine Polizeitruppe, die eingesetzt würde, um dem internationalen Recht Geltung zu verschaffen. Wie der nationalen Polizei, wäre es auch der Weltpolizei verboten, bei dem Versuch, Terroristen zu inhaftieren, den Tod vieler Unschuldiger in Kauf zu nehmen. Ein einzelner Staat oder eine Staatengemeinschaft kann von den Betroffenen, gegen die sich eine Militäraktion richtet, immer als parteiisch verurteilt werden. Bei der UNO ist das schwerer. Klare Beschlüsse der Vereinten Nationen wirken wie die Entscheidungen eines unabhängigen Gerichts. Und darum geht es. Kein Staat der Welt könnte dann die Entscheidungen der internationalen Staatengemeinschaft einfach ignorieren. Bei der von vielen geforderten Reform der UNO wäre es sinnvoll, den Einsatz dieser Weltpolizei nicht mehr durch den Sicherheitsrat, den Club der Waffenhändler, sondern durch einen unabhängigen Weltgerichtshof auf Antrag des Sicherheitsrates anordnen zu lassen.

Die UNO wird nicht umhin kommen, überprüfbare Regeln für ihre Polizeiaktionen aufzustellen. Der Krieg ist die Ultima Ratio, wenn alle anderen Mittel ausgeschöpft sind und moralisch nur gerechtfertigt, um Unschuldige vor Leid zu bewahren. Das ethische Dilemma bleibt: Wer Krieg führt, tötet Unschuldige, um Unschuldige zu schützen. Daher muss die UNO ähnlich wie die Polizei der Nationalstaaten vorgehen. Auf eine Kriegführungsstrategie, die möglichst »keine eigenen Toten« fordert, kann sie sich nicht einlassen. Bei Völkermord und Vertreibung muss sie Sicherheitszonen einrichten. Diese sollten von gut ausgerüsteten Soldaten kontrolliert werden, die notfalls die Schutzbefohlenen mit Waffengewalt vor Übergriffen bewahren. Eine Weltpolizei wäre auch das geeignete Instrument gewesen, um den Völkermord in Ruanda zu verhindern. 1994 waren dort 800 000 Menschen regelrecht abgeschlachtet worden und die UNO hatte kläglich versagt. Ausgelöst wurde der Völkermord durch den Tod des ruandischen Präsidenten Juvenal Habyarimana, dessen Flugzeug abgeschossen wurde. Danach begann die Jagd auf Angehörige der Tutsi-Minderheit und der Hutu-Opposition. Die in Ruanda stationierten UNO-Truppen wurden abgezogen, nachdem zehn belgische Blauhelmsoldaten beim Versuch, Regierungsmitglieder zu schützen, umgebracht worden waren. Die 2500 Blauhelmsoldaten, die in Tigali stationiert waren, durften ihre Waffen nur zur Selbstverteidigung einsetzen. Statt die Zahl der Soldaten aufzustocken, wurde der Rückzug angeordnet, vor allem auf Druck der USA. Der damalige US-Außenminister Warren Christopher hatte seine Diplomaten angewiesen, sich allen Bemühungen entgegenzusetzen, die UNO-Truppen in Ruanda zu halten.

Ähnliches geschah in Srebrenica. Am 11. Juni 1995 hatten serbische Truppen die UNO-Sicherheitszone Srebrenica erobert. Mehr als 7000 muslimische Bosniaken wurden ermordet. Die Frauen und Kinder wurden von den Serben deportiert. Das Massaker hätte von ordentlich ausgerüsteten Friedenstruppen der UNO verhindert werden können. Der kommandierende französische General Bernard Janvier hatte, als die Serben vorrückten, keine Nato-Flugzeuge angefordert. Er wollte die eigenen Soldaten nicht gefährden. Zudem hatten die Niederländer den sofortigen Rückzug ihrer Soldaten aus Srebrenica verlangt. »Wenn wir 400 französische Soldaten in Srebrenica gehabt hätten, dann wäre alles anders verlaufen, weil wir gekämpft hätten«, sagte Janvier vor dem Untersuchungsausschuss des französischen Parlaments. Der Ausschuss ging der Frage nach, ob Srebrenica ein Beweis für das Scheitern des Konzepts der Sicherheitszonen war. Er kam zu dem Ergebnis, dass die Ursache des Dramas in der Ausführung und in der Verweigerung angemessener Maßnahmen für die Sicherheitszone lag. Es wäre notwendig gewesen, das internationale Mandat über die Selbstverteidigung in das der Verteidigung der Sicherheitszonen umzuwandeln. Erschreckend ist folgende Feststellung des Ausschusses: »Die französischen Militärs waren nicht aus Prinzip gegen den Einsatz der Luftwaffe, von der sie im Jugoslawienkonflikt selbst Gebrauch gemacht haben. Aber im Gegensatz zu ihren britischen Kollegen sahen sie in ihr auch ein Risiko für die Blauhelmsoldaten. Sie waren also, auch ohne jemals von der Richtlinie ›keine eigenen Toten‹ beeinflusst zu sein, so sehr mit dem Schutz ihrer Soldaten beschäftigt, dass dieser Konflikt auf dem Rücken der Zivilbevölkerung ausgetragen wurde … Sie standen den Luftangriffen auch deshalb besonders ablehnend gegenüber, da diese von der Nato ausgeführt wurden, einer Organisation also, die von einem Land dominiert wird, das selbst keine Soldaten am Boden hatte, und in aller Offenheit, der Devise ›keine eigenen Toten‹ folgend, das Leben seiner Soldaten über das Wohlergehen der bosnischen Bevölkerung gestellt hat.« Der Ausschussbericht des französischen Parlaments ist eine ungeschminkte Kritik an einer Militärstrategie, die, um das Leben der eigenen Soldaten zu schonen, den Tod von Zivilisten in Kauf nimmt.

Die Konsequenz, die die Nato aus Srebrenica hätten ziehen müssen, wäre nicht die Bombardierung Belgrads gewesen, sondern die Einrichtung von Schutzzonen im Kosovo mit dem klaren Mandat der Vereinten Nationen, diese Schutzzonen militärisch zu verteidigen.

Das Konzept der Sicherheitszonen wurde auch im Afghanistankrieg befürwortet, um die Zivilbevölkerung zu schonen. Aber für die USA galt – nicht anders als im Kosovokonflikt – die Devise: möglichst »keine eigenen Toten«. Als eine Friedenstruppe nach Kabul entsandt werden sollte, um die neue afghanische Regierung zu stützen, flammte der Streit über das Mandat der Schutztruppe wieder auf. Zu Recht bestand die deutsche Regierung auf einem Einsatz nach Kapitel 7 der UNO-Charta. Die Soldaten sind bei einem solchen Einsatz berechtigt, militärische Gewalt anzuwenden, wenn sie für die Durchführung des Mandats und die Stabilität des Friedensprozesses unverzichtbar ist. Die Vertreter der Nordallianz – unter anderem Außenminister Abdullah Abdullah und Militärminister Mohammed Fakhim – wollten hingegen ein Mandat nach Kapitel 6 der UNO-Charta. Bei einem solchen Mandat dürfen die Soldaten nur handeln, wenn die afghanische Regierung entsprechende Anweisungen gibt. Abdullah verlangte auch in einem Brief, die Stärke der Friedenstruppe auf 600 bis 1000 Soldaten zu begrenzen. Das war ein schlechter Scherz. Die britischen Militärs waren ursprünglich von einer Friedenstruppe von 50 000 Mann ausgegangen, eine ähnliche Anzahl von Soldaten ist im Kosovo stationiert. Die militärische Stärke der Truppen der Nordallianz brachte die Staatengemeinschaft in eine schwierige Situation. Die Amerikaner wollten sich an der Friedenstruppe nicht beteiligen, die europäischen Mittelmächte hatten den Mund zu voll genommen. Mit allerlei Tricks versuchten sie den Konsequenzen ihrer vorlauten Ankündigungen zu entgehen. Die Briten wollten die Friedenstruppe in die amerikanische Führungsstruktur einbinden, weil die US-Verbände notfalls den Soldaten, die den Frieden überwachen, beistehen sollten. Da London damit rechnete, dass die Amerikaner sich nach wenigen Monaten aus Afghanistan zurückziehen würden, wollten sie den Friedenseinsatz auf drei Monate beschränken. Dies war ähnlich unseriös wie das Ersuchen der Nordallianz, eine schwache »Peacekeeping«-Truppe nach Kabul zu schicken, die im Ernstfall der militärischen Übermacht der Warlords ausgeliefert wäre. Der gefundene internationale Kompromiss einer »kleinen Sicherheitszone«, an deren Schutz sich auch die Bundeswehr beteiligte, führte zu folgendem Ergebnis: Die Regierung in Kabul wird geschützt, im Rest des »befreiten« Landes wird weiter gemordet.

Die UNO ist eher in der Lage, Frieden zu stiften, als ein einzelner Staat, weil sie nicht mit so vielen Hypotheken aus der Vergangenheit belastet ist. Die muslimische Welt wirft dem Westen, insbesondere den Vereinigten Staaten, zu Recht Doppelmoral vor. Im Iran unterstützten die Amerikaner den Schah, statt auf die demokratischen Kräfte zu setzen. Gegen den Iran wurde, wie erwähnt, Saddam Hussein aufgerüstet. Der Diktator war lange Zeit ein guter Kunde der amerikanischen und westlichen Waffenindustrie. Aber nicht nur Saddam Hussein, sondern auch die der Nato angehörende Türkei verfolgt die Kurden. In den letzten zehn Jahren wurden 30 000 Kurden umgebracht. Die dabei eingesetzten Waffen kamen zum größten Teil aus den USA. Wo ist da der Unterschied zu Saddam Hussein, fragen viele Muslime. Die Vereinigten Staaten, die vorgeben, in aller Welt für Demokratie und Freiheit einzutreten, sehen in der korrupten Dynastie Saudi-Arabiens einen wichtigen Verbündeten. Ebenfalls widersprüchlich ist ihre Haltung gegenüber der atomaren Bewaffnung kleinerer Länder. Israel verfügt über Atomwaffen, ohne dass sich die USA daran stören. Gleichzeitig werden so genannte Schurkenstaaten wie der Iran oder Nordkorea mit Krieg bedroht, wenn sie sich ABC-Waffen zulegen wollen.

Die Vereinten Nationen als Weltpolizei sollten nicht nur über militärische Fähigkeiten verfügen. Bei jedem lokalen Krieg wurde deutlich, dass die technischen Fähigkeiten, Leben zu zerstören, weitaus größer sind als die Fähigkeiten, Menschen zu retten oder Umweltkatastrophen zu bekämpfen. Deshalb wurden für die UNO nicht nur Kampftruppen und Blauhelme, sondern auch Grünhelme gefordert. Als Saddam Hussein im Golfkrieg 1991 das Meer mit Öl verseuchte, fehlte es an technischem Gerät und ausgebildetem Personal, um die Katastrophe einzudämmen. Daher wurde angeregt, die UNO solle eine Einheit aufbauen, die Aufgaben übernehmen kann, die bei uns vom Technischen Hilfswerk und vom Roten Kreuz wahrgenommen werden. Leider ist das Denken in militärischen Kategorien wieder so bestimmend geworden, dass die Forderung nach Grünhelmen schon in der Debatte über den Krieg in Afghanistan nicht mehr auftauchte. Der Terrorismus ist langfristig nur mit politischen und wirtschaftlichen Mitteln zu bekämpfen. In diesem Sinne forderte der Politikwissenschaftler Chalmers Johnson: »Das Politikmachen muss den Militärplanern und militaristisch gesonnenen Zivilisten entzogen werden, die heute Washingtons Politik beherrschen.« Aber nicht nur in Washington machen militärisch gesonnene Zivilisten Politik.

Die Zukunft der Nato

Die Nato ist ein Verteidigungsbündnis. Ich habe die Nato aber nicht nur als ein Bündnis gegen den Warschauer Pakt begriffen, sondern als eine Vorläuferin der Vereinten Nationen als zukünftiger Weltpolizei. Der Nato-Vertrag beruft sich auf die Grundsätze der UNO, auf die Freiheit, die Demokratie und die Herrschaft des Rechts. Solange die Weltorganisation keine eigenen Streitkräfte hat, kann die Nato im Auftrag der Vereinten Nationen handeln. Dabei muss sie immer das internationale Recht beachten. Aus Brüssel hörte man in den ersten Wochen des Afghanistankriegs kaum etwas. Das war schon erstaunlich, hatte man doch zum ersten Mal den Bündnisfall nach Artikel 5 des Nato-Vertrags festgestellt. Darin hatten Nato-Mitgliedstaaten vereinbart, dass ein Angriff auf einen oder mehrere von ihnen als ein Angriff auf sie alle angesehen wird. Sie hatten sich dazu verpflichtet, unverzüglich Maßnahmen einzuleiten, um die Sicherheit des Nordatlantischen Bündnisses wieder herzustellen beziehungsweise zu erhalten. Nach dem mit viel Tamtam gefassten Beschluss ging Brüssel jedoch auf Tauchstation. Mit der Planung der Militäreinsätze war die Nato nicht befasst. Auch die Koordination der europäischen Kampfeinsätze wurde von ihr nicht übernommen. Die nationalen Regierungen trafen ihre Absprachen direkt mit Washington. Was auf dem Balkan noch möglich war, die Koordination der Kampfeinsätze durch Nato und EU, war im Afghanistankrieg obsolet. Formal blieb es nach der Feststellung des Bündnisfalls den USA überlassen, die Nato-Partner um konkrete Hilfe zu bitten. Aber die dachten nicht daran. Das war die Schlussfolgerung, die sie aus dem Kosovokrieg gezogen hatten.

Von Napoleon Bonaparte wird erzählt, er habe immer zu Gott gebetet, um Kriege gegen Koalitionen führen zu können. Der Korse wusste, dass die Staaten in Koalitionen unterschiedliche Interessen haben. Sie operieren daher selten einheitlich. In diesem Sinne wies der Oberkommandierende der Nato-Streitkräfte im Kosovo, der amerikanische General Wesley Clark, in seinem Buch »Waging Modern War« auf die Schwierigkeiten Krieg führender Koalitionen hin. Seine Arbeit als Bindeglied zwischen 19 Regierungen und den Truppen sei voller Reibungsverluste gewesen. Jedes Angriffsziel, so General Clark, sei nicht nur militärisch, sondern auch politisch überprüft worden. Die Alliierten wollten somit sicherstellen, dass es möglichst wenig zivile Opfer gab.

Das ist aber auch dann richtig, wenn aus militärischer Sicht Verzögerungen und Reibungsverluste in Kauf genommen werden müssen. Die Nato hinderte als Bündnis demokratischer Staaten die Führungsmacht daran, allzu rücksichtslos vorzugehen. Will sich die Nato im Sinne ihres Vertrages weiterentwickeln, dann muss sie neue Mitglieder aufnehmen, bis die UNO eines Tages ihre Rolle übernehmen kann. Entsprechend hatte ich nach dem Fall der Mauer dafür plädiert, auch Russland in die Nato aufzunehmen. Als ich in diesem Zusammenhang die Ausdehnung der Nato nur bis zur deutschen Ostgrenze als Anachronismus bezeichnete, wurde ich nicht verstanden. Die Union und eigene Parteifreunde argwöhnten, ich wollte den Ostdeutschen den Schutz der Nato vorenthalten.

Bei einer Rede im Deutschen Bundestag hat Wladimir Putin das Interesse Russlands an einem Nato-Beitritt deutlich gemacht. Auch Michail Gorbatschow und Boris Jelzin hatten dieses Anliegen mehrfach vorgetragen. Bis heute stoßen die Russen im Westen auf Ablehnung. Eine Nato mit Russland sei ein anderes Bündnis, hieß es. Russland habe keine Zivilgesellschaft und sei noch nicht in der Wertegemeinschaft der westlichen Demokratien angekommen. Die Nato dürfe bei ihren Entscheidungen nicht von der Zustimmung Moskaus abhängig werden. Ein Vetorecht, wie es sich aus der Mitgliedschaft ergebe, könne die Allianz Russland nicht einräumen. Sie riskiere, durch die gegensätzlichen Interessen der Verbündeten, handlungsunfähig zu werden. Das habe nicht zuletzt der Protest Moskaus gegen die Angriffe der Allianz auf Serbien bewiesen. Die Gründung des Nato-Russlandrates im Jahr 1997 sei eine angemessene Antwort.

Die Einwände, die gegen die Nato-Mitgliedschaft Russlands vorgebracht werden, können nicht überzeugen. Die Nato-Osterweiterung hat die westliche Verteidigungsgemeinschaft ebenfalls verändert. Henry Kissingers Spott, wenn jeder mit jedem verbündet ist, dann ist keiner mit keinem verbündet, zeigt, dass die Politiker des Westens noch zu stark im Denken des Kalten Krieges verhaftet sind. Als Winston Churchill bereits 1956 öffentlich über die Aufnahme eines neuen Russlands in die Nato nachdachte, meinte der damalige Generalsekretär Lord Hestings Ismay: Falls der Tag komme, an dem Russland in die Nato aufgenommen werden könne, dann werde die Existenzberechtigung des Bündnisses entfallen. Wenn man die Nato als ein gegen den Ostblock gerichtetes westliches Verteidigungsbündnis begreift, dann hat die damalige Diskussion schon den Weg der Veränderung gewiesen. Das Blockdenken kann man nur auflösen, wenn die UNO als kollektive Sicherheitsorganisation an die Stelle der Blöcke tritt. Während die Amerikaner ihre Allianz gegen den Terror schmiedeten, tauchte diese Vision wieder auf. Die USA und Russland rückten während des Afghanistankriegs enger zusammen.

Zu Beginn der Amtszeit von George W. Bush hatte es noch geheißen, wir brauchen die Russen nicht. Washington warf Russland vor, »Schurkenstaaten« mit Atomtechnik auszurüsten. Um sich von der zu laschen Haltung Bill Clintons abzusetzen, wies die Bush-Administration viele russische Diplomaten wegen Agententätigkeit aus. Die brutale Kriegführung Putins in Tschetschenien wurde hart verurteilt. Aber die Terroranschläge veränderten die Politik Amerikas gegenüber dem alten Rivalen.

Wladimir Putin bedankte sich, indem er von einem qualitativ neuen Niveau des Vertrauens sprach. Um seinen guten Willen zu zeigen, kündigte er an, Militärbasen auf Kuba und in Vietnam zu schließen. In Washington waren die Zeiten vorbei, in denen Putin spöttisch noch »Rasputin« genannt wurde, in Anlehnung an den berüchtigten Wunderheiler, der zur Zeit Nikolaus' II. großen Einfluss auf die Zarenfamilie hatte. Aus Schrecken und Bedrohung schien die Einsicht zu wachsen, dass eine neue Zusammenarbeit der beiden Supermächte des Kalten Krieges das Gebot der Stunde war. Leider kündigte Bush den Vertrag zur Begrenzung von Raketenabwehrsystemen (ABM), sprach aber gleichzeitig von einem neuen hoffnungsvollen und konstruktiven Verhältnis mit Russland. Das alte strategische Konzept der »gegenseitig gesicherten Zerstörung« werde durch eine Politik der »gegenseitigen Kooperation« abgelöst.

Zum ersten Mal in der Nachkriegszeit wurde ein wichtiger Rüstungskontrollvertrag mit Russland gekündigt. George W. Bush, der Texaner, hatte damit einen zentralen Pfeiler der sicherheitspolitischen Philosophie, die jahrzehntelang das Denken und Handeln der amerikanischen und russischen Strategen prägte, zum Einsturz gebracht. Der ABM-Vertrag, der 1972 von Richard Nixon und Leonid Breschnew unterschrieben wurde, war aus der Einsicht geboren, dass es gegen Atombomben und Raketen keinen Schutz geben könne. Sicherheit entstünde aus der wechselseitigen Verwundbarkeit, der »Mutual Assured Destruction« (MAD). Dieser Vertrag hatte Stabilität in die Beziehungen der beiden Supermächte gebracht und ermöglichte es, atomare Rüstung zu begrenzen und zu reduzieren. Zur Rechtfertigung der Entscheidung Bushs schrieb die *FAZ*: »Die Amerikaner fanden sich, obwohl sie ›MAD‹ erfunden und die Russen von seiner Logik überzeugt hatten, nie damit ab, dass die Existenz ihrer Nation von der Vernunft anderer abhängen sollte … Denn sich selbst aus eigener Kraft verteidigen zu können, ist Teil des Traums, der in jedem amerikanischen Geschichtsbuch vorkommt.« Warum übersieht der Kommentator, dass es ein Traum jedes Menschen und jedes Volkes auf der Welt ist, sich selbst aus eigener Kraft verteidigen zu können? Und warum übersieht er, dass sich aus der Bejahung des amerikanischen Vorgehens das Recht der übrigen Staaten der Welt ergibt, genauso zu handeln? Wenn Amerika noch weitere Abmachungen und Verträge bricht, wird sich jedermann fragen, welchen Sinn es noch hat, sich mit den USA an den Verhandlungstisch zu setzen. Der Kommentator der *FAZ* hat die beiden grundverschiedenen Ansätze der Sicherheitspolitik offen gelegt. Konservative glauben, durch militärische Stärke und ständige Verbesserung der Waffentechnologie sei es möglich, unabhängig von der Vernunft anderer Länder, Sicherheit zu erlangen. Diese ist aber nur noch gemeinsam möglich. Alle Länder, auch die USA, sind auf die Vernunft der anderen Staaten angewiesen. Das ist die Einsicht, die der Friedens- und Entspannungspolitik Willy Brandts zugrunde lag. Der Ausstieg aus dem Vertrag ist ein Fehler. Vertragstreue, die nicht nur formal verstanden werden darf, ist eine Voraussetzung des Weltfriedens.

Der Chef des russischen Generalstabs, Anatoli Kwaschnin, sprach von einem existenziellen Schlag gegen die strategische Stabilität. Die Kündigung des Vertrags zur Begrenzung von Raketenabwehrsystemen würde seiner Ansicht nach anderen Staaten »die Hände lösen«. Ein neues Wettrüsten sei die Folge.

An einer Reduzierung der atomaren Sprengköpfe ist Russland aber sehr interessiert. Die Aufrechterhaltung der Einsatzbereitschaft zahlreicher Atomwaffen macht Moskau finanziell stark zu schaffen. Westliche Experten schätzen, dass die russischen Streitkräfte im Jahr 2010 nur noch etwa 1000 Sprengköpfe unterhalten können. Zudem plant Putin eine Militärreform. Auch die kostet Geld. In zehn Jahren beabsichtigt er, in Russland die Wehrpflicht abzuschaffen.

Das sich immer noch als Weltmacht verstehende Russland sieht mit Neid die technische Überlegenheit der Amerikaner. Diese konnten in Afghanistan nach ihrer Doktrin – möglichst

»keine eigenen Toten« – einen Krieg ohne größere Verluste führen. Auf solche Möglichkeiten würden die russischen Generäle in Tschetschenien gerne zurückgreifen. Mehrere tausend russische Soldaten und ebenso viele tschetschenische Kämpfer sind mittlerweile gefallen. Zahlreiche Zivilisten kamen ums Leben. 1999 bombardierten die Russen die Hauptstadt Grosny, weil die Tschetschenen angeblich Häuser in Moskau und Wolgogonsk in die Luft gesprengt hatten. Beweise dafür wurden bisher nicht geliefert. Grosny ist fast vollständig dem Erdboden gleichgemacht. Immer wieder kommt es zu Übergriffen russischer Soldaten auf die Zivilbevölkerung, zu Verschleppungen und Vergewaltigungen. Seit 200 Jahren versuchen die Tschetschenen sich von der Herrschaft der Russen zu befreien.

Um den »technologischen Rückstand« etwas auszugleichen, ist der Verteidigungshaushalt in Russland fast verdoppelt worden. Gemessen am Bruttoinlandsprodukt liegt er deutlich höher als in den westlichen Staaten. Die verarmte russische Bevölkerung zahlt einen hohen Preis für das Verlangen ihrer Politiker, auf der Weltbühne ganz vorne mitzuspielen.

Putins Öffnung zum Westen stieß in Russland, vor allem bei der Armee, auf Widerstand. »Die Generäle gehen in Opposition zum Kreml«, titelte eine russische Zeitung. Wladimir Putin muss geschickt vorgehen, um nicht das Schicksal Gorbatschows zu erleiden. Der in der westlichen Welt so hoch geachtete ehemalige sowjetische Präsident gilt vielen Russen als Verräter, weil er dem Westen zu viel Zugeständnisse gemacht hatte. Auf die Hinwendung des Kremlchefs zum Westen reagierte die politische Rechte in Russland erstaunlicherweise mit Zustimmung. Wladimir Schirinowskij sprach von einer historischen Chance für Russland und die Vereinigten Staaten, ihre gegenseitigen Beziehungen drastisch zu verbessern. In 20 bis 30 Jahren könnten sie sich zu einem nordatlantischen Staat zusammenschließen.

Die Aufnahme Russlands in die Nato würde das Bündnis verändern. Sie liegt auf der Linie einer Politik, die langfristig die

UNO zur Sicherheits- und Friedensinstanz der Welt machen will. Die europäischen Nato-Staaten müssen sich darüber verständigen, welche spezifische Rolle das nordatlantische Bündnis in Zukunft spielen wird. Wenn die Nato eines Tages in der UNO aufgehen soll, dann ist die Aufnahme Russlands nur logisch und konsequent.

Während des Afghanistankriegs wurde nicht nur die Nato infrage gestellt. Auch die außen- und sicherheitspolitischen Schwächen der Europäischen Gemeinschaft wurden deutlich. Im Medienzeitalter treten an die Stelle langfristiger Politikkonzepte kurzfristige Inszenierungen, um die heimischen Wähler zu beeindrucken. Versuchte man anfänglich noch, ein gemeinsames Vorgehen der europäischen Staaten zu erreichen, so triumphierte bald der Bilateralismus. Übereifrig operierten Blair, Chirac, Jospin und Schröder an der Europäischen Gemeinschaft vorbei. Die bedeutenden Staatsmänner der Mittelmächte verhandelten auf gleicher Augenhöhe mit der Supermacht. Die EU war dabei eher störend. Zum Eklat kam es beinahe, als sich Deutschland, Frankreich und Großbritannien in London zu einem Gipfel verabredeten. Andere Mitgliedstaaten der EU mussten, aus Gründen der Gesichtswahrung, dazugebeten werden. Die kleineren Staaten Europas werden diese Vorgehensweise der großen nicht vergessen. Die Europäische Union hat in Javier Solana einen »Beauftragten für die gemeinsame Sicherheits- und Außenpolitik«. Aber wenn es zur Sache geht, dann erledigen die Regierungschefs der Mittelmächte diese Aufgabe lieber selber. Die Europäer haben beschlossen, bis zum Jahr 2003 eine Eingreiftruppe von 60 000 Soldaten zu schaffen. Aber es fehlt dieser Eurotruppe an Transportkapazität und Ausrüstung. Die Vereinigten Staaten verhalten sich zwiespältig. Sie fordern von den Europäern ständig höhere Rüstungsausgaben, sind aber aus ihrer Interessenlage heraus gegen den Aufbau einer eigenständigen europäischen Eingreiftruppe. Washington meint, die eigenen Transportmöglichkeiten, Kommandostrukturen und Aufklärungskapazitäten reichen aus. Die Europäer hatten aber im Kosovokrieg die Erfahrung gemacht, dass die USA ihren Partnern den Zugriff auf Erkenntnisse ihrer Aufklärung verwehren.

Im Afghanistankrieg entschieden die Amerikaner allein und ließen die Europäer außen vor. Auflösen ließe sich auch dieser Konflikt im Rahmen einer UNO-Streitmacht. Aber solange diese Weltpolizei nicht eingerichtet ist, werden die Europäer eigene Streitkräfte brauchen. Dabei dürfen sie aber nicht den Fehler machen, mit den USA darum zu wetteifern, wer die größte Interventionsstreitmacht hat. Nach neuestem Stand wird die EU-Truppe erst im Jahre 2006 einsatzbereit sein.

Die Ereignisse in Afghanistan und im Irak zeigen: Europa hat seine Rolle in der Welt noch nicht gefunden. Es gibt einzelne europäische Staaten mit einer abgestuften Bereitschaft, sich außerhalb ihres Kontinents zu engagieren, und sehr unterschiedlichen, aber letztlich begrenzten Fähigkeiten dazu. Briten und Franzosen neigen aufgrund ihrer kolonialen Tradition zu einer militärisch gestützten globalen europäischen Politik. Deutschland und die übrigen europäischen Staaten sollten sich überlegen, ob es tatsächlich Aufgabe Europas ist, in Osttimor, am Horn von Afrika oder im Rest der Welt militärisch präsent zu sein. Um mit den USA mitzuhalten, müssten die Europäer viele Milliarden Euro in kostspielige Fernwaffen-, Aufklärungs- und Nachschubsysteme investieren. Im Euro-Land wohnen 303 Millionen Einwohner gegenüber 278 Millionen Einwohnern in den USA. Sie erwirtschafteten im Jahr 2000 ein Bruttoinlandsprodukt von 6 553 Billionen Euro, während das der USA 10 709 Billionen Euro betrug. Da die Zahlen über die Wirtschaftsleistung durch den Dollar/Euro-Kurs verzerrt sind, kann man davon ausgehen, dass Europa und Amerika über eine ähnliche Wirtschaftskraft verfügen. Diese sollte Europa aber nicht dazu verwenden, eine Streitmacht aufzubauen, die, wie die der Vereinigten Staaten, global präsent ist. Nach der Entscheidung Präsident Bushs, die Militärausgaben kräftig zu steigern, soll der Militärhaushalt der Vereinigten Staaten im Jahre 2003 auf 379

Milliarden Dollar wachsen. Die übrigen Nato-Staaten stellen nur 147 Milliarden Dollar für ihr Militär bereit.

Voller Selbstbewusstsein wird die neue Aufgabenteilung von den Amerikanern wie folgt beschrieben: »The US fights, the UN feeds, the EU funds« – die Vereinigten Staaten kämpfen, die Vereinten Nationen füttern und die Europäer zahlen. Als dieser Spruch zum ersten Mal in der internationalen Presse auftauchte, wurde er zum Anlass genommen, die Europäer aufzufordern, mehr Geld für das Militär bereitzustellen. Man müsse sich doch schämen, wenn man sehe – so der allgemeine Tenor – wie weit die Europäer in ihrer Kampfkraft im Vergleich zu den Amerikanern zurückgefallen seien.

Bisher war es jedoch so, dass die Europäer stets mehr für Entwicklungshilfe ausgaben, während die Amerikaner schon immer mehr Geld für ihre Armeen bereitstellten. Aber ist das wirklich eine Schande? Gereicht es nicht vielmehr Europa zur Ehre, dass es nach der Erfahrung zweier Weltkriege, die vielen Feldzüge für »Freiheit und Demokratie«, die Millionen Opfer forderten, nicht mitgemacht hat? Die Europäer sollten die abfällig gemeinte Aufgabenverteilung im Krieg ins Positive wenden. Der Terrorismus wird mit den raffiniertesten Hightech-Waffen nicht zu besiegen sein. Die Mittel der Diplomatie, die Suche nach Verständigung und Ausgleich und das Streben nach sozialer Gerechtigkeit sind geeigneter als hochgerüstete Armeen, um den Weltfrieden herzustellen. Die Europäer können über die Entwicklungshilfe die Defizite der amerikanischen Außenpolitik ausgleichen. Um den ärmeren Ländern zu helfen, könnten beide Wirtschaftsblöcke damit beginnen, ihre völlig überhöhten Agrarsubventionen abzubauen.

Der Terrorismus fordert uns heraus

Nach den Anschlägen in Amerika wurde die Welt zum Kampf gegen den Terrorismus aufgerufen. Der Öffentlichkeit wurde vorgegaukelt, man könne den Terrorismus durch einen Bombenkrieg ein für alle Mal besiegen. Solche »Endlösungen«, die mit dem Wunsch nach Rache einhergehen, können wir in Palästina, im Baskenland oder in Nordirland studieren.

Was ist eigentlich Terrorismus? Der Denker und Schriftsteller Hans Magnus Enzensberger sieht im Terrorismus eine strukturelle Eigenschaft unserer Zivilisation. Er zeigt sich in den Massakern auf den Straßen, in den Fußballstadien, in der Gewaltpornografie, in der Drogensucht und in den massenhaften Misshandlungen von Frauen und Kindern. Als endemisches Phänomen tritt er gewissermaßen naturwüchsig auf. Nur von Fall zu Fall maskiere sich der Terrorismus mit Forderungen und Rechtfertigungen. Sein amerikanischer Schriftstellerkollege Don DeLillo hat erkannt, wie der fundamentalistische Furor der Terroristen gegen die Moderne längst von eben dieser Moderne tief durchdrungen ist. Wie wirklichkeitsfremd klingt da die Ankündigung Präsident Bushs, Amerika werde den Terrorismus besiegen.

Terrorismus beinhaltet das Töten unschuldiger Menschen, um politische Ziele zu erreichen. Aber nicht nur einzelne Personen oder Gruppen gehen so vor. Es gibt auch einen Staatsterrorismus. Diktatoren töten Menschen, um sich an der Macht zu halten und jegliche Opposition zu unterdrücken. Den Naziterror werden wir nie vergessen. Kriegsterrorismus ist das Töten vieler Zivilisten, um die Gegner zur Kapitulation zu zwingen. Die Atombombenabwürfe auf Hiroshima und Nagasaki sind Beispiele dafür.

Diesen drei Spielarten des Terrorismus ist das Töten unschuldiger Menschen gemeinsam. Wenn sich die Staatengemeinschaft bei der Bekämpfung terroristischer Gruppen nicht an das Kriegsvölkerrecht hält und wenn sich an der Antiterrorkoalition diktatorische Regime beteiligen, dann kämpfen Kriegs- und Staatsterroristen gegen terroristische Gruppen. Die von Amerika geschmiedete Antiterrorkoalition war in ihrer Zusammensetzung und in ihrer Vorgehensweise mehr als fragwürdig. Macht und Pragmatismus lassen aus Feinden der Kriegsgegner Freunde werden. So wird die doppelte Moral zur Konstanten der so genannten Realpolitik.

In atemberaubender Geschwindigkeit näherten sich nicht nur die USA und Russland einander an, obwohl Russland für Amerika lange Zeit das Reich des Bösen war. Auch die Atomsünder Pakistan und Indien erhielten Absolution. Im Mai 1998 hatte man nach Nukleartests Sanktionen gegen sie verhängt. Diese wurden jetzt aufgehoben. Der Internationale Währungsfond (IWF) gewährte Pakistan schnell einen Kredit von 135 Millionen Dollar. Westliche Staatsmänner gaben sich in Islamabad und Neu Delhi die Türklinke in die Hand.

Indien hatte Probleme, weil die Amerikaner große Anstrengungen unternahmen, um die Hilfe Pakistans für den Kampf gegen den internationalen Terrorismus zu erhalten. Seit Jahrzehnten wirft Neu Delhi Pakistan die Unterstützung von Terroristen im indischen Kaschmir vor. Als im Dezember 2001 ein Anschlag auf das indische Parlament verübt wurde, war die Geduld der Inder zu Ende. Neu Delhi machte den pakistanischen Geheimdienst und zwei von Pakistan aus operierende terroristische Organisationen dafür verantwortlich. Bei einer Umfrage befürworteten 80 Prozent der befragten Inder Vergeltungsschläge auf Ausbildungslager für kaschmirische Separatisten in Pakistan. So wie Amerika die Terroristencamps in Afghanistan, so wollten die Inder die Orte in Kaschmir bombardieren, in denen sie Einrichtungen der Terroristen vermuteten.

Indien und Pakistan haben Atomwaffen. Das indische Arsenal wird auf 60 bis 90 nukleare Sprengköpfe, das pakistanische auf zehn bis 30 geschätzt. Beide Seiten verfügen über Raketen von einer Reichweite von bis zu 2500 Kilometern. Pakistan möchte durch die atomare Bewaffnung die konventionelle militärische Überlegenheit Indiens ausgleichen.

Die Antiterrorkoalition umfasste auch den »Schurkenstaat« Iran und die zentralasiatischen Staaten. Die korrupten Regime in Turkmenistan, Tadschikistan und Usbekistan wurden zwecks Truppenstationierung und Überflugrechten hofiert. Der alte CIA-Spruch »Des einen Terrorist ist des anderen Freiheitskämpfer« wurde durch die Antiterrorkoalition bestätigt. Auch Peking kam der internationale Feldzug gegen den Terror sehr gelegen. Seit vielen Jahren wachsen in der autonomen Region Zheijang die Unabhängigkeitsbestrebungen. Zheijang umfasst ein Sechstel des chinesischen Territoriums. In der Provinz leben acht Millionen Muslime. Die Entlassung der Region in die Unabhängigkeit will China um jeden Preis vermeiden. Hier befinden sich die größten Öl- und Gasvorräte des Landes. Die Taliban unterstützten die Unabhängigkeitsbestrebungen der dort lebenden Uiguren mit Waffenlieferungen und Drogenhandel.

Wenn das Wort »Terrorist« fällt, dann denken bei uns in Deutschland viele an die Baader-Meinhof-Bande, an die Rote-Armee-Fraktion oder an den Terroristen Carlos. Andere nennen die ETA, die IRA oder die PLO. Aber Osama Bin Laden repräsentiert einen neuen Typ von Terroristen. Er ist ein »Global Player« und verfügt über viel Geld, Soldaten, ein weltweit verzweigtes Netzwerk und ein eigenes Finanzsystem.

Auf der Herbsttagung des Bundeskriminalamts im November 2001 berichtete dessen Präsident Ulrich Kersten, dass etwa 70 000 Kämpfer aus mehr als 50 Ländern in al-Qaida-Lagern ausgebildet wurden. Bin Ladens Einnahmen stammen aus Drogen- und Waffenhandel sowie aus Finanzspekulationen. Er gründete in Afghanistan ein Ausbildungslager, das er Masadda – Löwenhöhle – nannte. Mit Baumaschinen, die er über Pakistan importiert hatte, schuf er mit Unterstützung der CIA eine unterirdische Festungsanlage. Die Sowjets konnten sie während der zehnjährigen Besatzung Afghanistans nicht zerstören.

Durch die Stationierung amerikanischer Truppen auf der arabischen Halbinsel zu Beginn der neunziger Jahre wurde Bin Laden fanatisiert. In einer Predigt zum zehnten Jahrestag der »amerikanischen Besudelung der heiligen arabischen Erde«, erinnerte er an die Worte des Propheten Mohammed: »Vertreibt die Götzendiener von der arabischen Halbinsel«, und rief dazu auf, Amerika und Israel anzugreifen. Sein Ziel ist es, die Dynastie Saud zu stürzen. Bin Laden hat in seiner Heimat Saudi-Arabien viele Anhänger. Seine Kritik am Königshaus findet Zustimmung. Etwa 30 Prozent der jungen Männer des 20 Millionen-Volkes sind arbeitslos. Osama Bin Laden will eine islamische Herrschaft über die beiden heiligen Städte Mekka und Medina errichten. Wenn ihm der Umsturz gelingt, dann fällt ihm die Ölwaffe in die Hand. Damit würde er den »großen Satan«, die Vereinigten Staaten, empfindlich treffen.

Die Familie Bin Laden ist in Amerika bestens bekannt und verfügt über gute politische Verbindungen. Der US-Repräsentant von Salem Bin Laden, einem älteren Halbbruder des Terroristen, hielt einen fünfprozentigen Anteil an dem Ölunternehmen Arbusto Energy, das einst dem heutigen amerikanischen Präsidenten George W. Bush gehörte. Salem Bin Laden kam in den achtziger Jahren bei einem Flugzeugabsturz in Texas ums Leben. Kontakte mit der Familie Bin Laden hatten auch George Bush sen., der ehemalige Präsident Jimmy Carter und die früheren Minister Jim Baker und Frank Carlucci. An der Carlyle Group war die Saudi Bin Laden Group mit zwei Millionen Dollar beteiligt. Nach dem 11. September gab die Familie diese Verbindung auf. Der ehemalige Außenminister George P. Shultz sitzt im Vorstand der Investmentgesellschaft Fremont Group. Auch an dieser hält die Familie Bin Laden Anteile. Ihre privaten Bankgeschäfte laufen über die Citigroup. Im Vorstand dieses Bankhauses sitzt der langjährige Finanzminister Bob Rubin. Im *New Yorker* wurde darauf hingewiesen, dass George W. Bush die Überwachung saudi-arabischer Staatsbürger vor dem 11. September behindert habe.

Ein ehemaliger Leiter des New Yorker FBI-Büros gab zu verstehen: »Alles, was wir brauchen, um Bin Ladens Organisation zu enttarnen, ist eine Ermittlung in Saudi-Arabien«. Doch das FBI werde, so der Leiter weiter, vom State Department daran gehindert, Nachforschungen über den Terror anzustellen. Joschka Fischers Auswärtiges Amt nahm sich offenkundig daran ein Beispiel. Als das Augsburger Landgericht Bürger Saudi-Arabiens in der Bestechungsaffäre Schreiber vernehmen wollte, befürchtete das Außenministerium diplomatische Verwicklungen und verweigerte die Zusammenarbeit. Um »großen außenpolitischen Schaden« zu vermeiden, wurde die Weiterleitung von Zeugenladungen abgelehnt.

Das Königshaus in Saudi-Arabien unterdrückt Unruhen im eigenen Land und hat den Terrorismus exportiert. Es finanziert Rekrutierungslager in anderen Ländern und terroristische Gruppen. Merkwürdigerweise taucht Saudi-Arabien nicht auf der Liste der »Schurkenstaaten« auf, die Amerika angefertigt hat, um die Welt in gut und böse aufzuteilen.

Das Feudalregime der Saudis missachtet die Menschenrechte. Wie in anderen arabischen Ländern wird die Frau in nicht hinnehmbarer Weise unterdrückt. Staatsreligion in Saudi-Arabien ist der Wahhabismus, eine extrem puritanische Spielart des Islam. Die Wahhabiten verstehen sich als Bekenner der Einheit Gottes und lehnen jede Art von Totenkult und Heiligenverehrung ab. Das gilt auch für den Propheten Mohammed. Das Alkoholverbot des Koran dehnen sie auf andere Genussmittel wie Kaffee und Tabak aus. Die Strafen der Scharia, Hand abtrennen und Steinigung, werden streng befolgt. Aufgrund des Bilderverbots sind Film- und Theatervorstellungen untersagt. Selbst das japanische Kinderspiel Pokémon, in dem Dämonen, Geister, Flusskobolde und Gespenster abgebildet sind, wurde vom saudi-arabischen Mufti verboten. Die Vereinigten Staaten sind seit 1933 in Saudi-Arabien mit Ölfirmen vertreten. Aus Furcht vor der britischen Konkurrenz schlossen sich Esso, Texaco und Mobil zur »Arabian American Oil Company« zusammen. Der US-Luftwaffenstützpunkt Dharan wurde zur »Verteidigung der Vereinigten Staaten« eingesetzt.

Die Vereinigten Staaten wären gut beraten, ihre hervorragenden Verbindungen zu nutzen und die Königsfamilie zu demokratischen und sozialen Reformen zu drängen und im eigenen Land auf Energieeinsparung und alternative Energien zu setzen, um ihre Abhängigkeit vom Ölimport zu verringern.

Ich zitiere noch einmal Präsident Bush: »Wer den Terrorismus fördert oder unterstützt, wer seinen Hintermännern und Drahtziehern Unterschlupf bietet, wer ihnen gestattet, ihre Netzwerke des Terrors zu betreiben und ihre Verbrechen vorzubereiten, der wird dafür zur Rechenschaft gezogen.« Aber statt nach Saudi-Arabien schickten die texanischen Ölindustriellen die amerikanischen Bomber nach Afghanistan. »Afghanisches Blut ist billiger«, hatte einst der von den Taliban ermordete Paschtunenführer Abdul Haq verbittert gesagt.

Der Afghanistankrieg

Der Angriff der USA auf Afghanistan galt einem Land, das eigentlich gar kein Staat ist. Afghanistan ist eher eine Ansammlung sich bekriegender Clans, von denen der siegreiche sich Regierung nennt. Ein Nationalstaat im westlichen Sinne ist Afghanistan nie gewesen. Stets waren für die Afghanen Dorf und Stamm wichtiger als die Regierung. Sie sind gegen die Zentralgewalt, egal in welcher Hand sie sich befindet.

Auch die Taliban hatten keinen Staat aufgebaut. Es gab noch nicht einmal eine Verwaltung. Es gab die Scharia-Justiz, die Sittenpolizei und Eintreiber von Zöllen und Abgaben. Oberstes Entscheidungsorgan war die Schura, der Rat von Kandahar. Dort residierte der Talibanführer Mullah Omar. Er verstand sich nicht als Staatschef, sondern als »Amir al-muminin«, als Führer der Gläubigen.

Vor dem US-Angriff gab es warnende Stimmen: Amerika werde sich ein zweites Vietnam einhandeln. Die Afghanen hatten 1842 der Supermacht des 19. Jahrhunderts, England, eine vernichtende Niederlage beigebracht. Aufständische hatten die Armee des Waterloo-Veteranen Lord Alexander Elphinstone gezwungen, Kabul zu räumen. Friedrich Engels schrieb damals: »Am 5. Januar 1842 marschierten die Briten aus Kabul ab. Schnee und Kälte und der Mangel an Proviant hatten eine Wirkung wie bei Napoleons Rückzug aus Moskau. Doch während die Kosaken in respektvoller Entfernung geblieben waren, wurden die Briten von afghanischen Scharfschützen gepeinigt, die mit weit reichenden Luntenschlossgewehren bewaffnet, alle Höhen besetzt hatten. Der Khurd-Kabul-Pass wurde fast der gesamten

Armee zum Grab. Und der geringe Rest fiel am Dschag-Dalok-Pass. Nur ein einziger Mann erreichte Jalalabad und konnte über das Vorgefallene berichten.«

147 Jahre später verließ der russische General Boris Gromow Afghanistan. Die sowjetische Invasion war kläglich gescheitert. Der General ging zu Fuß über die Brücke von Termes in das damals zur UdSSR gehörende Usbekistan. Die UdSSR, eine Supermacht des 20. Jahrhunderts, hatte im afghanischen Krieg mehr Soldaten verloren als damals England.

Aufgrund dieser Erfahrungen hieß es anfangs in Amerika, eine Invasion in Afghanistan sei weder möglich noch erforderlich. Dafür wäre eine monatelange Vorbereitung nötig und man müsse mehr als 300 000 Reservisten einberufen. Es genüge, die Taliban von ihrer Versorgung durch Pakistan abzuschneiden und die Nordallianz, die noch immer die von fast allen Staaten anerkannte Regierung des Landes stelle, mit Waffen und Nachschub zu versorgen. Da strategisch bedeutsame Ziele fehlten, müsse die Antwort der USA überwiegend aus Diplomatie und nur in geringem Umfang aus militärischer Aktion bestehen. In den Städten Kabul, Kandahar und Jalalabad gäbe es zwar eine Reihe von Gebäuden, die als Hauptquartiere der Taliban dienten, aber keines von ihnen sei ein Ziel von größerer Bedeutung. Die Militärplaner erinnerten daran, dass es 1991 im Golfkrieg 2700 wichtige Ziele gegeben habe. Und im Krieg gegen Serbien immerhin noch 900. In Afghanistan seien es dagegen allenfalls 25 Ziele, die man bombardieren könne. Wie immer man diese Zahlen bewertet, unbestritten ist, dass solche »Sorgen« aufkommen müssen, wenn das mächtigste Land der Erde das ärmste Land der Welt bombardiert.

Es gibt in Afghanistan – die Paschtunen nennen es »das Land der Seufzer« – ein weiteres Problem. Chris Stephen, UNO-Koordinator des Minenräumprogramms, schätzt, dass 730 Quadratkilometer in Afghanistan minenverseucht sind. Von den 110 Millionen weltweit vergrabenen Minen liegen zehn Millionen in der afghanischen Erde. Ein Großteil stammt aus der UdSSR. Im

Krieg gegen die Mudschaheddin warf die Rote Armee unzählige Butterfly-Minen ab. Wegen ihrer Schmetterlingsform und wegen ihrer bunten Farbe werden sie von Kindern häufig für Spielzeug gehalten. Afghanistan gilt neben Kambodscha und Angola als das am stärksten verminte Land der Welt. In den vergangenen 23 Jahren sind nach Angaben der afghanischen Kampagne gegen Landminen etwa eine halbe Million Menschen bei Minenexplosionen getötet oder verletzt worden. Von den Kindern in Afghanistan erreicht ohnehin nur jedes vierte das fünfte Lebensjahr. Kommen sie mit den Minen in Berührung, dann werden sie verstümmelt oder sie verbluten. Pro Woche sterben zwischen 45 und 100 von ihnen durch Minenexplosionen.

Schon lange sind Spezialisten der UNO im Einsatz, um das geschundene Land von der Verseuchung durch Minen zu befreien. Aber sie leben gefährlich und sie werden in Zukunft noch gefährlicher leben müssen. Von 1990 bis Anfang 2001 wurden 34 Minenräumer in Afghanistan durch Explosionen getötet, 544 wurden verletzt. Schon in Vietnam waren die Landminen für ein Drittel der getöteten US-Soldaten verantwortlich. Noch drei Jahrzehnte nach ihrem Abwurf verstümmeln und töten die Bomben Menschen in Indochina.

Obwohl sie das alles wussten, setzten die Vereinigten Staaten gegen die Taliban Streubomben ein. Nachdem sie aus der Luft abgeworfen werden, öffnen sich die Behälter und geben viele kleine Sprengkörper frei, die in einem weiten Umkreis gestreut werden. Diese kleinen Streukörper waren gelb. Reichlich spät bemerkten die Amerikaner, dass die von ihnen abgeworfenen Lebensmittelpakete die gleiche Farbe hatten. Kinder verwechselten Bomben mit Lebensmittelpaketen. Wie viel Arbeit, wie viel Entwicklungshilfe wird notwendig sein, um das völlig zerstörte und verminte Land nach dem Krieg wieder aufzubauen?

In den ersten drei Wochen versuchten die Vereinigten Staaten mit gezielten Bombardements die Taliban zu schwächen und zur Aufgabe zu zwingen. Als sich kein Erfolg einstellte und in der

Öffentlichkeit schon von einem militärischen Fehlschlag geredet wurde, wechselten sie die Strategie. Jetzt ermunterten sie die Nordallianz, auf die von den Taliban gehaltenen Städte mit Bodentruppen vorzurücken, während die Amerikaner ihnen den Weg freibombten. Die Truppen der Nordallianz wurden von der Antiterrorkoalition mit Waffen und Logistik versorgt. Auch die EU beschloss Anfang November, Waffen zu liefern.

Die Nordallianz hat in der Welt keinen guten Ruf. Auch während ihrer Herrschaft in Kabul – vor der Machtübernahme durch die Taliban – waren Plünderung, Mord und Vergewaltigung an der Tagesordnung. Viele Afghanen kamen ums Leben. Deshalb betrachtete die Bevölkerung die Glaubenskrieger zunächst als Befreier von dieser Terrorherrschaft. Im Gebiet der Nordallianz wird Opium und Heroin hergestellt. Das dort gewonnene Opium gilt als das reinste auf dem Weltmarkt. Als Tony Blair mit unschuldigem Augenaufschlag klagte, das Heroin auf britischen Straßen käme aus Afghanistan, vergaß er hinzuzufügen, dass er sich jetzt mit den Lieferanten dieses Heroins verbündete. Im Gegensatz dazu hatten die Taliban den Anbau von Schlafmohn untersagt – sie setzten das Verbot mit aller Härte durch. Bauern, die weiter den Mohn anbauten, wurden verhaftet. Internationale Delegationen überzeugten sich davon, dass das Verbot kein Propagandatrick der Glaubenskrieger war. Als sie die Aussagen der Fundamentalisten überprüften, waren sie keinen Reisebeschränkungen unterworfen. Kritiker der Gotteskrieger zweifelten an deren Motiven. Sie glaubten, der Mohnanbau sei gestoppt worden, um die Heroinpreise nach oben zu bringen. Was auch immer die Motive der Fundamentalisten waren, der Opiumanbau in Afghanistan ging drastisch zurück. Nach Auflösung des Talibanregimes bauten die Bauern in ihrer Not wieder Schlafmohn an. Da viele Brunnen ausgetrocknet waren und es zu wenig Wasser gab, konnte kein Weizen gepflanzt werden. Die Baumwollpreise waren um die Hälfte gefallen. Der Mohnanbau bringt fünfzigmal so viel Geld wie Weizen oder Baumwolle.

Schon bald wurde die Nordallianz ihrem Ruf gerecht. Die Presse berichtete von Massakern. Internationale Organisationen warfen den neuen Machthabern schwere Menschenrechtsverletzungen vor. Die UNO-Hochkommissarin für Menschenrechte, Mary Robinson, sagte, die Vereinten Nationen hätten deutliche Hinweise darauf, dass es bei der Vertreibung der Taliban in mehreren Städten zu Massakern und Vergewaltigungen durch die Nordallianz gekommen sei.

Die Amerikaner hatten ihren Krieg zuerst »Infinite Justice«, uneingeschränkte Gerechtigkeit, genannt. Dann dämmerte es einigen, dass dieser Name Gläubigen wie Blasphemie vorkommen musste. Eine unendliche Gerechtigkeit kann nur von Gott kommen. Schnell wurde der Krieg umgetauft. Jetzt hieß er »Enduring Freedom«, anhaltende Freiheit.

Während die Amerikaner nach dem richtigen Namen des Feldzuges suchten, las ich zufällig, dass die afghanische Stadt Mazar-i-Sharif in der Übersetzung »Gräberfeld der Gerechten« heißt. So könnte man viele Orte in der Welt nennen. Die unendliche Gerechtigkeit endet immer im Gräberfeld der Gerechten. Mazar-i-Sharif wurde von drei Generälen eingenommen, dem Usbeken Rashid Dostum, dem Tadschiken Atta Mohammed und dem Hasari Ustad Mohaqqiq. Ende November kam es zu einem Massaker an gefangenen Taliban. Zwischen 400 und 600 Glaubenskrieger wurden niedergemetzelt. Zwar wurde behauptet, die Gefangenen hätten einen bewaffneten Aufstand versucht, aber die Version wirkte unglaubwürdig. Vor allem die Paschtunen und die Pakistani waren davon überzeugt, dass es sich bei dem Vorfall um eine bekannte Vorgehensweise der Nordallianz handelte. »Wir mussten sie töten«, war die Auskunft von General Dostum. Amnesty International forderte eine unabhängige Untersuchung.

Wochen später richteten paschtunische Verbündete der westlichen Streitkräfte 160 Kriegsgefangene hin. Die Menschenrechtsorganisation »Human Rights Watch« sprach von einem

»Kriegsverbrechen«. Die *New York Times* berichtete von einem Gefangenentransport, bei dem 43 Talibankämpfer in Containern, in denen sie mehrere Tage eingesperrt waren, den Erstickungstod gefunden hatten. Der Transport fand während der Gefangenenrevolte in Masar-i-Sharif statt. Unterdessen kündigte Präsident George W. Bush Angriffe auf andere Länder an. »Afghanistan ist erst der Anfang«, sagte er und fuhr fort: »Es gibt andere Terroristen, die Amerika und seine Freunde bedrohen, und es gibt andere Länder, die sie unterstützen. Wir werden als Nation nicht sicher sein bis alle diese Bedrohungen beseitigt worden sind. Wir werden das Böse in den kommenden Jahren in der ganzen Welt bekämpfen, und wir werden siegen.«

Während des Wahlkampfes hatten die Republikaner die amerikanische Außenpolitik als zu idealistisch kritisiert. Bill Clinton gab in seiner Regierungszeit die Parole aus: »Wir werden helfen, wo immer auf der Welt Menschen verfolgt und ermordet werden.« Die Republikaner wiesen darauf hin, dass diese Aufgabe die Fähigkeiten der USA, aber auch jeder anderen Nation überfordere. Zu den moralischen Verpflichtungen müssten konkrete nationale Interessen der Amerikaner kommen. Der Einsatz müsse Sinn machen und Aussicht auf Erfolg haben.

Die Zerstörung der Trainingslager der al-Qaida und die Verfolgung Osama Bin Ladens waren nach den Terroranschlägen die angemessene Reaktion Amerikas. Kein Recht hatte die Supermacht, die afghanischen Städte zu bombardieren und den Tod vieler Zivilisten in Kauf zu nehmen. Aber es ging in der Tradition der amerikanischen Außenpolitik auch um nationale Interessen. Die USA wollten sich den Zugang zu den Gas- und Ölvorräten des Kaspischen Meeres sichern. Und das Talibanregime hatte die notwendigen Leitungen lange genug blockiert.

Mit den Mitteln der Zensur, der Auswahl von Bildern und Nachrichten, versuchten die USA das wahre Ausmaß des Terrors gegen die Zivilbevölkerung zu verschleiern. Wieder einmal war der Krieg zum Medienkrieg geworden. Gute Nachrichten und Bilder wurden verbreitet, schlechte wurden unterdrückt. Winston Churchill hatte einmal gesagt: »Im Krieg ist die Wahrheit so kostbar, dass sie immer von einer Leibwache von Lügen umgeben sein soll.« Im Pentagon wurde ein Amt für strategische Einflussnahme ins Leben gerufen. Es sollte mit gezielten Informationen, auch mit falschen, die Öffentlichkeit im Sinne Amerikas manipulieren. Um dieses Amt zu unterstützen, wurde auch das Consulting-Unternehmen Random verpflichtet, das im Golfkrieg traurige Berühmtheit erlangte. Es hatte verbreitet, irakische Soldaten hätten Neugeborene aus Brutkästen gerissen. Die Geschichte war eine unglaubliche Propagandalüge. Als die Welt gegen die Einrichtung der Lügenabteilung protestierte, löste Militärminister Donald Rumsfeld das Amt wieder auf. Die Wahrheitsliebe ist deshalb aber nicht ins Pentagon zurückgekehrt.

Die Kriegführung der Amerikaner verletzte das Gebot, dass die Ziele von Vergeltungsakten die Schuldigen sein müssen. Viele Unschuldige kamen bei den Bombenangriffen ums Leben. Der Politologe Michael Walzer hatte im Blick auf die Pflicht, Unschuldige zu schonen, in der *New York Times* geschrieben: »Wenn wir sie nicht erfüllen, dann werden wir unsere Zivilisation dadurch verteidigen, dass wir es den Terroristen nachmachen, die unsere Zivilisation angegriffen haben.« Um zu zeigen, was Leid der Zivilbevölkerung bei pausenloser Bombardierung heißt, zitiere ich auszugsweise einen Bericht des *Independent*-Reporters Justin Huggler, der am 29. November 2001 in der *Welt* abgedruckt war. Unter der Überschrift »Der Tod schwebte an kleinen Fallschirmen zur Erde« berichtete er über die Opfer der Zivilbevölkerung in Khanabad, einer Stadt, auf die die US-Luftwaffe Streubomben warf: »Plötzlich hören wir eine Explosion. Als wir den Ort erreichen, sitzt ein alter Mann in seinem eigenen Blut, blinzelt und schüttelt verwirrt den Kopf. Neben ihm liegt ein 15-jähriger Junge, der ohnmächtig ist. Beide waren auf eine der amerikanischen Splitterbomben getreten, mit denen die Felder und Straßenränder um Khanabad übersät sind.

Die Amerikaner haben in Khanabad in den letzten zwei Wochen mehr als 100 unbewaffnete Zivilisten getötet. Sie bombardierten hier unaufhörlich dicht besiedelte Wohngebiete der Stadt, die eine der letzten unter der Kontrolle der Taliban war … Die Vororte von Khanabad haben große Verluste erlitten. In Charikari finden wir riesige Krater, wo früher Häuser standen. Schwarze verkohlte Baumstummel ragen durch den Schutt. Hier und da steht noch ein Fragment eines Hauses; ein halbes Zimmer, auf einer Seite aufgerissen. Juma Khan stochert mit einer Schaufel in dem Krater herum, in dem der Großteil seiner Familie starb. Seine Frau und sechs seiner Kinder, sein Bruder und all dessen Kinder starben hier, als die amerikanische Bombe einschlug: insgesamt 15 Menschen. Ein schwarzer Kindergummistiefel liegt im Schutt. Vielleicht hat er Khans fünfjährigem Sohn Hakimullah gehört oder seiner dreijährigen Tochter Hamza. Die Bombe fiel um acht Uhr abends, als die Familie im Haus saß. Ein Nachbar, Abdul Qadir, war auf einen Besuch vorbeigekommen. Auch er starb. ›Ich saß einfach da. Und das nächste, an das ich mich erinnern kann, war, dass mich Leute aus den Trümmern ausgruben‹, sagt Khan. Er sah, wie seine elfjährige Tochter Gulshan ausgegraben wurde, die einzige Überlebende. Sie hat schwere Kopfverletzungen erlitten. ›Ich fing einfach an, nach Hilfe zu rufen‹, sagt Khan. ›Aber alle anderen unter den Trümmern waren schon tot … Die Flugzeuge kamen und warfen Bomben auf mein Haus. Ich weiß nicht, warum. Aber wer die Bomben auf mich geworfen hat, der ist mein Feind.‹ … Ein Flüchtling will wissen, ob es ungefährlich ist, die Splitterbomben aufzuheben. Die Antwort liegt blutend am Straßenrand: der 15-jährige Habibullah mit aufgerissenem Bauch, daneben ein alter Mann, der vor Schmerzen stöhnt. Es sind zurückkehrende Flüchtlinge, die versucht haben, eine Abkürzung durch ein Feld voller Splitterbomben zu nehmen. Als sie das Krankenhaus erreichen, gibt es dort niemanden, der sie behandeln kann … Einer der Flüchtlinge erzählt uns, wie er die Nacht aufgeblieben ist, um ein Massengrab für die Toten auszuheben. Auf dem Friedhof finden wir das riesige Grab der Familie Khan. Khan steht da und blinzelt in die Sonne. Seine Frau und sechs seiner Kinder wurden in einem Augenblick durch eine amerikanische Bombe getötet. ›Was soll ich jetzt tun?‹, fragt er.«

Ich bin sicher, dass hunderte solcher Berichte über das furchtbare Schicksal der Menschen in Afghanistan geschrieben werden müssten. Unsicher bin ich, wie stark solche Schilderungen noch das Mitempfinden derjenigen wecken, die sie lesen. In einer Welt, in der täglich Fernsehnachrichten mit grauenhaften Bildern konsumiert werden, stumpfen die Menschen ab.

Zweifellos verstoßen Splitterbomben auf Wohngebiete gegen das Kriegsvölkerrecht. Seit Beginn der Luftangriffe hatten die amerikanischen Streitkräfte mindestens drei Megabomben des Typs »Daisycutter«, Gänseblümchenmäher, abgeworfen. Die sieben Tonnen schweren Treibstoffbomben explodieren kurz vor dem Aufprall auf den Boden. Die gewaltige Explosion verwüstet das Gelände in einem Umkreis von 550 Metern. Dass bei dem Abwurf solcher Bomben auch Zivilisten ums Leben kommen, nimmt man in Kauf. Ein Zusatzprotokoll der Genfer Konventionen ächtet aber »Waffen, Geschosse und Material sowie Methoden der Kriegführung …, die überflüssige Verletzungen oder unnötige Leiden verursachen können«. Die USA haben dieses Protokoll bis heute nicht ratifiziert. Aus den Protokollen ergibt sich auch, dass die Kriegsparteien, um Zivilisten zu schonen, ihre zielgenauesten Waffen einsetzen müssen. Die *New York Times* berichtete aber, die Amerikaner hätten in Afghanistan auch veraltete Bombentypen abgeworfen. Das ist völkerrechtswidrig, da präzisere Lenkwaffen zur Verfügung standen. Offensichtlich hatten diese Bomben auch mehrere Warenlager des Roten Kreuzes in Kabul getroffen. Die Genfer Konvention verbietet, »für die Zivilbevölkerung lebensnotwendige Objekte« zu zerstören. Militärexperten weisen schon länger darauf hin, dass bei Kriegseinsätzen nicht nur neue Waffen getestet, sondern auch alte verbraucht werden. Jeder Krieg werde für die »Verwertung« von Altbeständen genutzt. Die Entsorgung ist zwar ökonomisch, bringt aber mehr Menschen ums Leben. Auch wenn Präzisionswaffen eingesetzt werden, gibt es »Kollateralschäden«. Bei der Jagd auf den Talibanführer Abdur Rahman Haqqani, der von Mullah Omar zum Militärminister ernannt worden war, verloren 43 Zivilisten ihr Leben. Haqqani selbst entkam jedes Mal seinen Häschern.

In den ersten Monaten des Jahres 2002 bombardierten die Amerikaner immer noch Afghanistan. Die Friedenstruppe der UNO hatte in Kabul ihre Arbeit aufgenommen. Was war die Bilanz des Krieges? Das Talibanregime war vertrieben. Bin Laden und der größte Teil der Führungsmannschaft der al-Qaida waren verschwunden. Amerika hatte sein Kriegsziel Nummer eins verfehlt. Als vorrangig galt es, Bin Laden auszuschalten und die Struktur der al-Qaida zu zerschlagen. Die Bush-Administration hatte immer erklärt, dass der Sturz des Talibanregimes nicht das primäre Ziel des Afghanistankriegs war. Das konnte es auch schon deshalb nicht sein, weil die Taliban von den Vereinigten Staaten und Pakistan an die Macht gebracht worden waren. So als hätte er es geahnt, antwortete Militärminister Rumsfeld auf die Frage, ob man Bin Laden tot oder lebendig fangen werde: »Nun ja, das ist sehr schwierig. Die Welt ist groß. Es gibt viele Länder. Er hat viel Geld, er hat viele Unterstützer, und ich weiß einfach nicht, ob wir Erfolg haben werden.«

Der Afghanistankrieg ist ein weiteres Beispiel dafür, dass in der monopolaren Welt das Recht des Stärkeren gilt. Schon die UNO hat bei ihrer Entschließung, in der es Amerika erlaubt wurde, Länder anzugreifen, die Terroristen beherbergten, die Konsequenzen nicht bedacht. Wenn es Amerika gestattet ist, Afghanistan wegen Bin Laden und der al-Qaida anzugreifen, dann können andere Staaten ihre Terroristen ebenfalls bombardieren.

Man hätte Bin Laden ausschalten können, ohne Flächenbombardements und Streubomben einzusetzen. Die Unterstützung des Terrorscheichs in Afghanistan war nicht mehr groß gewesen. Er hatte den Islam verraten, weil der Koran das Töten von Muslimen untersagt und weil Mohammed ausdrücklich das Töten von Frauen verbietet. Bei dem Terroranschlag vom 11. September wurden viele Muslime und Frauen getötet. Der Rat der Mullahs forderte Bin Laden auf, das Land zu verlassen, obwohl das Gastrecht in Afghanistan heilig ist. Paschtunische Stammesführer hatten den USA signalisiert, sie wollten das Problem Bin Laden selber lösen. Der Beschluss, ihn zum Verlassen Afghanistans aufzufordern, war gegen den Willen Mullah Omars zustande gekommen.

Da es in Afghanistan keine funktionierende Verwaltung gibt, wird man nie erfahren, wie viel tausend afghanische Frauen, Männer und Kinder Opfer der amerikanischen Bomben wurden. Die Afghanen sind ein geschundenes Volk. In den letzten 23 Jahren – seit dem Einmarsch der sowjetischen Soldaten – gab es keinen Frieden mehr.

Als vor zehn Jahren Bagdad bombardiert wurde, sagte der damalige niedersächsische Ministerpräsident Gerhard Schröder: »Wir alle können kaum schlafen, weil hier ein ganzes Volk kollektiv für seine diktatorische Regierung bestraft wird.« Jetzt machte er bei einem Krieg mit, in dem wieder Unschuldige für ihre fundamentalistische Regierung bestraft wurden. Kurz danach kündigte er an, sich auch an einem Irakkrieg zu beteiligen, wenn die UNO diesen nicht unterstütze.

Während des Irakkrieges erlaubte die Regierung Schröder den Amerikanern die Nutzung ihrer Militärbasen und gewährte ihnen Überflugrechte. Sie lieferte den Verbündeten Patriot-Raketen und die Bundeswehr schützte die amerikanischen Einrichtungen in Deutschland und beteiligte sich an AWACS-Flügen. Mit der Mehrheit der Mitglieder des UNO-Sicherheitsrates verweigerte die rot-grüne Regierung der Bush-Administration einen Beschluss, der den Ölkrieg im Irak legitimiert hätte.

Die afghanische Bevölkerung ist an der Existenz von al-Qaida und den Taliban nicht schuld. Die USA und Pakistan haben mit Geld und Waffen dafür gesorgt, dass die Glaubenskrieger die Macht in Kabul übernehmen konnten. Und während der sowjetischen Besatzung Afghanistans war Bin Laden mit seiner al-Qaida ein willkommener Verbündeter der USA. Die Afghanen wurden von den USA für etwas bestraft, was die Vereinigten Staaten selbst zu verantworten haben.

Der Afghanistankrieg zeigt, der Kampf gegen die Terroristen muss von der UNO geführt werden. Denn was sollte der Bombenkrieg der Amerikaner letztlich bewirken? Jeder wusste, ohne eine langfristige Präsenz fremder Truppen würde Afghanistan wieder in Blut und Chaos versinken. Die Waffenlieferanten der Welt hatten die Afghanen gut versorgt. Es war nur eine Frage der Zeit, bis die Bürgerkriege wieder aufflackern würden. Nicht zuletzt deshalb, weil der Tod eines Taliban- oder Clanführers seine Angehörigen und Anhänger zur Rache verpflichtet. Aber die Aufgabe, in Afghanistan zu bleiben und das Land wieder aufzubauen, ist viel zermürbender und schwieriger als Bomben über Städten und Berghöhlen abzuwerfen. Warum wurden wieder so viele Waffen nach Afghanistan geliefert? Aus politischer Weitsicht? Wohl eher aus Geldgier. Ohne Waffenexporte gäbe es keine al-Qaida, keine Mudschaheddin, keine Nordallianz und keine Taliban. Die Waffenexporte sind die Wurzel allen Übels.

Waffenexporte – Aufrüstung der Feinde

Die Vereinigten Staaten sind der größte Waffenexporteur der Welt. 1995 waren sie nach Berechnung ihres eigenen Amtes für Rüstungskontrolle und Abrüstung – das Wort muss man sich auf der Zunge zergehen lassen – das Herkunftsland von 49 Prozent des weltweiten Waffenexports. Sie exportierten Waffen aller Art in rund 140 Länder, von denen 90 Prozent entweder keine Demokratien sind oder Menschenrechtsverletzungen begehen. Die Behauptung, der Waffenhandel sei seit dem Ende des Kalten Krieges zurückgegangen, täuscht über die wahre Situation hinweg. Der Rückgang ist allein darauf zurückzuführen, dass die Waffenverkäufe der ehemaligen Sowjetunion an ihre Vasallen weitgehend eingestellt wurden. Im Jahre 2000 ergab sich folgende Bilanz: Der Waffenhandel war im Vergleich zum Vorjahr um acht Prozent gewachsen. Er hatte ein Gesamtvolumen von insgesamt 37 Milliarden Dollar. Mit 19 Milliarden Dollar verkauften die Vereinigten Staaten mittlerweile mehr als die Hälfte der weltweit gehandelten Rüstungsgüter. Zwei Drittel davon gingen an Entwicklungsländer. Diese Zahlen hat der Forschungsdienst des amerikanischen Kongresses ermittelt. In seinem Bericht wird Russland als der Staat ausgewiesen, der an zweiter Stelle liegt und für acht Milliarden Dollar Waffen exportierte. Auf Platz drei liegt Frankreich mit vier Milliarden Dollar, auf Platz vier Deutschland mit einer Milliarde Dollar, gefolgt von Großbritannien mit 600 Millionen Dollar und China mit 400 Millionen Dollar. Die größten Waffenkäufer waren die Vereinigten Arabischen Emirate, die in Amerika 80 moderne Kampfjets im Wert von sechs Milliarden Dollar gekauft hatten. Die Emirate sind nicht nur gute

Kunden der amerikanischen Waffenindustrie, sondern sie haben auch das Geld an die Terroristen überwiesen, die die Anschläge auf New York und Washington verübten. Zweitgrößter Kunde war Indien, das für fast fünf Milliarden Dollar Waffen, vor allem in Russland, geordert hatte.

Die Osterweiterung der Nato befriedigt nicht nur die Sicherheitsbedürfnisse der ehemaligen kommunistischen Staaten, sondern auch die Interessen der amerikanischen Rüstungsindustrie. Die neuen Nato-Partner werden ihre alten, aus der Zeit des Warschauer Paktes stammenden Waffen ausmustern und sich mit modernen Waffen der westlichen Waffenschmieden versorgen. Da kommt Freude auf.

Wie widersprüchlich die Politik Amerikas sein kann, zeigt sich auch bei den Landminen. In der kanadischen Stadt Ottawa einigten sich im Oktober 1996 123 Länder auf eine Konvention über das Verbot des Gebrauchs, der Herstellung und der Weitergabe von Landminen. Amerikanische Soldaten, unter ihnen auch General H. Norman Schwarzkopf, der im Golfkrieg der oberste Befehlshaber war, befürworteten das Verbot. Einflussreiche Lobbyisten der Rüstungsindustrie verhinderten aber die Unterzeichnung des Vertrags durch den amerikanischen Präsidenten Bill Clinton. Die Landminen töten pro Jahr etwa 26 000 Menschen – überwiegend in den Entwicklungsländern. Wenn Eltern dabei ihre Kinder verlieren oder Kinder ihre Eltern, dann richtet sich die ohnmächtige Wut gegen die Nationen, die die Landminen hergestellt, verkauft oder in der Erde vergraben haben. Ist es so schwer zu begreifen, dass der Beitritt zu einer Konvention, die zum Verbot von Landminen aufruft, ein wichtiger Schritt für die Vereinigten Staaten wäre, um den Terror zu bekämpfen?

Wenn viele Länder Waffen exportieren, dann darf die Exportnation Deutschland nicht fehlen. Rot-Grün hat daran leider nichts geändert. Rechtzeitig vor dem Bundesparteitag im Jahr 2001 in Rostock, auf dem die Grünen mit großer Mehrheit den Kampfeinsatz der Bundeswehr unterstützten, spielte das Auswärtige Amt der Presse die Information zu, Militärminister Rudolf Scharping wolle Waffen verkaufen. Die Liste, die den Militärattachées der deutschen Botschaften zugestellt worden war, enthielt ein reichhaltiges Angebot: 699 »Leopard«-Panzer, 267 Flak-Panzer vom Typ »Gepard«, 589 Schützenpanzer »Marder« sowie Panzerhaubitzen. Auf der Liste standen ebenfalls Minenwurfsysteme, Flussfähren, Kampfflugzeuge vom Typ »MiG-29«, »Phantom« und »Tornado«. Auch U-Boote, Zerstörer und andere Schiffe zur Veräußerung an. Joschka Fischer konnte rechtzeitig vor dem grünen Parteitag publikumswirksam eine Begutachtung der Liste unter außenpolitischen Gesichtspunkten verlangen. Er ließ durchblicken, ihm sei sauer aufgestoßen, dass Staaten wie Nigeria, Oman oder Ägypten das Waffenangebot unterbreitet werde. Die Bundesvorsitzende von Bündnis 90/Die Grünen, Claudia Roth, konnte nun behaupten, dass Außenminister Joschka Fischer diesen Winterschlussverkauf gestoppt habe. Nach dem Parteitag der Grünen erklärte Scharping ungerührt, die Verkäufe gingen weiter. Es sei nicht einzusehen, warum wir, so der Minister weiter, für teures Geld überschüssiges Material verschrotten und unsere Partner zwingen, für ebenso teures Geld neues Material zu beschaffen. Von den zahm gewordenen Grünen hörte man kaum noch etwas. Auch die christlichen Kirchen konnten die neuen Machthaber in Berlin mit ihrer Kritik an den deutschen Rüstungsexporten nicht zum Einlenken bewegen.

Entscheidend zur Herstellung des Weltfriedens wäre es, die Genehmigung von Waffenexporten an unabhängige UNO-Gremien zu übertragen. Zum Aufgabenbereich von UNO-Friedensmissionen gehört auch das Einsammeln und Entschärfen von Waffen und Munition. Die Operation »Essential Harvest« in Mazedonien war ein Erfolg. Zwar bestand die Gefahr, dass die albanischen Guerillas die Friedenstruppen angreifen würden, aber dazu kam es nicht. Im Jahre 2001 hatte eine UNO-Friedenstruppe auch im westafrikanischen Sierra Leone Waffen eingesammelt. Mehr als 42 000 Kämpfer hätten ihre Waffen abgegeben, resümierte der zuständige UNO-Beauftragte.

Aber was ist das für eine verrückte Welt. Zuerst werden die Waffen geliefert, und dann schicken wir junge Leute, um sie einzusammeln. Bei dieser gefährlichen Tätigkeit verlieren einige ihr Leben. Im März 2002 fanden in Kabul fünf Soldaten den Tod, als sie eine Rakete entschärfen wollten – darunter waren zwei Angehörige der Bundeswehr.

Morde, für die kein Gericht zuständig ist

Die Amerikaner beliefern die ganze Welt nicht nur mit Waffen, sondern auch mit Experten, die den Soldaten vieler Länder das Töten beibringen. Auch das Kriegshandwerk verlangt eine ordentliche Ausbildung. Im Dezember 2001 verkündete Präsident Bush, das nächste Jahr werde ein Kriegsjahr, die Auseinandersetzung mit dem internationalen Terrorismus ginge weiter. Der Texaner bot Ländern, die sich vom Terrorismus bedroht fühlten, Militärhilfe und Truppen an. Als Erste nahmen die Philippinen diese Offerte an. Dort bilden jetzt Elitesoldaten amerikanischer Spezialeinheiten Truppen für die Terrorismusbekämpfung aus. Ihr Ziel ist die Bekämpfung der Abu-Sayyaf-Gruppe, die durch Entführungen von Ausländern und Lösegelderpressung bekannt wurde und Verbindung zu Osama Bin Ladens al-Qaida-Netz hat. Das Ausbildungsprogramm ist nach Aussage des Kommandeurs der Pazifikflotte, Admiral Dennis Blair, das größte und umfassendste dieser Art in Asien seit Jahren.

Auf den Philippinen wurden die US-Soldaten nicht mit offenen Armen empfangen. Auf den Straßen rief man wieder: »Yankee go home!« Erst 1991 hatten die Amerikaner auf philippinischen Druck ihre Militärstützpunkte geräumt. Viele Filipinos befürchten, die ehemalige Kolonialmacht wolle sich wie früher wieder in die Innenpolitik des Landes einmischen. Chalmers Johnson, der an der Universität in Berkeley politische Wissenschaften lehrte, erinnerte in seinem Buch »Ein Imperium verfällt« daran, dass derartige militärische Ausbildungsprogramme in der Vergangenheit durchgeführt wurden, wenn die Amerikaner die Absicht hatten, unerwünschte Regime zu stürzen – wie

1961 Patrice Lumumba im Kongo, 1963 Ngo Dinh Diem in Vietnam und 1973 Salvador Allende in Chile.

1987 schuf die amerikanische Regierung ein neues Kommando für Sondereinsätze. Das Sonderkommando, dessen Hauptquartier sich in Tampa, Florida befindet, sollte die bestehenden Spezialeinheiten zusammenfassen und ihre Aktivitäten koordinieren. Hauptbefürworter dieses neuen Kommandos war der damalige Militärminister William Cohen. Die meist verdeckt operierenden Sondereinheiten arbeiten eng mit den Geheimdiensten zusammen. Das neue Sonderkommando ist für Aufgaben zuständig, die früher beispielsweise von den Armeestützpunkten in Colorado und Okinawa durchgeführt wurden. Dazu gehörten die Vorbereitung von 400 Exiltibetern auf den Kampf gegen die Chinesen oder die Waffenlieferungen und Ausbildungsprogramme der CIA in Afghanistan. 1991 gab der Kongress den Sondereinheiten grünes Licht für Missionen in aller Welt. Diese verstanden das als Auftrag, ausländische Streitkräfte in zahlreichen tödlichen Techniken auszubilden. Das Repräsentantenhaus, das Außenministerium oder die amerikanischen Botschaften in den Ländern, in denen die Sondereinheiten tätig sind, werden über diese Aktivitäten meist nicht unterrichtet. So kam erst später ans Licht, dass Amerikaner die türkischen Gebirgstruppen geschult hatten, die während ihrer Operationen gegen kurdische Minderheiten 22 000 Menschen töteten.

1998 waren US-Sondereinheiten in allen 19 Ländern Lateinamerikas und in neun Staaten des karibischen Raumes tätig. Insgesamt arbeiten diese Militärberater in 130 Staaten der Welt, wie Udo Ulfkotte in der *FAZ* berichtete. Ausbildungsprogramme im Scharfschießen, im Nahkampf, in psychologischer Kriegführung und für den Einsatz in Städten gab es in Kolumbien, Ruanda, Surinam, Guinea, Sri Lanka, Pakistan, Papua-Neuguinea und anderen Ländern. Chalmers Johnson stellte fest, dass diese Aktivitäten gegen die Richtlinien der amerikanischen Menschenrechtspolitik verstießen, da Anordnungen des Präsidenten oder des Kongresses teilweise missachtet wurden. Der militärisch-industrielle Komplex, vor dem Dwight D. Eisenhower warnte, verselbständigt sich.

Der Zweck der meisten Übungen besteht darin, ausländische Streitkräfte auf Einsätze gegen die eigene Bevölkerung oder gegen Widerstandsbewegungen im eigenen Land vorzubereiten. Chalmers Johnson bezeichnete dies als eine »Ausbildung zum Staatsterrorismus«.

Welche Auswirkungen derartige Trainingsprogramme haben, zeigte sich in Indonesien, das der ehemalige Militärminister William Cohen gerne besuchte. Die indonesischen Streitkräfte waren lange Zeit ein Hätschelkind der amerikanischen Außenpolitik. Die Vereinigten Staaten stützten das Regime des überzeugten Antikommunisten Hutomo »Tommy« Mandala Putra Suharto. 1975 billigten die USA den Einmarsch der indonesischen Streitkräfte in Osttimor. 200 000 Menschen wurden dabei getötet. Das amerikanische Außenministerium bezeichnete diese Verbrechen als »Morde, für die kein Gericht zuständig ist«. Indonesien hat keine äußeren Feinde. Die wichtigste Aufgabe der Armee ist die Aufrechterhaltung der inneren Sicherheit. Auch in den neunziger Jahren gingen die Waffenverkäufe an Indonesien und die US-Übungen mit den indonesischen Streitkräften weiter. Als der internationale Währungsfonds von Jakarta radikale Sparmaßnahmen verlangte, kam es zu Unruhen. Der Besuch des amerikanischen Militärministers Cohen wurde als grünes Licht aufgefasst, militärische Gewalt einzusetzen. Während der Unruhen von 1998, die im Zuge der ostasiatischen Finanzkrise aufkamen, wurden nach Feststellungen eines indonesischen Untersuchungsausschusses viele der Gewalttätigkeiten von den Streitkräften inszeniert, um den Vorwand für einen Militärputsch zu haben.

Im Mai 1998 ordneten die Vereinigten Staaten die Einstellung der Übungen der Sondereinheiten in Indonesien an. Als die damalige Außenministerin Madeleine Albright Ende Juni an einem ASEAN-Treffen teilnahm, verurteilte sie die Behandlung von Dissidenten in der Volksrepublik China und Birma, verlor aber kein Wort über die Vergewaltigungen und Morde von Dissidenten in Indonesien.

Der neueste Weg des Pentagon, seine Rechenschaftspflicht gegenüber Kongress und Regierung zu umgehen, ist die Privatisierung eines Teils der Ausbildungsaktivitäten. Privatfirmen beschäftigen ehemalige Mitglieder der Streitkräfte. Diese bilden im Auftrag der Regierung Sicherheitskräfte der amerikanischen Verbündeten aus. Die Öffentlichkeit erfährt davon wenig. Die privaten Militärausbilder sind zurzeit in Kroatien, Saudi-Arabien, Peru, Honduras und vielen anderen lateinamerikanischen Ländern tätig. Es fällt schwer, in ihnen einen Vorläufer der UNO-Polizeitruppe zu sehen. Schon eher kann man sich vorstellen, dass ein Teil dieser Ausbildungskräfte vor einem internationalen Gericht angeklagt wird. Neuerdings empfiehlt auch das britische Außenministerium den Einsatz privater Armeen für Friedenseinsätze.

Internationaler Strafgerichtshof

Ein unabhängiger Internationaler Strafgerichtshof würde die Terroristen aller Länder bedrohen und somit zur Befriedung der Welt beitragen. Die Sache hat nur einen Haken. Die Vereinigten Staaten legen sich quer. Am 17. Juli 1998 kamen in Rom Delegierte aus allen Staaten der Welt zusammen, um die Einrichtung eines internationalen Strafgerichtshofes zu vereinbaren. Dieser sollte Militärs und Politiker, denen Kriegsverbrechen vorgeworfen werden, zur Rechenschaft ziehen.

Mit dem Internationalen Gerichtshof in Den Haag haben die Vereinigten Staaten schlechte Erfahrungen gemacht. Mitte der achtziger Jahre bombardierten die Amerikaner Nicaragua. Das Land ist daraufhin vor den internationalen Gerichtshof in Den Haag gezogen. Die USA wurden wegen unrechtmäßiger Gewaltanwendung verurteilt und aufgefordert, Reparationen zu zahlen. Sie haben dieses Urteil ignoriert. Daraufhin hat sich Nicaragua an den UNO-Sicherheitsrat gewandt. Dieser hat eine Resolution beschlossen, die allen Staaten auferlegt, sich an internationales Recht zu halten. Die UNO-Vollversammlung hat das mit überwältigender Mehrheit unterstützt. Nicht zugestimmt haben die USA und Israel. Auf der Konferenz in Rom stimmten 127 Länder für und sieben gegen die Einrichtung eines Internationalen Strafgerichtshofes. Auch die großen Industriestaaten waren zur Unterzeichnung des Vertrags bereit. Dagegen stimmten nur die Vereinigten Staaten sowie Algerien, China, Israel, Libyen, das Scheichtum Katar und der Jemen.

Der amerikanische Beauftragte Bill Richardson erklärte, die USA würden nur einen Gerichtshof akzeptieren, der seine Fälle vom UN-Sicherheitsrat zugewiesen bekäme. In diesem haben die Amerikaner bekanntlich ein Vetorecht, mit dem sie jeden Prozess verhindern könnten. Die Regierung der Vereinigten Staaten begründete ihr Vorgehen damit, dass sie ihre 200 000 in 40 Ländern stationierten Soldaten vor »politisch motivierten Vorwürfen« schützen wollen. Man kann es auch anders formulieren. Wenn es ihren Interessen widerspricht, ist die noch einzig verbliebene Supermacht nicht bereit, das internationale Völkerrecht zu respektieren.

In dem Vertrag werden auch Vergewaltigungen, erzwungene Schwangerschaften, Folterungen und die Zwangsrekrutierung von Kindern zu Kriegsverbrechen erklärt. Die Vereinigten Staaten lehnten das ab. Sie wollen dem neuen Gerichtshof nur die Zuständigkeit für Völkermord übertragen. Am Anfang hatten auch die Franzosen Bedenken, da sie ebenfalls Sondereinheiten haben. Berühmt und berüchtigt ist der Einsatz französischer Spezialtruppen, die 1979 von den Saudis gerufen wurden, um in Mekka muslimische Besatzer aus der großen Moschee zu verjagen. Die ruandischen Streitkräfte, die von 1993 bis 1994 die Massaker an 800 000 Menschen vom Stamm der Tutsi begangen hatten, waren von französischen Truppen ausgebildet worden. Frankreich hatte Grund zu befürchten, dass diesen französischen Soldaten Beihilfe zum Völkermord vorgeworfen würde. Nachdem den Unterzeichnerstaaten gestattet wurde, sich in den ersten sieben Jahren einer Anklage vor dem Gericht zu entziehen, war auch Frankreich bereit, den Vertrag zu unterschreiben.

Die Vereinigten Staaten versuchten bei der Abstimmung Druck auf ihre Verbündeten auszuüben. Der republikanische Senator Jesse Helms, der Vorsitzende des Senatskomitees für Auslandsbeziehungen, drohte den Delegierten der anderen Länder: Die USA sähen sich als »unentbehrliche Nation« und als »Weltpolizei wider Willen«. Aufgrund ihrer besonderen Rolle in der Welt, so Helms, könnten sie daher nicht akzeptieren, wenn ihre Streitkräfte der Gerichtsbarkeit eines Internationalen Strafgerichtshofes unterworfen werden würden. Anfang Dezember 2001 billigte der Senat einen Gesetzentwurf, in dem der US-Regierung eine Zusammenarbeit mit dem internationalen Strafgerichtshof verboten wird. Der Entwurf sieht Sanktionen gegen alle Staaten vor, die das Abkommen ratifizieren. Die Regierung der Vereinigten Staaten wird aufgefordert, alle Mittel einzusetzen, sollte sich ein Bürger der USA in der Haft dieses Tribunals befinden. Das Repräsentantenhaus hatte dem Gesetz bereits zugestimmt. Damit sind die Vereinigten Staaten international weitgehend isoliert. Im Frühjahr des Jahres 2002 teilte die UNO mit, der Internationale Strafgerichtshof werde trotz der Einwände der USA am 1. Juli 2002 etabliert. Die erforderlichen Unterschriften liegen inzwischen vor. Nach dem in Marrakesch verabschiedeten Umweltabkommen hat sich die Völkergemeinschaft zum zweiten Mal über die Einwände der Supermacht hinweggesetzt.

Viele Staaten, darunter die europäischen, und zahlreiche Menschenrechtsorganisationen drängen auf eine Änderung der amerikanischen Politik. Die Weltpolizei wider Willen kann die Aufgaben, die sie nicht mehr weiter erledigen will, der UNO übertragen. Solange die USA sich als unentbehrliche Nation ansehen, sind sie Weltpolizei aus eigenem Entschluss. Dahinter steht das Streben nach Weltherrschaft und die mangelnde Bereitschaft, sich internationalem Recht zu unterwerfen.

Kampf der Kulturen

Die Diskussion um die Ursachen des internationalen Terrorismus kann nicht allein in den Kategorien westlicher Machtpolitik geführt werden. Betrachtet man nur militärische Strategien oder den Kampf um Rohstoffquellen und Absatzmärkte, dann wird man keine umfassende Antwort finden.

Unübersehbar ist, dass die Globalisierung auf einen Widerstand stößt, der im Kulturellen wurzelt. Als der Amerikaner Samuel P. Huntington sein Buch mit dem Titel »Kampf der Kulturen« veröffentlichte, erntete er viel Widerspruch. Auch als Deutungsmuster für die Ereignisse des 11. September 2001 eigne sich seine Analyse nicht, hieß es. Und er selbst lehnte es in Interviews ab, seine Thesen zur Erklärung der Terroranschläge heranzuziehen. Aber der Kampf der Kulturen ist so alt wie die Menschheit.

Vielleicht kann man sich den heutigen Auseinandersetzungen leichter nähern, wenn man von der Suche nach der eigenen Identität, dem eigenen Selbstverständnis spricht. Die Menschen suchen Geborgenheit in der Zugehörigkeit zur Familie, zur Religion, zu ihrem Stamm, zu ihrer Region, zu ihrer Nation, zu ihrer Firma, zu ihrem Sportverein oder zu einem militärischen Verband. Viele andere Beispiele ließen sich nennen.

In meiner Kindheit lieferte sich die Jugend einzelner Dörfer oder Stadtteile regelmäßig Kämpfe, in denen es manchmal hart zur Sache ging. Da es damals noch Konfessionsschulen gab, gingen ab und zu katholische und evangelische Schüler aufeinander los. Es handelt sich bei solchen Auseinandersetzungen offensichtlich nicht nur um pubertäre Anwandlungen heranwachsender Jugendlicher, wie das Beispiel Nordirland zeigt. Man kann es kaum fassen, dass mitten im zivilisierten Europa immer noch Protestanten und Katholiken einander bekriegen. Der alte Kontinent hatte gehofft, er habe die Glaubenskämpfe seit dem Dreißigjährigen Krieg hinter sich gelassen. Selbstverständlich kommen in Nordirland, wie bei anderen Gruppenkonflikten, weitere Motive als Ursachen der Kämpfe hinzu. Dazu gehören in der Regel immer auch soziale Missstände.

Leider führen Religionskonflikte auch heute noch in aller Welt zu blutigen Auseinandersetzungen. Im März 2002 kam es zu einem Blutbad im indischen Gujarat, bei dem über 500 Menschen ihr Leben verloren. Das regelmäßige Aufflackern der Kämpfe zwischen Hindus und Muslimen führt zu einer Orgie der Gewalt. Diesmal wollten fanatische Hindus in Ayodhya einen großen Tempel zur Ehre des Gottes Ram bauen. Am gleichen Ort hatten sie vor zehn Jahren eine Moschee abgerissen. Es kommt in Indien auch immer wieder zu Übergriffen auf Christen, weil die Fanatiker eine Kulturnation der Hindus schaffen wollen.

Offenbarungsreligionen sind anfällig dafür, missbraucht zu werden. Das lehrt uns die eigene Geschichte. Im Namen Jesu Christi wurden die Kreuzzüge organisiert. Unter dem Banner des Kreuzes zerstörten die Spanier die Hochkulturen in Südamerika. Im Namen Gottes landeten Hexen und Ketzer auf dem Scheiterhaufen. Viele Menschen bewegt die Frage, ob der Islam eine friedliche Religion ist. Zwar steht im Koran, dass es in der Religion keinen Zwang geben dürfe, aber es findet sich auch die Aufforderung darin, dass man die Heiden erschlagen solle, wo immer man sie finde. So heißt es in einer der Schriften des Islam, im Ahadith: »Wenn die Ungläubigen, nachdem sie den Ruf zum Glauben erhalten haben, diesen nicht befolgen und sich weigern, die Kopfsteuer zu bezahlen, ist es die Pflicht jedes Moslems, Gott um Hilfe anzurufen und die Ungläubigen mit Krieg zu überziehen ..., dann müssen die Moslems die Ungläubigen angreifen, ihre Häuser in Brand setzen, sie mit Wasser überschwemmen, ihre Felder verwüsten und ihr Getreide vernichten, denn das schwächt die Feinde und ihre Macht wird gebrochen. Alle diese Maßnahmen sind vom Gesetz geheiligt.«

Ein friedliches Zusammenleben verlangt, auf Absolutheitsansprüche im Namen eines Gottes zu verzichten. Der Monotheismus rechtfertigt sich gerade dadurch, dass er die Menschen befähigt, einander als Gleiche zu sehen. Der Gott der Bibel sagt: »Absolute Regel für euch und eure Nachkommen: Ihr und der Fremde, ihr werdet gleich sein vor dem Ewigen.« Der alleinige Gott lehrt die Menschen die Einheit der menschlichen Gattung. Der heilige Paulus lässt keinen Zweifel an dieser Botschaft: »Es gibt keine Juden, Griechen, Sklaven, Freie, Männer, Frauen. Ihr alle seid eins in Jesus Christus.« Im Mittelalter hat die Kirche ihre Haltung geändert. Die Gleichheit der Menschen war zwar von Aposteln und Philosophen verkündet worden, aber in einer hierarchischen Gesellschaft fällt es den Menschen schwer, daran zu glauben. So schrieb Erzbischof Isidor von Sevilla (560–636): »Obwohl die Ursünde allen Gläubigen durch die Gnade der Taufe vergeben wird, schafft der gerechte Gott doch einen Unterschied im Dasein der Menschen, indem er die einen zu Sklaven und die anderen zu Herren macht, auf dass die Freiheit, Böses zu tun, begrenzt werde durch die Macht der Herrschenden. Denn wären alle ohne Furcht, wie sollte dann das Böse verhindert werden?« Genauso denken die Kreuzritter unserer Zeit.

Auch innerhalb der großen Religionen gibt es zwischen Katholiken und Protestanten, zwischen Schiiten, Sunniten und Wahhabiten blutige Auseinandersetzungen. Oft überlagern sich nationale und religiöse Konflikte. Der Philosoph Arthur Schopenhauer schrieb: »Die wohlfeilste Art des Stolzes ist der Nationalstolz. Denn er verrät in dem damit Behafteten den Mangel an individuellen Eigenschaften, auf die er stolz sein könnte, indem er sonst nicht zu dem greifen würde, was er mit vielen Millionen teilt. Aber jeder erbärmliche Tropf, der nichts in der Welt hat worauf er stolz sein könnte, ergreift das letzte Mittel, auf die Nation, der er gerade angehört, stolz zu sein.« Da ist sie wieder, die Suche nach der eigenen Identität. Wenn Menschen keine individuellen Eigenschaften, keine eigenen Fähigkeiten oder Leistungen, keine materiellen Güter, kurz nichts haben, was ihnen Selbstbewusstsein gibt, dann suchen sie ihren Halt in der Religion und in der Nation.

Modernisierung und Globalisierung bringen immer mehr Menschen hervor, die ihre Identität verlieren. Das Vordringen der westlichen Zivilisation wird von vielen als kulturelle Unterwerfung und Anpassung erfahren. Auch das ist nichts Neues. Rücksichtslose Ausbeutung, wirtschaftliche Anpassung und kulturelle Unterdrückung hatten im 18. Jahrhundert zur Rebellion der Inder gegen Großbritannien geführt. Kants englischer Zeitgenosse Edmund Burke warnte damals vor einer Modernisierung, die zur Zerstörung religiöser und kultureller Traditionen führe. Auch heute wächst der Terrorismus nicht im luftleeren Raum. Er hat gesellschaftliche Wurzeln. Wenn wirtschaftliche Modernisierung als kulturelle Überwältigung erfahren wird, entsteht Hass. Wir müssen rücksichtsvollere Methoden der wirtschaftlichen Globalisierung finden.

So unvertraut sollte uns dieser Gedanke nicht sein. Wir erleben selbst, wie sich Menschen gegen die Zerstörung der Kulturlandschaften wehren. Ich denke an alte Bäume, die gefällt werden oder an Naturschutzgebiete, die wirtschaftlichen Interessen zum Opfer fallen. Oder nehmen wir Gebäude, die als Kulturdenkmäler lange Zeit das Bild einer vertrauten Umgebung prägten und abgerissen werden, um einem Supermarkt zu weichen. Und was das Zusammenleben der Menschen angeht, so spiegelt sich in unserer eigenen Fremdenfurcht die Angst der Muslime vor kultureller Überwältigung wider. Wenn in einer deutschen Stadt eine Moschee gebaut werden soll, dann sorgen sich viele Menschen um den Erhalt ihrer kulturellen Identität.

Die wirtschaftliche Rationalität führt zu Verlusten, die viele Menschen nicht mehr hinnehmen wollen. Die heutige Globalisierung ist rücksichtslos und kulturfeindlich. Amerikanische

Intellektuelle dachten darüber nach, was an der westlichen Welt für andere Kulturkreise so unattraktiv ist. Ihre Antworten: Konsumieren als Lebensinhalt. Die Idee von Freiheit als Regellosigkeit. Die Idee des Individuums als derart eigenständig und souverän, dass es weder anderen noch der Gesellschaft verantwortlich ist. Der Bedeutungsverlust von Ehe und Familie. Und eine gigantische Vergnügungs- und Kommunikationsindustrie, von der diese Werte unaufhörlich in die Welt hinausposaunt werden, ob sie nun erwünscht sind oder nicht. Man braucht nicht viel Fantasie, um darauf zu kommen, dass hier die Leitkultur des Neoliberalismus, des rücksichtslosen Ökonomismus beschrieben ist. Diese Art der Lebensführung wird nicht überall in der Welt geschätzt. Das gilt besonders im Vorderen Orient.

Wie in einem Brennglas bündeln sich kulturelle und soziale Gegensätze im Nahen Osten. Wer den Terrorismus bekämpfen will, muss zur Entschärfung dieser Konflikte beitragen. Dabei geht es vor allem um die Beendigung des Krieges zwischen Israelis und Palästinensern durch die Schaffung eines eigenen palästinensischen Staates. Die Kernfrage ist: Wie können im Vorderen Orient demokratische Staaten entstehen, die eine wichtige Errungenschaft der Moderne garantieren, nämlich die religiöse Toleranz? Ein Blick auf die Türkei, den Iran und Israel zeigt, welche Hürden dabei genommen werden müssen.

Säkularisierung – Grundlage moderner Staaten

Nach der islamischen Lehre kann nur der Kalif den »Heiligen Krieg« ausrufen. Aber ein anerkanntes Oberhaupt der muslimischen Welt gibt es nicht mehr, seit Mustafa Kemal Atatürk 1924 das Kalifat abgeschafft hat und den letzten Kalifen Abdülmecit ins Exil schickte. Atatürk gründete die moderne Türkei. Er rief am 29. Oktober 1923 die Republik aus und trennte Staat und Religion. Von den europäischen Staaten übernahm er das Bürgerliche Gesetzbuch, das Strafrecht und das Handelsrecht. Die Frauen wurden gleichgestellt und erhielten das Wahlrecht, die Polygamie wurde verboten. Fez, Schleier und alte Trachten wurden durch moderne Kleidung ersetzt. Bei der Durchsetzung seiner Vorschriften war Atatürk nicht zimperlich. Wer trotz des Verbots den Fez weiter trug, wurde beispielsweise in Istanbul unter der Galatabrücke aufgehängt. Die arabische Schrift wurde von der lateinischen abgelöst. Türke war im Staat des Kemal Atatürk jeder, der in der Türkei lebte, auch wenn er Kurde, Araber oder Tscherkesse war. Es handelte sich um ein Staatsverständnis, das dem Frankreichs ähnelt. Bürger ist, wer sich zum Staat und seiner Verfassung bekennt, unabhängig von seiner ethnischen Zugehörigkeit.

Als der Reformer Kemal Atatürk 1938 an einer Leberzirrhose starb, setzte die Türkei seinen Weg fort. Sie verstärkte die Westbindung, trat der Nato bei und stellte den Antrag, in die Europäische Gemeinschaft aufgenommen zu werden. Wenn auch die islamische Partei heute wieder starken Zulauf hat, so ist die Türkei immer noch demokratischer als die übrigen Staaten der islamischen Welt. Mit der Entscheidung über die Aufnahme der Türkei in die Europäische Union wird auch die Frage beantwortet, welchen Weg die Türkei zukünftig geht. Die Westbindung stärkt die Säkularisierung. Die Zurückweisung der Türkei wird den Kräften Auftrieb geben, die eine islamische Republik errichten wollen.

2001 gab sich die Türkei ein neues Zivilgesetzbuch, das von den türkischen Zeitungen als Abschied von der Männergesellschaft gefeiert wurde. Die türkischen Frauen erhielten ein Anrecht auf das eheliche Eigentum zu gleichen Teilen. Sie dürfen nun ohne Einwilligung des Mannes außer Haus arbeiten. Viele verheiratete Frauen riefen Abgeordnete an und forderten, das neue Besitzstandsrecht rückwirkend in Kraft zu setzen. Sie wollten, dass das Gesetz auf ihre bestehende Ehe Anwendung findet. Das ging dem türkischen Parlament dann doch zu weit. In ihm sitzen 526 Männer und 24 Frauen. Ein Durchbruch war es auch, dass außereheliche Kinder dieselben Rechte erhielten wie die ehelichen. Der türkische Weg wird in den Ländern, in denen die Säkularisierung nicht durchgeführt wurde, herbeigesehnt. Als die Taliban aus Kabul vertrieben wurden, sagten die Frauen, »wir wollen so frei sein, wie unsere türkischen Schwestern«. Leider können auch heute immer noch nur 70 Prozent der türkischen Frauen lesen und schreiben. Daher muss die Entwicklungshilfe Bildung und Ausbildung fördern. Solange die Frauen Analphabetinnen sind, wird es insbesondere in den ländlichen Gebieten noch einige Zeit dauern, bis sie die archaischen Fesseln der Tradition abgestreift haben.

Als islamisches Land unterstützte die Türkei die Nordallianz in Afghanistan. Sie fühlt sich kulturell und religiös den mittelasiatischen Turkvölkern verbunden. Deren Regierungen setzen wie die Türkei auf die Säkularisierung und lehnen den fundamentalistischen Islam ab. So sind beispielsweise die Usbeken turksprachig. Es war daher selbstverständlich, dass der usbekische General Abdul Rashid Dostum, ein Ex-Kommunist, in der Türkei Exil fand, bevor er zum Kampf gegen die Taliban nach Afghanistan zurückkehrte. Seit dem Zerfall des Sowjetimperiums unterstützt die Türkei die mittelasiatischen Turk-Republiken beim Aufbau laizistisch-religiöser Strukturen. Während des Afghanistankriegs wurde die Türkei von den Vereinigten Staaten heftig umworben. Das einzige muslimische Nato-Land, schrieb die *Süddeutsche Zeitung*, sollte den USA helfen, »Bagdads Diktator Saddam Hussein, aus dem Amt zu bomben«. Als Belohnung sei die Nutzung der nordirakischen Ölquellen in Aussicht gestellt worden.

Eine zur Türkei gegenläufige Entwicklung nahm der Iran. Dort glaubt man, alle Probleme rührten daher, dass die eigene Religion und Kultur aufgegeben wurden. Zu sehr habe man den Ungläubigen nachgeeifert. Der einzige Weg zu einer besseren Gesellschaft sei demzufolge die Rückkehr zu einem authentischen Islam.

Der von den Westmächten protegierte Schah Mohammed Reza Pahlewi leitete in den sechziger Jahren Reformen ein. Dazu gehörten die Bodenreform, die Bildung landwirtschaftlicher Genossenschaften und die Beteiligung der Arbeiter am Betriebsgewinn. Das Gesundheitswesen wurde ausgebaut und die Frauen wurden rechtlich gleichgestellt. Schah Mohammed Reza förderte westliche Investitionen. Das Wirtschaftsleben wurde mehr und mehr von ausländischen Konzernen geprägt. Modernisierung und Säkularisierung stießen aber auf Widerstand. Die schiitische Geistlichkeit kritisierte die Verwestlichung und die Vernachlässigung der religiösen Werte des Islam. Die Opposition nannte das Regime des Schah korrupt. Polizei und Geheimdienste unterdrückten den Protest. Amnesty International sprach von bis zu 100 000 politischen Gefangenen. Des ungeachtet wurde der Widerstand immer stärker. 1979 kehrte Ayatollah Khomeini aus dem Exil nach Teheran zurück und proklamierte die Islamische Republik. Die Gesellschaft des Iran wurde in Verwaltung,

Recht, Erziehung und Wirtschaft im Sinne eines fundamentalistischen Islam umgestaltet. Die Islamische Republik Iran fördert aber den Schulbesuch und die Ausbildung von Frauen. Heute sind im Iran mehr als die Hälfte der Hochschulabsolventen Frauen. Wie in der Türkei können 70 Prozent der Frauen lesen und schreiben. Auf der anderen Seite sind die Frauen gegenüber den Männern noch klar benachteiligt. So kann eine Frau ohne die Erlaubnis des Ehemanns nicht ins Ausland reisen. Kinder werden in der Regel nach einer Scheidung dem Mann zugesprochen. Und Töchter gelten in der iranischen Gesellschaft immer noch weniger als Söhne.

Die Verdammung der westlichen Kultur trieb viele iranische Intellektuelle in die Emigration. Mit Gewalt ging die Führung des Landes gegen religiöse Minderheiten und gegen oppositionelle Kräfte vor. Amnesty International beklagte tausende von Hinrichtungen. In der Außenpolitik wandte sich Khomeini gegen die USA und trat als einer der radikalen Gegner des Staates Israel hervor. Anfang 1989 machte er noch einmal in aller Welt von sich reden. Er erließ den Mordaufruf gegen den Schriftsteller Salman Rushdie. Am 3. Juni 1989 starb er.

Im Afghanistan-Konflikt sah sich Teheran als Schutzherrin der schiitischen Hasara, die der persischen Kultur verbunden sind. Gleichzeitig übernahm der Iran die Rolle des Anwalts der persisch sprechenden Minderheiten, zu denen vor allem die Tadschiken gehören. Teheran hat noch einen anderen Grund, um auf einen stabilen Frieden in Afghanistan hinzuarbeiten: 2,5 Millionen afghanische Flüchtlinge warten im Iran auf die Rückkehr in die Heimat.

In Israel scheint es so, als könnten Völker mit unterschiedlicher Sprache, Geschichte und Religion nicht zusammenleben. Wie kam es zu dem Konflikt? In seiner 1882 veröffentlichten Schrift »Autoemanzipation« verfocht der polnische Schriftsteller Leon Pinsker die These, dass die individuelle bürgerliche Emanzipation der Juden gescheitert sei und durch eine nationale kollektive

Emanzipation auf eigenem Territorium ersetzt werden müsse. Ähnlich argumentierte der aus Deutschland stammende Publizist Moses Hess. Er forderte für die Juden einen aus sozialistischen Prinzipien aufgebauten jüdischen Nationalstaat in Palästina, den er als Keimzelle für die Sozialisierung der gesamten Menschheit ansah. Auf dem ersten zionistischen Weltkongress 1897 verabschiedeten die Delegierten ein Programm zur Schaffung einer öffentlich-rechtlich gesicherten Heimstätte für das jüdische Volk in Palästina. Der Kongress war von dem jüdischen Schriftsteller und Journalisten Theodor Herzl einberufen worden. Herzl war im Zusammenhang mit der Dreyfus-Affäre zur Überzeugung gelangt, dass die Juden eine Nation seien und daher die Gründung eines jüdischen Staates notwendig sei. Er stieß weltweit bei den Juden auf große Resonanz. Die britische Verwaltung förderte ab 1922 die Besiedlung Palästinas durch Juden und unterstützte den Aufbau einer quasi-staatlichen Organisation der jüdischen Bevölkerung. Der zunehmende Widerstand der palästinensischen Araber gegen die jüdische Besiedlung verstärkte sich nach 1933, als – bedingt durch die nationalsozialistische Judenverfolgung – die Einwanderung sprunghaft anstieg. Nach 1945 eskalierte der Konflikt. Im Mai 1948 wurde der Staat Israel ausgerufen.

Heute erstarkt der Zionismus in Israel wieder. Die Erziehungsministerin Limor Livnat, die zum Likud-Block gehört, zog neueste Schulbücher aus dem Verkehr. Es waren Geschichtsbücher, in denen zum ersten Mal die Situation der Palästinenser bei der Gründung des israelischen Staates geschildert wurde. Die Berücksichtigung der Sicht der Palästinenser ging der Ministerin zu weit. Die Bücher hätten den Zionismus außer Acht gelassen, meinte sie, und ordnete daher an, dass wöchentlich über die Ursprünge des Zionismus in den Schulen unterrichtet wird. Im Gegenzug ist in den palästinensischen Schulbüchern Israel nicht weiter auf den Landkarten eingezeichnet. Wenn von Israel die Rede ist, dann nur im Zusammenhang von Besetzung und Aggression. Limor Livnat wiederum verlangt, dass die israelische

Flagge auf dem Schulhof weht und dass traditionelle israelische Lieder gepflegt werden. Die Kinder sollen sich auf das jüdische Erbe besinnen und auf ihre Nation stolz sein. Sie handelt ganz im Sinne des Ministerpräsidenten Ariel Scharon. Dieser verfolgt die Absicht, in den nächsten Jahren eine Million Juden zur Einwanderung nach Israel zu bewegen. Er möchte damit der Demographie zuvorkommen. Bald werden nämlich mehr Araber als Juden in Israel wohnen, da die Geburtenrate der Araber wesentlich höher ist. Scharon im Originalton: »Zionismus ist Land bestellen und besitzen.« Er sieht sich zuallererst als Jude und demnach sei es für ihn, Scharon, eine Pflicht, »das Überleben der Juden zu sichern«. In Israel leben aber eine Million Araber. Ihre Vorfahren waren in diesem Land schon lange beheimatet – länger als die meisten Juden. Die Araber fühlen sich in Israel benachteiligt. Zwar geht es ihnen besser als ihren Verwandten in den Palästinensergebieten, aber das Wiedererstarken des Zionismus und des Nationalismus führt zu weiterer Ausgrenzung. Viele arabische Jugendliche sind arbeitslos. Sie entwickeln Minderwertigkeitsgefühle und flüchten in Alkohol und Drogen.

Im Gaza-Streifen ist die Not noch größer. 70 Prozent der Palästinenser leben unterhalb der Armutsgrenze. Die Arbeitslosigkeit beträgt dort 60 Prozent. In den 35 Jahren der Besetzung musste die Bevölkerung viele Demütigungen ertragen. Der acht Jahre währende Friedensprozess endete in der Al-Aksa Intifada mit über 1000 Toten. Ariel Scharon fiel dazu nur ein: »Wir bekämpfen die Palästinenser wie die USA Bin Laden und die Russen die Tschetschenen.« Aus seiner Sicht mag das richtig sein, aber sein Vorgehen ist genauso falsch und zum Scheitern verurteilt, wie der Krieg der Amerikaner in Afghanistan und der Kampf der Russen in Tschetschenien. Der israelische Journalist und Schriftsteller Gideon Levy, dessen Eltern als deutsche Juden ihre Heimat verlassen mussten, schrieb nach dem Selbstmordattentat eines Palästinensers in Haifa: »Der Selbstmörder, der in Haifa eine Bombe gezündet hat, ist nicht als Mörder auf die Welt gekommen, auch nicht als Selbstmörder. Irgendetwas hat ihn dazu gebracht. Wenn wir dem ein Ende bereiten wollen, dann müssen wir verstehen, warum Palästinenser das tun. Die Ursachen dafür liegen in den Flüchtlingslagern, in den Ruinen der zerstörten Häuser und in den Lebensbedingungen hunderttausender von Palästinensern, die seit 33 Jahren unter einem Besatzungsregime leben. 250 palästinensische Kinder sind im letzten Jahr ums Leben gekommen. Zwanzig Minuten von Tel Aviv entfernt, lebt ein Volk unter schrecklichen Bedingungen. Keiner von den Palästinensern kann von ganz kleinen Dingen auch nur träumen: ungehindert von einem Dorf zum anderen gehen, den alten Onkel ins Krankenhaus bringen. Was hat das mit Sicherheit zu tun? Mit Selbstverteidigung, mit der Existenz Israels? Wenn israelische Soldaten eine schwangere Frau daran hindern, ins Krankenhaus zu kommen, um ihr Kind zur Welt zu bringen, und das kommt immer wieder vor, das ist keine Ausnahme, das ist fast schon die Regel – wenn das passiert, dann ist doch irgendetwas nicht in Ordnung.«

Gideon Levy berichetete auch von einem 18-jährigen israelischen Soldaten, der einem Palästinenser befiehlt, sich auszuziehen, um ihn vor seiner Familie zu erniedrigen. Levys Forderung: »Wenn der israelische Bulldozer ein Haus zerstört – aus guten Gründen vielleicht – und dann wegfährt, muss jemand zu dieser Familie gehen, und dann sieht man zwölf oder 14 Kinder, die ohne Dach über dem Kopf leben müssen. Und unter diesen zwölf Kindern, die zugesehen haben, wie ihr Haus abgeräumt wurde, wie die Eltern erniedrigt, vielleicht geschlagen wurden, da findet sich vielleicht der nächste Selbstmordattentäter.«

Im Zuge des Afghanistankriegs eskalierte die Auseinandersetzung zwischen Israelis und Palästinensern. Selbstmordattentäter rissen viele Israelis mit in den Tod. Die Regierung Scharons schlug mit aller Härte zurück. Der ehemalige General ist der Meinung, die Araber verstünden nur die Sprache der Stärke und eine Politik der Vergeltung. Man könne mit den Palästinensern nur aus einer Position der Überlegenheit verhandeln. Mit dieser

Parole hatte Scharon die Wahlen gewonnen. Sein Versprechen, eine von ihm geführte Regierung würde den Israelis mehr Sicherheit bringen, hat sich ins Gegenteil verkehrt. Wie George W. Bush hat er das Ziel, den Terror auszurotten. Aber die Spirale der Gewalt erhöhte die Zahl der Todesopfer auf beiden Seiten.

Die anfängliche Zurückhaltung der Bush-Administration hat die neue Welle der Gewalt zwischen Palästinensern und Israelis verstärkt. Nur Amerika hat die Macht und den Einfluss, die Kriegsparteien wieder an den Verhandlungstisch zu bringen. Aber der republikanische Präsident unterstützt mit Blick auf den amerikanischen Wahlkampf einseitig die Israelis. Es ist Aufgabe der Europäer, ausgleichend zu wirken und die Politik der Amerikaner zu korrigieren. Es empörte mich, mitanzusehen, wie Scharon Infrastruktureinrichtungen, die mit europäischen Steuergeldern gebaut wurden, zerstören ließ.

Anfang Juni 2003 verhandeln Israelis und Palästinenser unter dem Druck der Bush-Administration erneut über die Gründung eines Palästinenserstaates. Wir müssen hoffen, dass diesen Verhandlungen mehr Erfolg beschieden ist als den vielen Versuchen, die in den Jahren davor unternommen wurden.

Auch in Israel werden Forderungen laut, aus dem Staat der Juden einen Staat der Bürger zu machen und sich an der säkularen Verfassung der französischen Republik zu orientieren. Ein aufgeklärter Jude fordert: Wir müssen das Wort »Goi« aus unserem Sprachschatz streichen. So nennen traditionelle Juden die anderen, die Nichtjuden.

Die Entwicklungen in der Türkei, im Iran und in Israel zeigen exemplarisch auf, worum es in den Staaten des Nahen Ostens geht. Es geht um die Trennung von Religion und Politik in den islamischen Staaten und in Israel. Es geht darum, dass diese Länder einen ihnen gemäßen Weg der Modernisierung finden. Diese darf nicht zu schnell vonstatten gehen. Sie muss religiöse Empfindungen und kulturelle Traditionen respektieren, wenn die Menschen sie annehmen sollen.

Die Diskussion über diese Fragen hat im Nahen Osten begonnen. Es mehren sich die Stimmen, die die Religion aus der Politik verbannen wollen. Sie behaupten, der Krieg der Kulturen sei vermeidbar. Im Iran beispielsweise verstärken Theologen und Wissenschaftler säkulare Bestrebungen. Sie verstehen sich als religiöse Aufklärer, die sich dagegen wehren, den Islam für ideologische und politische Zwecke zu vereinnahmen. Sie predigen die Rückkehr zur Religiösität ihrer Großväter, weil die Religion durch die Politik korrumpiert werde. Der Islam könne nur zu seiner ursprünglichen Kraft zurückfinden, wenn er sich nicht länger durch den Staat missbrauchen lässt.

Die Trennung von Religion und Staat war schon einmal im Islam historische Realität. Die muslimischen Gelehrten gehen davon aus, Islam und Menschenrechte seien vereinbar. Sie fordern ein Ende der Unterdrückung. Man könne die Menschen nicht zwingen, eine Religion anzunehmen. Wenn man sie dazu nötige, dann sei das keine Religion und kein Glauben. Daher bräuchten die islamischen Staaten die Demokratie. Nur ein Glaube, zu dem man sich in Freiheit entschieden habe, sei ein gottgefälliger Glaube. Der iranische Staatspräsident Mohammed Chatami scheint von diesen Gedanken beeinflusst zu sein. Er fordert die Entwicklung einer islamischen Zivilgesellschaft.

Eine ähnliche Diskussion ist auch in den anderen Ländern des Vorderen Orients in Gang gekommen. Die Muslime dürfen sich nicht in die Fundamentalismusfalle begeben. Im Libanon mahnt der Dichter Abbas Baydoun die Fähigkeit an, sich in die Lage des anderen zu versetzen. Zweifellos hätten Araber und Muslime in den Vereinigten Staaten und Europa ein Klima des Hasses und der Bedrohung durchlebt. Aber für ihn, Abbas Baydoun, seien es Araber und Muslime gewesen, die bei den Terroranschlägen amerikanisches Blut vergossen hätten, auch das Blut arabischer und muslimischer Amerikaner. Sie hätten all diejenigen für vogelfrei erklärt, die ihre Meinung oder Lebensart nicht teilen. Die Unterdrückung der Muslime könne vor Gott nicht schwerer wiegen als die Zerstörung der Welt. Solange er nicht fähig sei, die Standpunkte der anderen zu respektieren, begebe sich der Islam in die Isolation und ende bei willkürlicher Gewalt.

Die behutsame Modernisierung, das Zusammenleben verschiedener Völker und die Trennung von Staat und Religion werden sicher auf Widerstand stoßen. Aber ich sehe für die Herstellung des Friedens im Nahen Osten keinen anderen Weg. Die Trennung der Menschen in Gläubige und Ungläubige, in Muslime und Christen, in Juden und Palästinenser, in Türken und Kurden wird immer wieder zu blutigen Auseinandersetzungen führen.

Große oder kleine Nationen?

Mit der Säkularisierung ist eine Frage beantwortet, die nicht nur im Nahen Osten ständig gestellt wird. Kann die Religion Grundlage der Staatenbildung sein? Hat die Errichtung eines Gottesstaates Zukunft? Die Entwicklungen in der Türkei, im Iran und in Israel belegen eher das Gegenteil. Die Zugehörigkeit zu einer Religionsgemeinschaft kann in den meisten Fällen auf der Erde nicht mit der Staatsbürgerschaft identisch sein. Religiöse Toleranz ist stattdessen die Grundlage der Bildung größerer Nationen und noch mehr die Voraussetzung einer demokratischen Gesellschaft.

Aber nach welchen Kriterien sollen Nationalstaaten gegründet werden? »Nation Building«, der Aufbau neuer Nationen, ist überall in der Welt ein Thema, wo Stämme und religiöse Gruppen einander bekriegen. Nicht nur im Vorderen Orient, sondern mehr noch in Afrika, sind die verheerenden Folgen willkürlicher Grenzziehungen durch die Kolonialmächte täglich zu besichtigen. Aber auch in Europa gibt es das kulturelle Aufbegehren und das Verlangen, einen eigenen Staat zu gründen. Nach dem Fall der Mauer hat sich Deutschland wieder vereinigt, aber andere Staaten haben sich entzweit. Das Ende des Kommunismus in Osteuropa und in der Sowjetunion setzte nicht das Verbindende, sondern das Trennende auf die Tagesordnung. Die deutsche Politik wurde nach dem Zerfall Jugoslawiens mit der Frage konfrontiert, ob sie große oder kleine Nationen unterstützen solle. Auch unsere Verbündeten waren unsicher. Während Washington, London und Paris noch den Vielvölkerstaat Jugoslawien erhalten wollten, entschlossen sich die Deutschen, die Unabhängigkeit Kroatiens und Sloweniens anzuerkennen. Sie entschieden sich für die kleinen Nationen. Viele sehen in dieser Entscheidung der Regierung Kohl eine der Ursachen für die Ausweitung der blutigen Konflikte im ehemaligen Jugoslawien. Französische Intellektuelle klagten, man hätte uns die Globalisierung angekündigt, aber die Balkanisierung sei Wirklichkeit geworden. Die Partei des Alija Izetbegovic, der gemeinhin für das multikulturelle Bosnien stand, warb mit dem Wahlslogan: »Die Kroaten wissen, für wen sie stimmen. Die Serben wissen, für wen sie stimmen. Und Sie?« Auch die auf mehrere Länder verteilten Albaner wollen einen eigenen Staat, weshalb es auch Unruhen im Kosovo und in Mazedonien gab. Es scheint, die kleinen Nationen im ehemaligen Jugoslawien sind eher bereit, der Europäischen Gemeinschaft beizutreten, als nationale Rechte an einen begrenzten regionalen Vielvölkerstaat abzugeben.

Nicht nur im Glauben, sondern mehr noch in der gemeinsamen Sprache sehen viele die Grundlage der Nationenbildung. Der Dichter Friedrich Hölderlin schrieb: »Der Güter Gefährlichstes, die Sprache, dem Menschen gegeben … damit er zeuge, was er sei, geerbet zu haben …« Wenn Menschen sich nach ihrer Identität fragen, dann kommen sie sehr schnell auf die eigene Sprache. In ihr haben sie zu denken und sich auszudrücken gelernt. Die Sprache hat ihnen ihr Erbe, ihre Tradition vermittelt. Daher beobachten wir immer wieder, dass die Menschen nicht bereit sind, ihre Sprache zu opfern. Aber wenn man die Sprache zur Grundlage der Staatenbildung nähme, dann würden sehr viele Staaten wieder auseinanderfallen. Indien beispielsweise vereint viele Völker mit unterschiedlichen Sprachen – und Religionen. Kein geringerer als Mahatma Gandhi kämpfte deshalb für einen multikulturellen Nationenbegriff. Ohne dieses Modell der Nationen würden auch europäische Staaten wieder aufgelöst. Die Schweiz ist dafür ein Beispiel.

Unabhängig davon streben Basken, Korsen und andere nach Autonomie. Der *Figaro* sprach von einem »Stammesindividualismus«, der sich von Korsika über das Baskenland bis in die Vororte von Paris ausbreite. Besorgt wurde gefragt, ob die Nationen in einen quasi-feudalen Zustand zurückfallen würden. Der Sinn der Nationen ist doch die Überwindung feudaler, ethnischer, religiöser und sozialer Gruppenegoismen gewesen. Die Nationen dürfen in diesem Sinne auch durch die Zuwanderung nicht in Parallelgesellschaften zerfallen, sonst würde es sich nicht mehr um Völker, sondern nur noch um Bevölkerungen handeln.

Die Nationenfrage stellt sich auch in Afghanistan. Dort treffen unterschiedliche Sprachen, Kulturen, Traditionen und Religionen aufeinander. Kämpfer der Nordallianz hatten vorgeschlagen, Afghanistan in vier Teile aufzuteilen. Eine Zone für die Tadschiken, eine für die Usbeken, eine für die Hasara und eine für die Paschtunen. Gemeinsam haben der Balkan, der Nahe Osten und Afghanistan, dass kriegerische Auseinandersetzungen Hass und Zwietracht zwischen den Ethnien gesät haben. »Nation Building«, die Überwindung aller feudalen, ethnischen, religiösen und sozialen Barrieren, ist daher schwierig. Und dennoch muss es immer wieder versucht werden.

Die Überwindung des Trennenden führt uns vom Nationalstaat zu Europa und von Europa zu den Vereinten Nationen. Dahinter steht die Idee der Aufklärung, die Utopie einer Weltgesellschaft der Freien und Gleichen. Eine Idee, die auch den Sozialstaat begründet. Dieser ist die Grundlage wirklich demokratischer Gesellschaften. Hier schließt sich der Kreis. Das angelsächsische Gesellschaftsmodell eines übersteigerten Individualismus weist nicht in die Zukunft.

Deutschlands Rolle in der Welt

Im Herbst des Jahres 2001 setzte eine heftige Diskussion darüber ein, welche Rolle die Bundesrepublik zukünftig in der Weltpolitik spielen soll. »Es ist nicht mehr gestattet, abseits zu stehen«, sagte Kanzler Gerhard Schröder in seiner Neujahrsansprache und zählte die Soldaten zu dem »Besten was wir haben«. Die deutsche Nachkriegspolitik ist unwiederbringlich vorbei, hieß es in vielen konservativen Blättern. Deutschland muss in Zukunft auch eine militärische Rolle in der Weltpolitik spielen. Die *FAZ* verglich uns mit dem England Tony Blairs: Deutschland unterscheide sich von diesem durch einen Stillhaltepragmatismus, der nationale Interessen leugnet und selbst auferlegte Machtlosigkeit im Inneren wie im Äußeren pflegt. Es ersetze Soldaten am liebsten durch Polizisten und Polizisten am liebsten durch Freunde und Helfer. Wehrhaft sei die Bundesrepublik nur, solange andere die Kohlen aus dem Feuer holten. Es könne nicht beides geben, das Deutschland, das Macht entwickelt, um mithalten zu können, und das Deutschland, das auf Stärke verzichtet, um seine Unschuld pflegen zu können. Für die Prediger der Besonnenheit sei das eine schmerzhafte Erkenntnis. Die Zukunft könne nur so aussehen, dass Deutschland seine Verantwortung als Mittelmacht wahrnehme.

Wir erinnern uns, dass in der Bundesrepublik ein halbes Jahrhundert lang die Maxime galt: Krieg darf nie wieder Mittel der Politik sein. Noch 1994 hatte Joschka Fischer das so begründet: »Nichts spricht gegen ein verstärktes ›burdensharing‹ im zivilen Bereich, nichts gegen eine verstärkte außenpolitische Rolle Deutschlands in zivilen Fragen, aber von militärisch gestützter

Weltpolitik sollte sich Deutschland fern halten. Denn Deutschland verfügt im Gegensatz zu den alten europäischen Großmächten Frankreich und Großbritannien über keine weltpolitische Tradition und die ersten Gehversuche der souveränen Berliner Republik in der Jugoslawienkrise gemahnen zu größter Vorsicht und Zurückhaltung.« Bekanntlich hat Fischer seine Meinung grundsätzlich geändert.

Vor Jahren habe ich darauf hingewiesen, dass Franzosen und Deutsche nach dem Zweiten Weltkrieg schon deshalb eine andere Einstellung zu Militärinterventionen haben, weil die einen sich eher als die Nachfolger der Opfer und die anderen sich eher als die Nachfolger der Täter verstehen. Dazu kommt, dass französische Intellektuelle aus einer anderen Tradition heraus argumentieren. Ein Vorbild der Franzosen ist André Malraux, der auf die Befreiung durch die eigene Tat setzte. Als Kommandeur einer Flugzeugstaffel kämpfte er im Spanischen Bürgerkrieg für die Republik. 1940 wurde er Mitglied der Résistance. Im blutigen Bürgerkrieg, in dem sich Bangladesh Anfang der siebziger Jahre von Pakistan trennte, rief der 70-jährige Malraux noch einmal zur Bildung einer internationalen Brigade auf. Er wollte selbst das Kommando übernehmen. Die indische Regierung hielt ihn von diesem Abenteuer ab. Ein junger französischer Philosoph folgte damals seinem Aufruf und reiste in das Krisengebiet, um zu kämpfen. Es war Bernard-Henry Lévy, der mittlerweile ein entschiedener Wortführer der Pflicht zur Militärintervention im Namen der Humanität ist. Er forderte früh das Eingreifen der Nato in Bosnien und im Kosovo und besuchte häufig Gebiete, in denen Bürgerkriege stattfanden. Mehrmals traf Lévy den inzwischen ermordeten Nordallianzführer Ahmed Schah Massud. Er sah in ihm einen Vertreter des aufgeklärten Islam. Es geht aber, wie dargelegt, nicht nur um die Zustimmung oder Ablehnung einer Militärintervention im Namen der Humanität. Viel wichtiger sind die Fragen, wer darüber entscheidet, welche Streitkräfte intervenieren, und wie der Krieg oder Polizeieinsatz durchgeführt wird. Diese Fragen klammern viele Diskussionsteilnehmer aus. Das war leider auch in Deutschland zu beobachten.

Die Debatte wurde unter der Vorgabe geführt, die Bundesrepublik Deutschland habe es sich in der Vergangenheit auf der Zuschauerbank der Weltpolitik reichlich bequem gemacht. Man tat so, als sei die deutsche Außenpolitik deshalb unwichtig gewesen, weil sich Deutschland nicht an Kriegen beteiligte. Dabei hatte die deutsche Außenpolitik Großes geleistet. Konrad Adenauers Westintegration, die feste Verankerung der Bundesrepublik Deutschland in der Nato, nützte nicht nur den Deutschen, sondern stabilisierte die westliche Militärallianz in den Zeiten des Kalten Krieges. Brandts Ostpolitik, die auf Frieden und Entspannung gerichtet war, leitete eine neue Ära im Ost-West-Verhältnis ein. Mit der von Berlin ausgehenden Politik der kleinen Schritte, gelang es, den Eisernen Vorhang durchlässig zu machen. Die Außen- und Entspannungspolitik des Friedensnobelpreisträgers unterstützte auch die Bemühungen der USA und der Sowjetunion, zu Abrüstungsvereinbarungen und zu einem friedlichen Ausgleich zu kommen. Es besteht kein Zweifel, dass sie letztlich zum Fall der Mauer führte. Kann man vor diesem Hintergrund wirklich sagen, die deutsche Außenpolitik habe auf der Zuschauerbank der Weltpolitik stattgefunden?

Auch Helmut Schmidt leistete einen wichtigen Beitrag zur Weltpolitik. Wie der britische Ökonom John Maynard Keynes hatte er erkannt, dass die Globalisierung eine Weltwirtschaftspolitik erfordert. Zusammen mit dem französischen Staatspräsidenten Valéry Giscard d'Estaing organisierte er die Weltwirtschaftsgipfel. Schmidt sah die Nachteile des Systems der flexiblen Wechselkurse und bereitete mit seinem französischen Partner das europäische Währungssystem vor.

Obwohl Helmut Kohl sich geweigert hatte, die Bundeswehr in den Golfkrieg zu schicken, war er außenpolitisch, unterstützt von seinem Außenminister Hans-Dietrich Genscher, sehr erfolgreich.

Dass er bei der Bildung der deutschen Einheit eine entscheidende Rolle gespielt hat, ist unbestritten. Gleichzeitig trieb er zusammen mit François Mitterand den europäischen Einigungsprozess voran. Sein historisches Verdienst ist es, sich gegen viele Widerstände in Deutschland durchgesetzt zu haben, um die Einführung des Euro zu erreichen. Ohne den Pfälzer hätte es die europäische Währung nicht gegeben. Und wie die europäische Wirtschaft ohne das europäische Währungssystem die Finanzkrisen und Währungsspekulationen überstanden hätte, ist schwer zu sagen.

Auch der in der immer wiederkehrenden Diskussion um Deutschlands Rolle in der Welt erweckte Eindruck, die Bundesrepublik sei bisher militärisch enthaltsam gewesen, stimmt nicht. Sie leistete im westlichen Verteidigungsbündnis einen wichtigen militärischen Beitrag. Und nach den Bestimmungen des Nato-Vertrags hätte die Bundeswehr kämpfen müssen, wenn ein Nato-Mitgliedstaat von einem anderen Land angegriffen worden wäre. Die ganze Debatte reduzierte sich also auf die alte Frage, in welchem Umfang Deutschland außerhalb des Nato-Vertragsgebiets militärisch tätig werden solle. Auch bei der Terroristenbekämpfung waren deutsche Truppen schon außerhalb des Verteidigungsbündnisses aktiv. Als Terroristen eine Lufthansa-Maschine im Oktober 1977 entführten, gelang es der GSG 9 in Mogadischu die Passagiere zu befreien. Von 1991 bis 1996 unterstützte die Bundeswehr mit zwei Hubschraubern und einem Transall-Transportflugzeug die Arbeit der UNO-Inspektoren im Irak. Anfang der neunziger Jahre arbeiteten Sanitätssoldaten in Kambodschas Hauptstadt Phnom Penh in einem Krankenhaus. Von 1992 bis 1996 half die Marine bei der Überwachung der UNO-Blockade gegen Serbien und Montenegro. Im selben Zeitraum unternahmen Transportmaschinen der Luftwaffe Versorgungsflüge nach Sarajevo. Von 1992 bis 1994 beteiligte sich die Bundeswehr an der gescheiterten UNO-Mission in Somalia. Im April 1993 nahmen deutsche Soldaten an Bord von AWACS-Aufklärungsflugzeugen über Bosnien an Nato-Kampfeinsätzen teil. Im September 1995 flogen ECR-Tornados der Bundeswehr erstmals einen Militärangriff für die Nato gegen bosnische Serben. Im Dezember 1995 schickte der Bundestag 4000 Soldaten nach Bosnien, um an der Friedenstruppe IFOR teilzunehmen. Im März 1999 beteiligte sich die Bundeswehr mit Tornados an den Luftangriffen der Nato gegen Jugoslawien. Im August 2001 beschloss der Bundestag den Einsatz deutscher Soldaten in Mazedonien, die Soldaten beteiligten sich an der Entwaffnungsaktion »Essential Harvest«. Im September 2001 stimmte die Bundesregierung der neuen Mazedonienmission »Amber Fox« zu. Deutschland übernahm dabei erstmals eine Führungsrolle. Am 6. November 2001 entschied das deutsche Parlament, die Bundeswehr im Kampf gegen den Terrorismus einzusetzen. Was soll also das wortgewaltige Getöse um die neue militärische Rolle Deutschlands in der Weltpolitik?

Statt noch eifriger als andere zweifelhafte militärische Interventionen im Namen der Humanität zu fordern, sollten die Deutschen Vorreiter einer Politik sein, die zum Aufbau einer gerechteren Welt führt. Wir könnten mit gutem Beispiel vorangehen beim Abbau der Agrarsubventionen, bei der Verringerung der Waffenexporte, bei der Bereitstellung von mehr Entwicklungshilfe, bei einer umweltgerechteren Energiepolitik, bei einer Stärkung der internationalen Organisationen und des internationalen Rechts.

Es wundert mich, dass die neuen Anhänger weltweiter Militärinterventionen Deutschlands noch nicht die Frage aufgeworfen haben, warum wir nicht ebenfalls eine Atomstreitmacht aufbauen. Wenn Deutschland in der Welt eine neue Rolle spielen soll und sich ebenso wie Frankreich und Großbritannien als Mittelmacht versteht, dann könnte es doch nahe liegen, auf solche Gedanken zu kommen. Schließlich soll das Militärische ja enttabuisiert werden. Und der große Feldherr Bush warnt uns jeden Tag vor den Atomwaffen der »Schurkenstaaten«. Wir müssen doch in der Lage sein, uns zu wehren, denn auf andere können wir uns im Zweifel nicht verlassen. So oder ähnlich könnte die Argumentation derjenigen lauten, die die neue Rolle Deutschlands als Mittelmacht nach dem Vorbild Englands oder Frankreichs zu Ende denken.

Die Frage, ob Deutschland Atomwaffen brauche, wurde bereits 1957 heftig diskutiert. Konrad Adenauer hatte am 5. April in einer Pressekonferenz gesagt: »Die taktischen Atomwaffen sind im Grunde nichts anderes als eine Weiterentwicklung der Artillerie, und es ist ganz selbstverständlich, dass bei einer so starken Fortentwicklung der Waffentechnik, wie wir sie leider jetzt haben, wir nicht darauf verzichten können, dass unsere Truppen auch jetzt bei uns – das sind ja besondere normale Waffen in der normalen Bewaffnung – die neuesten Typen haben und die neueste Entwicklung mitmachen.« Daraufhin hatten 18 Atomwissenschaftler eine Erklärung veröffentlicht, in der sie verkündeten, die Bundesrepublik schütze sich am besten, wenn sie freiwillig auf Atomwaffen verzichte. Der erste Kanzler der Bundesrepublik Deutschland erwiderte, eine solche Feststellung sei »rein außenpolitischer Natur«. Zu ihrer Beurteilung müsse man Kenntnisse haben, die »diese Herren nicht besitzen, denn sie sind nicht zu mir gekommen«. Der Deutsche Bundestag beschloss dann aber mit den Stimmen der CDU/CSU und der DP/FVP: »Die Bewaffnung der Bundesrepublik mit atomaren Waffen steht jetzt nicht zur Entscheidung. Sie steht in engem Zusammenhang mit dem Erfolg der Abrüstungsverhandlungen. Der Deutsche Bundestag erwartet, dass diese Verhandlungen erfolgreich sein werden.«

Später hat die Bundesrepublik klargestellt, sie verzichte auf die Herstellung von ABC-Waffen. Etwas anderes hätten die ehemaligen Kriegsgegner auch nicht zugelassen, vor allem die Russen und die Franzosen. Kurz vor der Wiedervereinigung sagte mir François Mitterand im Elysée-Palast, Frankreich gehe davon aus, dass Deutschland nicht nach Atomwaffen greife, um das Gleichgewicht in Europa nicht zu gefährden. Aber wer garantiert, dass in einer Zeit, in der militärisches Imponiergehabe wieder in Mode gekommen ist, nicht auch in Deutschland eines Tages bei der atomaren Bewaffnung gleiches Recht für alle gefordert wird?

Auf jeden Fall würde die Bundesrepublik in Zukunft, wenn den wortgewaltigen Ankündigungen der rot-grünen Koalition Taten folgen sollen, ihre Militärausgaben erheblich steigern müssen. Mit dem »Markenzeichen« der rot-grünen Koalition, der Sparpolitik, lässt sich das aber nicht vereinbaren. Zudem war Rot-Grün angetreten, die Militärausgaben auf das Notwendigste zu senken, um mehr Geld für die Bekämpfung der Armut zu haben. Auch die konservativen Parteien schwärmten nach dem Fall der Mauer von der »Friedensdividende«. Und die hat es ja auch gegeben. Während 1987 noch 3,2 Prozent des deutschen Bruttosozialproduktes für Verteidigung ausgegeben wurden, waren es im Jahr 2000 nur noch 1,6 Prozent. Soll sich das jetzt wieder ändern? Warum rufen in Deutschland jetzt wieder viele nach höheren Militärausgaben und nach einer schlagkräftigen Interventionsarmee?

Die Anschläge auf Amerika können zur Begründung deshalb nicht herangezogen werden, weil es schon vorher überall in der Welt Mord und Totschlag und Terrorismus gab. An dieser Stelle kann man als Anhänger der Friedenspolitik dem Neoliberalismus auch einmal etwas Gutes abgewinnen. Der ständige Ruf nach Steuersenkungen sorgt dafür, dass die Träume von der neuen militärischen Rolle Deutschlands in der Weltpolitik Wunschträume bleiben. Und die nahezu vergessene Verpflichtung, für gleiche Lebensverhältnisse in den alten und neuen Bundesländern zu sorgen, also den Aufbau Ost zu finanzieren, hindert uns daran, die Pickelhaube wieder aufzusetzen und wie Amerika im »muskulösen Ton des Interventionismus« zur Welt zu sprechen.

Als die ersten 70 deutschen Soldaten nach Kabul aufbrachen, zeigte sich, dass die großen Worte der deutschen Politiker in merkwürdigem Gegensatz zu den militärischen Fähigkeiten der

Bundeswehr standen. Nach der Zwischenlandung im türkischen Trabzon hinderte ein Schneetreiben die Soldaten daran weiterzufliegen. Bei einem Ernstfall wäre die kleine Truppe ziemlich verloren gewesen. Der Nachschub für Waffen, Material und Lebensmittel kann bei schlechten Witterungsbedingungen nicht garantiert werden.

Wir sind wieder dabei

Solange die UNO-Streitmacht noch nicht aufgestellt ist, werden im Auftrag der Vereinten Nationen nationale Streitkräfte die Beschlüsse des UN-Sicherheitsrates durchsetzen. Das stellt aber das alte Konzept der Wehrpflichtarmee infrage. Die meisten Bürger sind dafür zu gewinnen, ihre Heimat zu verteidigen. Aber viele sind nicht bereit, militärische oder polizeiliche Aufgaben in aller Welt zu übernehmen. Für solche Aufgaben braucht man Berufssoldaten. Sie können sich im Lauf der Jahre die Professionalität erwerben, die bei immer komplizierteren Waffensystemen und Auslandseinsätzen erforderlich ist.

Lange Zeit gehörte ich – wie viele andere – zu den Befürwortern der Wehrpflicht. Die Wehrpflicht hat entscheidend dazu beigetragen, die Bundeswehr eng mit der Bevölkerung und den politisch Verantwortlichen zu verzahnen. Sie hat auch geholfen, ausreichend qualifizierten Nachwuchs an Offizieren und Unteroffizieren zu sichern. Die Wehrpflicht führte zu einem breiten Reservistenpotenzial. Man konnte den Umfang der Streitkräfte der internationalen Lage anpassen. Aber die Wehrpflicht ist nicht nur wegen der Auslandseinsätze immer stärker unter Druck gekommen, sondern auch deshalb, weil der Umfang der Bundeswehr in Friedenszeiten reduziert wurde. Wenn immer weniger junge Männer eingezogen werden, dann stellt sich die Frage der Wehrgerechtigkeit.

Staaten, die traditionell Auslandseinsätze ihrer Streitkräfte anordnen, wie die Vereinigten Staaten und Großbritannien, haben eine Berufsarmee. Und nicht zuletzt aus diesen Gründen hat auch Frankreich sich entschieden, die Wehrpflicht abzuschaffen. Wenn wir eine Europaarmee aufbauen, was ich für notwendig halte, dann ist das ein zusätzliches Argument für die Berufsarmee. Die Mehrheit der europäischen Länder hat sich bereits so entschieden. Berufssoldaten brauchen wir aber in jedem Fall für die UNO-Streitmacht, weil diese die Aufgaben der Weltpolizei übernehmen soll. In den Nationalstaaten sind die Polizisten Beamte und niemand käme auf die Idee, Männer und Frauen mit Polizeiaufgaben zu betrauen, die als Wehrpflichtige ein paar Monate Dienst machen.

1928, als der afghanische König Amanullah Khan Deutschland besuchte, sangen die Berliner Taxifahrer ein Lied: »Afghanistan, Afghanistan, das geht dich Affen gar nischt an.« Die rot-grüne Regierung war im Jahr 2001 aber zu der Einsicht gelangt, Deutschland habe nach der Wiedervereinigung eine neue Verantwortung in der Welt. Anfang November verlangte Kanzler Gerhard Schröder vom Deutschen Bundestag die Zustimmung für den Einsatz von 3900 Soldaten im Krieg gegen Afghanistan. Es handelte sich um 1800 Marinesoldaten, 500 Soldaten der Lufttransportkräfte, 250 Sanitätssoldaten, 800 Soldaten der ABC-Abwehrkräfte, 100 Männer des Spezialeinsatzkommandos und 450 Unterstützungskräfte. Peinlicherweise wurde bekannt, dass es für diese Soldaten keine konkrete Anforderung der Amerikaner gab. Es handelte sich um ein deutsches Angebot. Aus dem Pentagon hörte man: Unser größtes Problem ist derzeit, dass wir die mannigfach angebotene Militärhilfe gar nicht richtig assimilieren und eingliedern können. Irritiert erinnerte die Presse an die Emser Depesche, die der ehemalige Reichskanzler Fürst Otto von Bismarck so verschärft formuliert hatte, dass Frankreich Deutschland den Krieg erklärte.

Die europäischen Staatsmänner drängelten sich darum, in Afghanistan dabei zu sein, allen voran Tony Blair. Wie schon im Kosovo-Konflikt suchte der mediensüchtige englische Premierminister ganz offensichtlich den Eindruck zu erwecken, als ließe sich die Supermacht Großbritannien bei der Bekämpfung des

Terrorismus von niemandem übertreffen. Er trat so auf, als nehme er dabei gnädigerweise die Unterstützung der USA in Kauf. Die *Financial Times* sah sich genötigt, Blair daran zu erinnern, dass man kein Risiko eingehen solle, wenn das Spiel von einem anderen bestimmt wird. Bush dankte zwar Blair bei jeder Gelegenheit für seine Treue, nahm aber bei seinen Entscheidungen keine Rücksicht auf ihn. Die englischen Zeitungen sprachen von Bushs »bravem Pudel«. Europäische Politiker nannten Blair hinter vorgehaltener Hand, den »kleinen Churchill ohne Zigarre«. *Newsweek* veröffentlichte ein Porträt des englischen Premiers unter der Überschrift: »Vorwärts, christlicher Soldat.« In seinem Übereifer schickte Blair 100 britische Special Forces auf das Flugfeld von Bagram, in der Nähe von Kabul. Dort saßen sie zunächst einmal fest, weil die Nordallianz Einspruch gegen die unilaterale »Peace Keeping Mission« der Briten erhob. Auch die Amerikaner schüttelten den Kopf über so viel Beflissenheit. Selbst bei der Jagd nach Osama Bin Laden kam es zu Eifersüchteleien. Die Amerikaner wollen nicht, dass unsere Jungs ihn zuerst fassen, hieß es im Londoner Militärministerium.

Bei so viel Eifer des immer noch vom britischen Empire träumenden England und der wieder erwachten Mittelmacht Deutschland wollte auch Frankreich nicht zurückstehen. Chirac hatte den Einsatz französischer Kampfflugzeuge angekündigt, bevor Verhandlungen über die Nutzung von Flughäfen in Usbekistan und Tadschikistan stattgefunden hatten. Lionel Jospin, der überhastet seinen Entwicklungsminister Charles Josselin nach Usbekistan und Tadschikistan entsenden musste, war pikiert. Peinlicherweise wurde Josselin in Usbekistan gar nicht vom Präsidenten empfangen. Da gab Paris bekannt, dass der französische Flugzeugträger »Charles de Gaulle« Toulon in Richtung Indischer Ozean verlassen habe. Der Flugzeugträger verfügt über 16 Kampfflugzeuge, zwei Aufklärungsflugzeuge und vier Hubschrauber. Zur Eskorte des Flugzeugträgers wurden drei Fregatten, ein Versorgungsschiff und ein atombetriebenes U-Boot abkommandiert. Mit der Entsendung des Flugzeugträgers wollte Paris dem Eindruck begegnen, dass die Ankündigungen des Staatspräsidenten unüberlegt waren.

Viele Bürger Europas durchschauten das wichtigtuerische Gehabe ihrer Staatsmänner und bald wurden kritische Stimmen über die ständig wechselnden Ankündigungen der Regierungschefs laut. In Großbritannien war der Unwille britischer Militärs über die zahlenmäßige Überforderung der Streitkräfte schon zur Zeit der Balkankrise deutlich geworden. Der Chef des Verteidigungsstabes Admiral Sir Michael Boyce sagte: »Wir können nicht ständig auf jeder Hochzeit tanzen; dazu haben wir einfach nicht die Mittel!« Ein hoher Offizier meinte, er zweifele nicht an den ehrenhaften Absichten Tony Blairs, aber es schmecke doch alles sehr nach Ruhmsucht.

Im Oberhaus klagte der ehemalige Defense-Chief, Lord Guthrie of Cragiebank, der Verteidigungshaushalt sei schon vor dem 11. September überzogen gewesen; jetzt kämen noch weitere Belastungen hinzu. England müsse sich davor hüten, derart von Osama Bin Laden und der al-Qaida besessen zu sein, dass andere wichtige Teile seiner Verteidigung vernachlässigt würden. Oppositionsführer Iain Duncan Smith forderte Blair auf, lange und gründlich nachzudenken, bevor er einen Marschbefehl gebe.

So etwas hätte man auch gerne von der deutschen Opposition gehört. Aber die stand stramm. CDU und CSU hatten die Bergpredigt völlig vergessen: »Ich aber sage euch, liebet eure Feinde …« Christen dürfen niemals Unschuldige umbringen. Und Politiker, die sich auf die Werte des Christentums berufen, können keine Kriegführungsstrategie unterstützen, die den Tod Unschuldiger fahrlässig in Kauf nimmt.

Auch hatte der britische Oppositionsführer Recht, als er später argumentierte, Soldaten aus Ländern, deren Truppen noch gegen die letzten Krieger des Talibanregimes kämpften, sollten nicht gleichzeitig an den Friedensmissionen beteiligt werden. Sie würden dadurch nur ein vorrangiges Ziel für Racheaktionen abgeben. Die deutsche Opposition konnte dieses Argument zunächst nicht vorbringen, weil die Bundesregierung lange Zeit verschwieg, dass deutsche Spezialeinheiten sich an vorderster Front an den Kämpfen gegen die Taliban und die al-Qaida beteiligten. Als die Amerikaner dies öffentlich machten, sahen weder die Opposition noch die Regierungsfraktionen darin einen Anlass, über die zusätzliche Gefährdung der deutschen Soldaten in Kabul nachzudenken. Im Bundestag hatte Schröder noch versprochen, »keine Bodentruppen« zu schicken. Das zur Kontrolle berufene Parlament nahm den Bruch dieses Versprechens widerspruchslos hin. Die Männer, die zusammen mit den Amerikanern an vorderster Front in Afghanistan kämpften, gehörten aber weder der Luftwaffe noch der Marine an.

Militärs warnten vor einer Überforderung der Bundeswehr. Sie sei für viele Auslandseinsätze einfach nicht hinreichend ausgerüstet. Es fehlten für weitere Einsätze Zeltmaterial und schwere Schutzwesten. Zudem sei Afghanistan für die Bundeswehr mit eigenen Mitteln nicht zu erreichen. Man sei auf die Transportkapazitäten anderer Staaten angewiesen.

Schon die Regierung Kohl wollte für die internationalen Verpflichtungen Krisenreaktionskräfte bereitstellen; 60 000 Soldaten sollten diesen Einheiten angehören. Diese Truppenverbände verlangen aber eine völlig neue technische Ausrüstung und verschlingen viel Geld. Durch den Sparkurs von Hans Eichel verzögerte sich der Aufbau dieser Interventionsstreitmacht. Gleichzeitig fehlte es der Bundeswehr, die mit immer neuen Aufgaben betraut wurde, am Notwendigsten. Ende 2001 waren in Bosnien, im Kosovo und in Mazedonien 7500 deutsche Soldaten stationiert. Dazu kamen die 3900 Mann, die für die Antiterror-Operation »Enduring Freedom« bereitgestellt wurden. Weitere 1000 Bundeswehrangehörige halfen bei der Bewachung der amerikanischen und der Nato-Stützpunkte in Deutschland. Das waren mehr als 12 000 Soldaten und in der Bundeswehr wurde gefragt, woher weitere für den Friedenseinsatz in Kabul kommen sollten.

Die neue Verantwortung Deutschlands in der Welt stieß auf Schwierigkeiten. Vor allem die technische Ausrüstung der Soldaten, die an vielen Orten der Welt ihren Dienst machten, war mangelhaft. Es kursierten Witze: Für jedes deutsche Flugzeug, das eingesetzt werde, müssten vier amerikanische mitfliegen. Eins für die Aufklärung, zwei für den Flankenschutz und ein weiteres, das mit Ersatzteilen hinterherfliege, erzählten sich die frustrierten Männer im Auslandseinsatz. Die politische Führung verlor in der Bundeswehr massiv an Vertrauen, weil Worte und Taten nicht übereinstimmten.

Da der Kanzler in der SPD-Fraktion und bei den Grünen auf Widerstand stieß, war die Zustimmung der Koalition zu dem Antrag der Bundesregierung, deutsche Soldaten in den Anti-Terrorkrieg zu schicken, nicht gesichert. Schröder versprach, es werde keine Bodentruppen geben. Gleichzeitig verband er die Abstimmung mit der Vertrauensfrage. Er gewann sie mit 336 zu 326 Stimmen und kündigte an, Deutschland werde sich am Wiederaufbau und der Stabilisierung Afghanistans beteiligen. Und, so Schröder weiter, es sei richtig gewesen, den militärischen Aspekt nicht auszublenden: »Wer die Fernsehbilder von den feiernden Menschen in Kabul nach dem Abzug der Taliban gesehen hat – ich denke hier vor allen Dingen an die Bilder der Frauen, die sich endlich wieder frei auf den Straßen bewegen dürfen –, dem sollte es nicht schwerfallen, das Ergebnis der Militärschläge im Sinne der Menschen dort zu bewerten.« Er zeigte sich auch erleichtert angesichts der Tatsache, dass sich die Mitarbeiter von »Shelter Now« wieder in Freiheit befanden.

Es war sicher keine Absicht, aber auch kein Zufall, dass weder Gerhard Schröder noch Joschka Fischer in ihren Reden an diesem historischen Tag die Opfer des Afghanistankriegs erwähnten. Sie sagten nichts über die vielen Zivilisten, die ums Leben gekommen waren, nichts über die Gefallenen auf beiden Seiten und nichts über die Massaker, Morde und Vergewaltigungen der Nordallianz. Wie immer in solchen Situationen wurde alles, was das schöne Bild der erfolgreichen »humanitären Intervention« getrübt hätte, ausgeblendet. Um Krieg zu führen, muss man eben einäugig sein. Die Gegner des Bundeswehreinsatzes bei den Grünen hatten kurz vor der Abstimmung vereinbart, dass vier von ihnen mit »Ja« und vier von ihnen mit »Nein« stimmen sollten. Wegen dieses Abstimmungsverhaltens ernteten sie zu Recht viel Spott. In Gewissensfragen kann man nicht würfeln. Die rot-grüne Koalition war formal gerettet, aber von einem rot-grünen Projekt sprach schon lange niemand mehr.

Die Einwände gegen die Beteiligung der Bundeswehr am Feldzug gegen den Terror waren beachtlich. Die Strategie der Amerikaner war den Amerikanern selbst nicht bekannt. Auch die Kriegsziele waren sehr unklar definiert. Der Bundestag hatte einen Blankoscheck ausgestellt. Wieso müssen wir eigentlich uneingeschränkt solidarisch sein? Wenn wir an einem Krieg mitwirken, müssen wir dann nicht auch etwas über Strategie und Kriegsziele wissen? Vasallentum und Verzicht auf Souveränität wurden als »gewachsene Verantwortung der Deutschen« verkauft.

Viele Intellektuelle gingen auf Distanz. Sie forderten: »Weg von den Waffen, zurück zur Politik.« Der Regisseur Jürgen Flimm fragte, ob wir nicht mehr als nur ein Scherflein dazu beitragen, die Kluft der Kulturen zu vergrößern? Der Schriftsteller Christof Hein schrieb: »Dieser Krieg wird nicht Gerechtigkeit und Recht, sondern neuen Terror und neue Terroristen zeugen.« Walter Jens stellte fest, »dass die Ziehsöhne der Vereinigten Staaten, Bin Laden und die Seinen, sich mittlerweile auf dubiose Geschäfte und wirksame Kommunikationspraktiken besser verstehen, als ihre Lehrmeister von gestern. Und wer zahlt die Zeche? Unschuldige, wieder einmal durch Streubomben.« Und Martin Walser kommentierte: »Man kann die Fehlentwicklung auf dieser Erde nicht zurechtbombardieren.« Natürlich gab es auch Gegenstimmen. In einem Aufruf, der unter anderem von Peter Schneider, Hans Christoph Buch, Günter Kunert, Herta Müller, Hans J.

Schädlich und Wolf Biermann unterzeichnet war, unterstützten Schriftsteller die feste Haltung der Bundesregierung im Afghanistankonflikt: Die Analysen derjenigen, die zur Abstinenz der Bundeswehr im Kampf gegen den Terror aufrufen und einen deutschen Sonderweg vorschlagen, hielten diese Autoren für falsch.

Das große Spiel um Gas und Öl

Eine entscheidende Frage, um die es bei dieser überhasteten Neuordnung der deutschen Außenpolitik ging, wurde nicht diskutiert: Beteiligt sich Deutschland, wie die ehemaligen Kolonialmächte USA, Großbritannien und Frankreich, an einer Politik, die den Zugang zu den Rohstoffen der Welt, vor allem zu den Gas- und Erdölquellen militärisch sichert? Um die Unangemessenheit dieses imperialen Vorgehens deutlich zu machen, genügt es, die Rollen der Mitspieler zu vertauschen. Stellen wir uns vor, nicht die Vereinigten Staaten, sondern Saudi-Arabien wäre im Lauf der Geschichte zum mächtigsten und einflussreichsten Industriestaat der Welt geworden. Der Erdölverbrauch des Königreichs wäre aber so hoch, dass die eigene Förderung nicht ausreicht. Doch Saudi-Arabien hatte vorgesorgt. Es hatte Truppen in Texas stationiert, um sich den Zugang zu den amerikanischen Ölquellen zu sichern. Dafür schützt das saudische Militär einen korrupten texanischen Gouverneur, der mit seinem Familienclan Hauptnutzer des Ölreichtums ist. Vom benachbarten Mexiko aus, ruft ein Texaner – nennen wir ihn spaßeshalber Bush – seine Landsleute auf, den korrupten Gouverneur zu stürzen und die saudi-arabischen Truppen zu vertreiben. Dieser Texaner, der tausende von Guerillas um sich versammelt hat, war vor Jahren von den Saudis aufgerüstet worden.

Der Rollentausch zeigt, wie unhaltbar die Politik der Vereinigten Staaten im Nahen Osten ist. Natürlich würden die Saudis, um im Bild zu bleiben, den aufmüpfigen Texaner als Terroristen bezeichnen und ihn, wenn es ihm gelungen wäre, in Riad einen Anschlag zu verüben, der den Tod tausender Araber zur

Folge gehabt hätte, mit ihrer Militärmacht verfolgen. Und sie wären natürlich im Recht und fänden in ähnlicher Weise Unterstützung wie heute Amerika.

Wenn man aber den Terrorismus wirklich bekämpfen will, dann genügt es eben nicht, sich von einer augenblicklichen Empörung, so berechtigt sie auch immer sein mag, leiten zu lassen. Es ist vielmehr unabdingbar, die Vorgeschichte der Ereignisse zu untersuchen und nach den Gründen zu forschen, die zu Hass und Terror führen. Aufgabe der Bundesrepublik Deutschland ist es nicht, uneingeschränkte Solidarität mit der einzig verbliebenen Supermacht zu üben. Da Deutschland im Nahen Osten keine imperiale Tradition hat, kann es zusammen mit anderen europäischen Staaten zum Wortführer einer Politik werden, die auf Diplomatie und friedlichen Ausgleich setzt und den Anspruch der militärischen Sicherung des Zugangs zu den Ölquellen aufgibt. Auch Saddam wollte Öl verkaufen. Aber Amerikaner und Briten hinderten ihn daran. Und Saudi-Arabien würde auch dann Öl fördern und verkaufen, wenn die Monarchie einer anderen Regierungsform weichen müsste. Mit sozialdemokratischer Politik lässt sich die militärische Sicherung des Rohstoffzugangs ohnehin nicht vereinbaren. Und eine grüne Partei, die die Umwelt erhalten will und sich zum Grundwert der Gewaltfreiheit bekennt, muss den Rohstoffimperialismus ablehnen.

Energieeinsparung und geringerer Ressourcenverbrauch sind in Zukunft entscheidende Grundlagen der Friedenssicherung in der Welt. Der Staat, der in der Solartechnik oder bei den neuen Brennstoffzellen für Autos einen entscheidenden Durchbruch erzielt, leistet einen nicht hoch genug einzuschätzenden Beitrag zum Weltfrieden. Die Energiewende ist in allen Industriestaaten das Gebot der Zukunft.

Die amerikanische Politik versuchte lange Zeit ohne Russland das Öl- und Gasgeschäft im Gebiet des Kaspischen Meeres zu machen. Die Schwierigkeit bestand darin, neue Leitungen zu verlegen. Über 70 Jahre lang waren alle Verbindungen, alle Straßen,

Eisenbahnlinien und Pipelines in Richtung Russland gebaut worden. Jetzt ging es darum, von Zentralasien Verbindungen zum Arabischen Meer, zum Indischen Ozean, zum Mittelmeer und nach China aufzubauen. Anfang der neunziger Jahre schätzten die USA die kaspischen Ölreserven auf 100 Milliarden Barrel und die Gasreserven auf 66 Milliarden Kubikmeter. Zum Vergleich: Die Ölreserven der USA werden auf 22 Milliarden Barrel und die Gasreserven auf 84 Milliarden Kubikmeter geschätzt. Entsprechend brauchen auch die vielen Anrainerstaaten Afghanistans Pipelines, um ihre Gas- und Ölfelder zu erschließen. Afghanistan ist der Dreh- und Angelpunkt des großen Spiels um Gas und Öl, an dem sich auch Länder wie Pakistan, der Iran und die Türkei beteiligen.

Russland selbst hatte es nicht geschafft, die USA aus seinem zentralasiatischen Vorgarten herauszuhalten. Für die Amerikaner wollte die Firma Unocal, die zwölftgrößte Ölfirma der USA, das Business machen. Sie hatte Erfahrung in Asien und war in Pakistan tätig. Zum Partner für ihre Pläne hatte Unocal die saudische Firma Delta Oil Company gewonnen. Auch die größte russische Gasgesellschaft Gazprom nahmen die Amerikaner mit ins Boot. Berater der Firma war unter anderem der ehemalige Außenminister Henry Kissinger. Als die Taliban im September 1996 Kabul besetzten, meinte der Unocal-Vizepräsident Chris Taggert, das Pipelineprojekt könne jetzt realisiert werden, weil die USA und Pakistan die Taliban unterstützten. Islamabad brauchte zudem dringend neue Quellen zur Gasversorgung. Doch die Verhandlungen zogen sich hin. Die Unocal erkannte, dass Voraussetzung für eine Pipeline eine anerkannte Regierung in Kabul war. Auch sorgte die feministische Bewegung Amerikas dafür, dass Unocal nicht einfach ohne Öffentlichkeit agieren konnte. Die Feministinnen verlangten von der Ölfirma, das Projekt so lange aufzugeben, wie die Taliban die afghanischen Frauen unterdrücken. Die Bombardierung von Bin Ladens Lager im August 1998 durch die Vereinigten Staaten zwang Unocal, seine

Mitarbeiter aus Afghanistan abzuziehen. Mittlerweile haben die Russen Kasachstan an das eigene Pipelinenetz angeschlossen. So wie sich die Dinge jetzt entwickeln, ist davon auszugehen, dass Amerikaner und Russen bei der Erschließung der Ölfelder im Bereich des Kaspischen Meeres zukünftig zusammenarbeiten.

Die Tränen des Teufels

Der vierte arabisch-israelische Krieg 1973 bestärkte die USA in der Auffassung, es sei eine militärische Aufgabe, die Energiequellen zu sichern. Am Yom Kippur, dem Versöhnungsfest und höchsten jüdischen Feiertag, hatten Ägypten und Syrien überraschend Israel überfallen. Die Israelis starteten eine Gegenoffensive und warfen die Angreifer zurück. Am 25. Oktober kam es zum Waffenstillstand. Eine Woche zuvor hatten die ölfördernden arabischen Länder beschlossen, die Rohölproduktion zu drosseln, bis sich Israel aus den besetzten arabischen Gebieten zurückzieht. Fahrverbot, Tempolimit, autofreie Sonntage, Einschränkungen des Flugverkehrs und Produktionsausfälle in den Industriestaaten waren die Folge. Man sprach von der »Ölwaffe«. Die Weltwirtschaft geriet in eine Krise. Interessanterweise verweigerte die Regierung des sozialdemokratischen Kanzlers Schmidt damals Amerika die uneingeschränkte Solidarität. Sie entschied, keine Waffen an eine der Krieg führenden Parteien zu liefern. Washington sah darin einen Abgrenzungsversuch gegenüber Amerika.

Erdöl ist der Treibstoff der Globalisierung. Mit einem Anteil von 40 Prozent – vor Kohle und Gas mit je 25 Prozent – ist Öl zurzeit die wichtigste Energiequelle der Welt. Nach jüngsten Berechnungen der BP sind die US-Ölvorräte in zehn Jahren erschöpft. Um so wichtiger werden für Amerika die Ölvorräte des Nahen Ostens. Saudi-Arabien verfügt beispielsweise über 25 Prozent der bekannten Weltvorräte an Öl. Lieferunterbrechungen aus dem Nahen Osten sind für den amerikanischen Handelsminister eine Bedrohung der nationalen Sicherheit. Kurzfristige Versorgungsprobleme sind zwar ausgeschlossen, weil die nationalen Ölreserven einen Importausfall von 90 Tagen ausgleichen, aber dann wird es kritisch. Eine andere Gefahr: Die wachsende Motorisierung Chinas führt nach Schätzungen des US-Energieministeriums dazu, dass das Reich der Mitte in 20 Jahren so viel Benzin verbraucht wie heute Westeuropa. Unter diesem Gesichtspunkt werden die Ölvorräte im Umfeld des Kaspischen Meeres immer interessanter.

Welche Instabilitäten vom Öl ausgehen – John Davidson Rockefeller nannte es die »Tränen des Teufels« –, zeigte sich im Herbst 2001. Der Ölpreis war auf 16 Dollar pro Barrel gefallen. Befürchtungen wurden laut, dass das saudi-arabische Königshaus durch den Aufstand radikaler Muslime bedroht sei. Die Saudis haben, wenn der Ölpreis unter 20 Dollar fällt, Schwierigkeiten, ihren Gesellschaftsvertrag mit dem eigenen Land zu finanzieren. Dieser besteht aus Steuerfreiheit, einem großzügigen Sozialwesen und gut bezahlten Arbeitsplätzen. Es ist bekannt, dass vor allem bei den niederen Offiziersrängen viele mit einem Umsturz des Königreichs sympathisieren. Ein Staatsstreich könnte den Ölpreis sehr schnell wieder nach oben schießen lassen. Experten rechnen in diesem Fall mit einer Verdoppelung oder Verdreifachung.

Erschwerend kommt Folgendes hinzu: Der Ölpreis wird heute nicht mehr von Angebot und Nachfrage, sondern von Derivaten an der Wall Street und in der Londoner City bestimmt wird. Ein starker Anstieg des Ölpreises hätte die Weltwirtschaft im Jahre 2001 weiter in Schwierigkeiten gebracht. Wie gerufen kam die Hilfe Russlands, als die Organisation Erdöl exportierender Länder (OPEC) im Dezember 2001 durch eine Einschränkung der Förderung den Ölpreis nach oben bringen wollte. Die Russen waren als drittgrößte Ölmacht der Welt nicht bereit, ihre Förderung zu reduzieren. Im Wiener Hauptquartier der OPEC bezeichnete man dieses russische Vorgehen als »schändlich«. Aber die Russen wollten nicht nur den neuen Partnern einen Gefallen tun, sie sind auch auf die Öleinnahmen angewiesen. Die Auslandsschulden von 145 Milliarden Dollar lasten auf ihrer Wirtschaft, die sich langsam erholt hatte und deren Zahlungsbilanz 2001 wieder im Plus war.

Für die Industriestaaten ist es günstig, bei der Stabilisierung des Ölpreises nicht nur auf das arabische Königshaus angewiesen zu sein. Die Zusammenarbeit mit Russland hat neue Perspektiven eröffnet. Das gilt auch, wie wir gesehen haben, für das heiß begehrte Öl und Gas in der Region um das Kaspische Meer. Nun muss man nicht mehr unbedingt neue Pipelines durch Afghanistan bauen. Mehr als andere hatte der amerikanische Vizepräsident Dick Cheney als Chief Executive von Haliburton International, einem amerikanischen Öl- und Konstruktionskonzern, dieses Ziel verfolgt. Dabei hatte er geklagt, Gott habe es versäumt, Öl und Gas dort im Boden anzureichern, wo es demokratische Regime gebe. »Wir gehen dorthin, wo das Business ist«, sagte er unbeeindruckt. Es passte in die Strategie Amerikas, dass durch den neuen Partner Russland der Anteil der OPEC am Ölexport von 40 auf 34 Prozent zurückgegangen war.

Während die Linke in den Industriestaaten es schlicht versäumt hatte, den Zusammenhang zwischen der Energieversorgung und dem Afghanistankrieg herzustellen, meldete Radio Vatikan im Dezember 2001, die brasilianischen Bischöfe seien der Meinung, die Militäraktionen der USA in Afghanistan hätten in erster Linie das Ziel, die Kontrolle über die Öl- und Gastransportrouten zu erlangen. In einem Papier der Bischofskonferenz hieß es, die Gas- und Ölreserven in Zentralasien und im Kaspischen Meer wären für den Westen eine Alternative, wenn in 20 Jahren die Ölvorräte im Mittleren Osten zu Ende gingen. Durch den Afghanistankrieg sei es schwer geworden, für einen gerechten Weltfrieden einzutreten. Nicht der Religionskonflikt führe zu Terror und Krieg, sondern Machtinteressen.

Wie Recht Rockefeller hatte, als er das Erdöl »Tränen des Teufels« nannte, zeigen zwei weitere Beispiele. In einem Gerichtsverfahren gegen den ehemaligen Präsidenten von Kongo, Pascal Lissouba, wurde der Politiker zu 30 Jahren Haft wegen Hochverrats verurteilt. Er hatte dem amerikanischen Ölkonzern Occidental Petroleum Corporation (Oxy) 50 Millionen Barrel Öl für den Preis von 3 Dollar je Fass verkauft. Der Preis lag aber beim Vertragsabschluss 1993 bei 14 Dollar. Lissouba brauchte das Geld aber sofort, um seinen Wahlkampf zu finanzieren. Später wurde der amerikanische Konzern von Elf Aquitaine ausgebootet. Die Präsidentschaft von Lissouba endete 1997 nach einem fünf Monate dauernden brutalen Bürgerkrieg. Durch diesen kam der ehemalige General Denis Sassou-Nguesso an die Macht. Als erster besuchte ihn Philippe Jaffré, der den in Deutschland bestens bekannten Loïk Le Floch-Prigent als Vorstandsvorsitzenden von Elf Aquitaine abgelöst hatte. Der französische Konzern war auf Nummer Sicher gegangen und hatte beide Bürgerkriegsparteien finanziell unterstützt.

Auch der für das Weltklima so wichtige Amazonas-Regenwald wird von den Energiemultis weiter zerstört. Mitten in diesem Gebiet soll, wie Greenpeace berichtete, Öl gefördert werden. Dafür müssen Brunnen, Hubschrauberlandeplätze, Zufahrtsstraßen, Pipelines, Pumpstationen und Tanks gebaut werden. Eine Erdölleitung soll vom Amazonasbecken über die Anden zum Pazifikhafen Esmeralda geführt werden. Große Flächen seltenen Urwalds werden dadurch zerstört. Die Trassenführung geht durch sieben Naturschutzgebiete. Finanzier ist zusammen mit anderen die Westdeutsche Landesbank.

Die reichen Länder müssen teilen

Wenn die westlichen Industriestaaten den Terrorismus bekämpfen wollen, dann dürfen sie den Rest der Welt nicht als Rohstoffquelle und Absatzmarkt betrachten. Vielmehr müssen sie darüber nachdenken, inwieweit sie durch ihr eigenes Verhalten Menschen zur Verzweiflung treiben. Nach den Terroranschlägen in New York und Washington sagte Präsident George W. Bush: »Wir werden die Terroristen auch durch die Schaffung von Wohlstand bekämpfen.« Wenn das ernst gemeint ist, dann müssen die reichen Länder ihre Politik gewaltig ändern, vor allem die Vereinigten Staaten. Washington gibt am meisten für das Militär und am wenigsten für die Entwicklungshilfe aus. 1999 waren es gerade einmal 0,1 Prozent des Sozialprodukts. Vorbildlich verhielten sich die Niederlande mit 0,79 Prozent, Dänemark mit 1 Prozent und Schweden und Norwegen mit 0,7 beziehungsweise 0,91 Prozent. Die Deutschen brachten es auf 0,26 Prozent ihres Bruttosozialprodukts. Die gesamten Entwicklungshilfeausgaben betragen derzeit 50 Milliarden Dollar. Würden sie auf 100 Milliarden Dollar erhöht, dann könnte man nach Berechnungen der Weltbank die Armut auf dieser Erde deutlich verringern. 50 Milliarden Dollar mehr, um Krieg zu führen, das geht sofort, aber für die Bekämpfung des Hungertodes bringt die zivilisierte Welt, von der nach dem 11. September soviel die Rede war, das Geld nicht auf. Und würden die reichen Staaten die Handelsbarrieren fallen lassen, dann hätten die armen Länder 100 Milliarden Dollar mehr zur Verfügung – das errechnete die Hilfsorganisation Oxfam International.

Die Hälfte der Weltbevölkerung muss mit weniger als zwei

Dollar am Tag auskommen. Jedes Jahr sterben Millionen Menschen, weil es ihnen am Nötigsten fehlt. Die UNICEF gibt die Zahlen der täglich sterbenden Kinder unter fünf Jahren mit 30 000 an. Viele überleben nicht, weil sie Masern, Malaria, Tuberkulose oder Aids haben, obwohl diese Krankheiten verhütet oder weitgehend behandelt werden können. Das aber kostet Geld. In den ärmsten Ländern betragen die jährlichen Ausgaben für die Gesundheit elf Dollar pro Kopf. Um eine minimale Gesundheitsvorsorge aufrechtzuerhalten, wären aber 33 Dollar nötig. Die fehlenden 20 Dollar müssten von den reichen Ländern kommen. Diese sind dazu aber nicht bereit. Der schwedische Bestsellerautor Henning Mankell kritisiert den Mangel an Hilfsbereitschaft auf der Erde. Man könne alle Kinder dieser Welt, so Mankell, mit dem Geld ernähren, das in Europa jährlich für Katzen- und Hundefutter ausgegeben wird.

Auch ein Schuldenerlass würde den armen Ländern sehr helfen. Wegen des Schuldendienstes flossen 1999 insgesamt 340 Milliarden Dollar aus dem armen Süden in den reichen Norden. Umgekehrt gaben die reichen Länder nur 264 Milliarden Dollar an die armen Länder zurück, darunter 219 Milliarden Dollar von privaten Geldgebern und 45 Milliarden Dollar von öffentlichen Stellen. Das ist ein Skandal.

Der Schuldengipfel der G7-Staaten 1999 in Köln war ein Schritt in die richtige Richtung. Aber dann kam der Krieg in Afghanistan. Er verschlang pro Monat eine Milliarde Dollar. Auch der Irakkrieg war äußerst kostenträchtig. Wenn Kriege finanziert werden müssen, denkt man nicht mehr an Schuldenerlass. Die Amerikaner glaubten, der freie Welthandel löse die Armutsprobleme. Arme Länder profitieren vom Handel aber nur, wenn ihnen die Märkte der reichen Länder geöffnet werden. Das ist aber in vielen Bereichen, vor allem im Agrar- und Textilsektor, nicht der Fall. Zudem müssen die armen Länder durch Finanzhilfen des Westens in die Lage versetzt werden, eine Exportwirtschaft aufzubauen. Wo der Boden unfruchtbar geworden ist und wo sich Krankheiten vermehrt ausbreiten, stößt der wirtschaftliche Aufbau auf Schwierigkeiten. Armut führt oft zu Staatsversagen, das heißt zu Revolutionen und Bürgerkriegen. Diese sind der Nährboden für den Terrorismus. In Ländern ohne staatliches Gewaltmonopol nützt es auch nichts mehr, neue Schulen, Brücken oder Straßen fertig zu stellen, weil sie von den Kriegsparteien sofort wieder zerstört werden. Man muss mit dem Aufbau von Polizei, Justiz und einer funktionierenden Verwaltung beginnen.

Eine Änderung der Politik in den Industriestaaten ist auch deshalb unausweichlich, weil die Weltbevölkerung weiter wächst. Seit 1960 hat sie sich von drei auf sechs Milliarden verdoppelt. Die sich ausbreitende Menschheit hinterlässt immer deutlichere Spuren in der Natur. Pflanzen und Tierarten sterben aus, Böden werden unfruchtbar. Die Wasservorräte werden geringer und die Klimabelastung führt zum Abschmelzen des Eises an den Polkappen. Der 2001 veröffentlichte Weltbevölkerungsbericht kommt zu dem Ergebnis, dass in 50 Jahren zwischen acht und elf Milliarden Menschen auf der Erde leben. Und das, obwohl heute schon Nahrungsmittelmangel, Wasserknappheit und Landflucht das Dasein in den armen Ländern erschweren. Es hungern dort viele, weil es ihnen an Kaufkraft fehlt, 815 Millionen Menschen sind unterernährt. Wertvolles Ackerland muss Fabrikhallen, Straßen und Wohnhäusern weichen. Die Getreideerträge wachsen langsamer als die Weltbevölkerung. Und die Weltmeere sind teilweise überfischt. Während eine Reihe von Ländern in der Dritten Welt ihre Militärausgaben steigerte, sank der Anteil ihrer Staatsausgaben für die ländliche Entwicklung.

An sich wäre für alle Menschen auf der Erde genug zu Essen da. 327 Milliarden Dollar gaben die OECD-Länder (OECD = Organisation for Economic Co-operation and Development) zur Förderung ihres Agrarsektors aus. Aber es gelingt nicht, Nahrungsmittel in ausreichender Menge in die Hungergebiete zu transportieren. Es wird eingewandt, solche Wohltätigkeit würde nur die einheimische Produktion schädigen. Auch gewöhne man die Menschen daran, Almosenempfänger zu sein. Dazu kämen technische und finanzielle Schwierigkeiten, die einer Versorgung der Hilfesuchenden im Wege stünden.

Bislang bleibt in 64 von 105 Entwicklungsländern die Nahrungsmittelproduktion hinter dem Bevölkerungswachstum zurück. Die Entwicklungsländer könnten Zeit für die Lösung ihrer Probleme gewinnen, wenn die Bevölkerung weniger stark zunähme. 120 Millionen Frauen, die eigentlich verhüten wollen, haben keinerlei Zugang zu Kondomen oder der Pille. Hier wäre ein Ansatz, sinnvolle Entwicklungshilfe zu leisten. Aber noch immer wird Familienplanung mit spitzen Fingern angefasst.

Wir brauchen eine Weltwirtschaftspolitik

Die reichen Industriestaaten sind leichter dazu zu bewegen, den Entwicklungsländern zu helfen, wenn sich ihre eigene Wirtschaft in guter Verfassung befindet. Genau das war aber nach den Terroranschlägen vom 11. September 2001 nicht der Fall. Die amerikanische Ökonomie befand sich in einer Rezession, die japanische kränkelte schon seit Jahren. Schwellenländer wie Argentinien oder die Türkei drohten, eine neue Weltfinanzkrise auszulösen. Nachdem das Wachstum in Europa im Jahr 2000 kräftig zugelegt hatte, ging es auch im Alten Kontinent im darauf folgenden Jahr bergab. So wie in der Außenpolitik Unilateralismus und die Verfolgung eigener Interessen modern waren, so war es auch in der Wirtschaftspolitik gängig, sich der Forderung nach internationaler Zusammenarbeit zu entziehen. Dabei erfordert gerade die Globalisierung eine koordinierte Weltwirtschaftspolitik. Zwar wurde eine internationale Zusammenarbeit mit vielen Worten auf ungezählten Gipfeln beschworen, wenn es aber zur Sache ging, machte jeder Staat das, was im vermeintlichen Interesse der eigenen Wirtschaft und der immer einflussreicheren Finanzindustrie lag. Es schien so, als seien die Anschläge vom 11. September notwendig gewesen, um der Forderung nach globaler wirtschaftlicher Zusammenarbeit Nachdruck zu verleihen. Die Hauptfelder einer internationalen Zusammenarbeit liegen im Bereich der Geld- und Fiskalpolitik. Die Finanzmärkte sind derart krisenanfällig geworden, dass es ohne eine Zusammenarbeit der Industriestaaten und ihrer Notenbanken nicht mehr geht.

Nach dem 11. September wurde viel darüber spekuliert, was

das Motiv der Attentäter gewesen sei. Ohne Zweifel fördert die zunehmende wirtschaftliche Ungleichheit den Terror. Die 385 reichsten Menschen der Welt verfügen über ein Vermögen, das größer ist als das gemeinsame Einkommen von 2,3 Milliarden Menschen, also fast 40 Prozent der Weltbevölkerung. Wenn man solche Zahlen liest, will man sie nicht glauben. Die weltweite Durchsetzung des Washington-Konsensus – freie Kapital- und Gütermärkte, Priorität der Preisstabilität, ausgeglichener Haushalt und Privatisierung öffentlicher Betriebe – führt zu Gewinnern und Verlierern. Rund drei Milliarden Menschen in 24 Ländern haben nach einer Studie der Weltbank in den vergangenen zehn Jahren vom wachsenden Welthandel profitiert. Diese Länder verzeichneten in den neunziger Jahren Wachstumsraten von rund fünf Prozent, die Lebenserwartung und das Ausbildungsniveau der Menschen stiegen an. Die Studie der Weltbank relativiert sich, wenn man bedenkt, dass bei den drei Milliarden die Chinesen und Inder mitgezählt wurden, die sich bisher weigerten, Wechselkurse und Kapitalverkehr freizugeben. Rund zwei Milliarden Menschen in Afrika, im Nahen Osten und in der ehemaligen Sowjetunion hat die Globalisierung nichts gebracht. In diesen Ländern ging die Wirtschaftsleistung zurück und die Armut wurde größer. Zwar verweist der Weltbankbericht berechtigterweise auf die Schuld der oft korrupten Regierungen dieser Länder, aber zweifellos gehen von der globalen Deregulierung der Märkte wirtschaftliche Gefahren aus. Das gilt vor allem für die Finanzmärkte, deren Krisen zu Hunger, Armut und Arbeitslosigkeit in vielen Ländern führen.

Nach dem 11. September wurde auch oftmals gefragt, ob die Anschläge in New York und Washington durch dubiose Banken und nicht minder dubiosen Praktiken der Geldwäsche finanziert worden seien. Während die Menschen im World Trade Center und im Pentagon starben, waren offensichtlich lukrative Insidergeschäfte gemacht worden. Den Börsenaufsehern waren Kurseinbrüche von Aktien der Versicherungsunternehmen, Luftfahrtgesellschaften, Banken und Touristikfirmen schon vor dem 11. September aufgefallen. Bundesbankpräsident Ernst Welteke sagte, man bekäme schon »Falten auf die Stirn, wenn man sich die Kursbewegungen vor und nach den Anschlägen anschaut«. Aufgeklärt wurden diese Kursschwankungen bislang nicht.

Noch im Juni des Jahres 2001 hatte sich die US-Regierung aus der Kampagne führender Industrieländer gegen Steuerhinterziehung und Geldwäsche zurückgezogen. Nach den Anschlägen änderte sie auch hier eine Zeit lang ihre Haltung. Präsident Bush teilte mit, die Bankverbindungen von 27 Personen und Organisationen aus dem Umfeld des mutmaßlichen Terroristen Osama Bin Laden gesperrt seien worden. Offensichtlich hatte man lange den Bewegungen auf verdächtigen Konten tatenlos zugeschaut. Ein ähnliches Bild zeigte sich in Deutschland. Plötzlich entdeckte man 13 Konten aus dem näheren Kreis Bin Ladens, die eingefroren wurden. Eher eigenartig wirkte es in diesem Zusammenhang, dass die einflussreiche amerikanische Heritage Foundation die Entwicklungshilfe als Finanzierung des Terrorismus kritisierte. Es könne nicht angehen, so meinten die Mitarbeiter der Foundation, dass europäische Staaten den »Schurkenstaaten« – aus amerikanischer Sicht sind es nach Saddam Husseins Sturz noch sechs: Iran, Libyen, Sudan, Syrien, Kuba und Nordkorea – Entwicklungshilfe gäben. Die Studie räumte ein, auch US-Gelder seien an Nordkorea und den Sudan geflossen. Aber zukünftig müsse, so das Ergebnis der Foundation, die Entwicklungshilfe in die Antiterrorplanung der USA einbezogen werden. Es wäre vielleicht sinnvoller, wenn die Stiftung einmal darüber nachdenken würde, was die Waffenlieferungen mit der Entwicklung des Terrorismus zu tun haben. Und es wäre noch sinnvoller, wenn sie eine Studie darüber anstellen würde, in welchem Umfang der internationale Terrorismus das Weltfinanzsystem mit Steueroasen und Spekulationsgeschäften nutzt, um seine Aktivitäten zu finanzieren.

Obwohl der Volksmund sagt, Geld regiert die Welt, wird die

Rolle der Notenbanken in der Weltwirtschaftspolitik zu wenig diskutiert. Als die Terroranschläge den wirtschaftlichen Niedergang zu verschärfen drohten, kooperierten die Notenbanken, um die Liquidität der Finanzmärkte sicherzustellen. Gleichzeitig kam es zu abgestimmten Zinssenkungen, die das Ziel hatten, Kursausschläge an den Aktien- und Anleihemärkten zu dämpfen.

Die wichtigste Aufgabe der Weltwirtschaftspolitik ist es, die Wechselkurse zu stabilisieren. Weil sie mit ihren schwankenden Wechselkursen schlechte Erfahrungen gemacht hatten, schufen die Europäer die Währungsunion. Sie hat sich in den letzten Jahren bewährt. Vorläufer der Währungsunion war die europäische Währungsschlange. In ihr waren Bandbreiten vereinbart, innerhalb derer die einzelnen Währungen schwanken konnten. In diesem Sinne hatte ich als Bundesfinanzminister für die drei Leitwährungen der Welt, den Dollar, den Euro und den Yen, Wechselkursziele vorgeschlagen. Ich ahnte nicht, in welches Wespennest ich gestochen hatte. Die Finanzindustrie der Welt machte gegen dieses ihre Geschäfte schädigende Reformvorhaben mobil. Bundeskanzler Schröder bekam beim Lesen der Fachkommentare in der neoliberalen Wirtschaftspresse weiche Knie. Diese berief sich – wenn sie meine Vorschläge madig machen wollte – auf den »sachkundigen« damaligen amerikanischen Finanzminister Bob Rubin, der von der Wall Street kam und mittlerweile wieder dorthin zurückging. Seinen »Sachverstand« bewies er, als im September 2000 die Citibank, in deren Vorstand er sitzt, große Euro-Käufe tätigte, bevor die Zentralbanken zugunsten des Euro intervenierten. Wer alte Freunde in der amerikanischen Notenbank (FED) hat, kann schnell Millionen machen. Kein Gesetz der Welt bestraft dieses Insider-Geschäft. Wir brauchen bald verbindliche Regeln gegen solch schamlose Spekulationsgeschäfte.

Der Wirtschaftsnobelpreisträger Robert Mundell sagte, die Forderungen des Finanzministers Lafontaine seien von Rubin übel genommen worden, weil sie richtig waren. Er ist dafür, den

Dollar und den Euro in einer Bandbreite von 0,85 bis 1,15 Dollar festzuhalten. Für die FED wäre nichts leichter als das. Sie könnte zusätzliche Devisenreserven in Euro ohnehin gut gebrauchen. Durch deren Kauf würde der Euro teurer und gleichzeitig würde mehr Liquidität in das System gepumpt. Den Einwand, Wechselkursziele seien eine willkommene Zielscheibe für Spekulanten, lässt der Nobelpreisträger nicht gelten. Die Spekulanten würden es seiner Meinung nach nicht wagen, anzugreifen, wenn sie sicher wären, dass die Notenbanken es ernst meinen. Der milliardenschwere Investmentguru George Soros habe 1992 nur deshalb das Pfund aus dem europäischen Währungssystem katapultieren können, weil die Bundesbank und die englische Zentralbank im Streit lagen. Hätten sie gemeinsam einen Mindestkurs für das Pfund definiert und verteidigt, dann hätte Soros keine Chance gehabt. Mundell sieht in den schwankenden Wechselkursen eine Quelle der Instabilität. Für ihn sind die Schwankungen des Euro-Dollar-Wechselkurses in den vergangenen Jahren wirtschaftlich nicht gerechtfertigt gewesen. Mit freien Wechselkursen importiere man nur die Instabilität der Finanzmärkte in die Realwirtschaft. Beispiel: Das Weltbruttosozialprodukt beträgt 40 Billionen Dollar. Seit 1975 wuchs es um 140 Prozent. Im gleichen Zeitraum hat sich der Welthandel vervierfacht aber der internationale Kapitalverkehr verdreißigfacht. Diese Devisentransaktionen seien überflüssig, wenn nicht gar Verschwendung, meint der Nobelpreisträger.

Der Einführung einer Tobin-Steuer, bei der der Wechsel von einer Währung in eine andere mit einer geringen Steuer belegt wird, um größere Kursschwankungen zu vermeiden, steht Mundell skeptisch gegenüber. Es sei zwar richtig, dass das internationale Finanzsystem schlecht arbeite und viele Probleme schaffe, aber die Devisenumsätze würden von Menschen getätigt, die sich gegen Risiken absichern wollten. Man muss wohl hinzufügen, dass es nicht nur um Risikoabsicherung, sondern auch um Spekulation und Gewinnstreben geht. Mundell hält es für sinnvoller, das System zu ändern. Die Weltwährung müsste demnach der Dollar sein, die Länder, die mit ähnlichen Inflationsraten arbeiten, sollten ihre Währungen an diesen binden. Sein Traum ist eine Euro-Dollar-Yen-Währungsunion, bei der flexible durch fixe Wechselkurse ersetzt würden. In der Euro-Zone sei das seiner Ansicht nach mit Erfolg geschehen. Bis dahin wäre eine Zusammenarbeit der Notenbanken bei Devisenmarktinterventionen notwendig. Exakt diese Position vertraten meine Staatssekretäre Heiner Flaßbeck und Claus Noé sowie der Währungsexperte Professor Wolfgang Filc als zuständiger Abteilungsleiter auf nationaler und internationaler Ebene. Nach meinem Rücktritt verzichtete Hans Eichel auf die Mitarbeit dieser Ökonomen. Wall Street und Londoner City atmeten auf. Rot-Grün war vor dem internationalen Finanzkapital in die Knie gegangen. Von Deutschland ging keine Gefahr mehr aus.

Anfang Januar 2002 quälte die Amerikaner der niedrige Yen-Kurs. Die amerikanischen Stahlkocher beschwerten sich und die Autohersteller hofften inständig, dass der Yen seine Talfahrt bald beende. Die US-Industrie vermutete ein abgekartetes Spiel. Japan wolle sich mit einer unterbewerteten Währung aus der Krise retten. Der schwache Yen war aber nicht nur für die US-Wirtschaft ein Problem, sondern mehr noch für die asiatischen Konkurrenten der Japaner, vor allem für China, Malaysia und Südkorea. Die Ostasiaten fordern daher seit langem, zu einem System stabiler Wechselkurse zurückzukehren. Japan unterstützte meine Vorschläge auf internationaler Ebene. Rückendeckung gab auch Frankreich, solange mein Freund Dominique Strauss-Kahn Finanzminister war. In einem gemeinsamen Aufsatz, der in *Le Monde* veröffentlicht wurde, hatten wir die Notwendigkeit eines stabilen Euro-Dollar-Kurses begründet. Aber die Finanzindustrie verhinderte jeden Versuch, auf den internationalen Finanzmärkten die Ordnung wiederherzustellen. Anfang 2003 wertete der Dollar um 30 Prozent gegenüber dem Euro ab. Die deutsche Exportwirtschaft bekam Probleme.

Die immer wieder aufbrechenden Finanzkrisen – nach Angaben des IWF waren es seit 1975 rund 120 – führen zu dramatischen Kursausschlägen und in der Folge zu Arbeitslosigkeit und sozialer Not in den betroffenen Ländern. Der IWF definiert eine mehr als 25-prozentige Abwertung in einem Jahr als Währungskrise. Daher haben auch die Regierungschefs auf dem Weltwirtschaftsgipfel immer wieder eine neue Weltfinanzarchitektur gefordert. Geschehen ist bisher aber wenig. Die Strukturen der Weltfinanzmärkte dienen den Interessen des Finanzkapitals.

An Wechselkursschwankungen verdienen die Banken. Die Kurssicherungsgeschäfte sind mittlerweile ein solch attraktiver Geschäftszweig geworden, dass man sie nicht mehr aufgeben möchte. Neue Risikofonds, die so genannten Hedge-Fonds, schießen wie Pilze aus dem Boden. Sie widmen sich dem spekulativen Geschäft und können Regulierung oder Kontrollen durch staatliche Instanzen nicht gebrauchen. Es versteht sich von selbst, dass solche Fonds ihren Sitz überwiegend in Steueroasen haben. Und die Finanzindustrie tut alles, um die Steueroasen am Leben zu erhalten.

Bei der Stabilisierung der Wechselkurse und der Regulierung des kurzfristigen Kapitalverkehrs entsteht der Eindruck, dass die Regierungen nicht mehr in der Lage sind, ihren Willen durchzusetzen. Woran liegt das? Es liegt an der Finanzierung der Wahlkämpfe. Da Wahlkämpfe durch Spenden der Industrie und der Wirtschaft finanziert werden, müssen die Wahlkämpfer, wenn sie erfolgreich sind, die Interessen ihrer Geldgeber befriedigen. Da zu den Geldgebern auch die Investmenthäuser und Banken der Wall Street und der Londoner City gehören, tun die amerikanischen und englischen Politiker nichts, was dazu führen könnte, die lukrativen Geschäfte dieser Geldgeber zu stören. Im Übrigen haben die Vereinigten Staaten wenig Verständnis für die Währungsprobleme und die falschen Wechselkurse anderer Länder. Der Dollar wird in aller Welt akzeptiert. Es ist für Amerika weniger interessant, wie gerade der Dollarkurs steht. Wichtige Waren, vor allem das Erdöl, werden in dieser Währung abgerechnet. Warum sollten sich die USA da für eine Regulierung der Wechselkurse stark machen? Doch nützt eine stabilere Weltwirtschaft Amerika ebenfalls. Und: Auch die Terroristen haben gelernt, die Möglichkeiten der internationalen Finanzmärkte zu nutzen.

Eine Tobin-Steuer gegen die Spekulanten

Am 6. September 2001 beschlossen Deutschland und Frankreich eine Arbeitsgruppe einzusetzen, um die Politik beider Länder zur Globalisierung zu koordinieren. Vorher hatten der französische Ministerpräsident Lionel Jospin und Bundeskanzler Gerhard Schröder schon ihre Sympathie für die Tobin-Steuer zu erkennen gegeben. Gleichzeitig wiesen ihre Finanzminister Laurent Fabius und Hans Eichel aber darauf hin, dass hinsichtlich der Einführung der Tobin-Steuer eine Reihe von Bedenken bestünden. Der *Spiegel* schrieb: »Intern haben sich Paris und Berlin längst darauf verständigt, das Projekt still und leise zu beerdigen.«

Die Regierungen hätten besser daran getan, eine Arbeitsgruppe einzusetzen, die Vorschläge für die politische Umsetzung hinsichtlich der Forderungen macht, die von den Globalisierungskritikern gestellt werden. Der Widerstand gegen diese kommt vor allem aus Washington und London. Über 30 Prozent der Devisenumsätze der Welt werden in London und 16 Prozent werden in den USA gemacht. Die Wall Street und die Londoner City sind bei der Gestaltung der Regeln der Finanzminister einflussreicher als der englische Premierminister oder der amerikanische Präsident. Die Tobin-Steuer wurde 1972 vorgeschlagen, um Sand ins Getriebe der Finanzmärkte zu streuen. Damals war die tägliche Währungsspekulation vergleichsweise gering. Heute sind es schätzungsweise 1,5 Billionen Dollar.

Im Grunde genommen geht die Tobin-Steuer auf den britischen Ökonom John Maynard Keynes zurück. In seinem Klassiker »Allgemeine Theorie der Beschäftigung, des Zinses und des Geldes« schreibt er: »Auf einem der größten Investitionsmärkte der Welt, nämlich New York, ist der Einfluss der Spekulationen ungeheuer ... Wenn die Kapitalentwicklung eines Landes das Nebenerzeugnis der Tätigkeiten eines Spielsaales wird, wird die Arbeit voraussichtlich schlecht getan werden ... Die Einführung einer beträchtlichen Umsatzsteuer auf alle Abschlüsse dürfte sich als die zweckmäßigste, verfügbare Reform erweisen, um die Vorherrschaft der Spekulation über die Unternehmungslust in den Vereinigten Staaten abzuschwächen.« Das Buch erschien 1936. Keynes hatte schon damals erkannt, dass das tägliche Roulettespiel an den Börsen und Finanzmärkten die Wirtschaft destabilisiert. Er war seiner Zeit weit voraus.

Es würde sich heute anbieten, den Wechsel von einer zur anderen Währung mit einer geringen Steuer zu belegen. Diejenigen, die täglich mit großen Summen auf die kleinsten Unterschiede bei den Devisenkursen spekulieren, würden die Lust an diesen Aktionen verlieren. In der Folge käme es zu einer Stabilisierung der Wechselkurse. Für volkswirtschaftlich sinnvolle Investitionen wäre der niedrige Steuersatz einer Tobin-Tax zudem kein Hindernis. Die Diskussion um die von den Globalisierungskritikern geforderte Besteuerung der Devisengeschäfte ist mittlerweile weitergegangen. Neben ihr wird eine zusätzliche Spekulationssteuer in Entwicklungsländern vorgeschlagen, die dann greift, wenn der Wechselkurs des jeweiligen Landes bestimmte Bandbreiten überschreitet. Die Tobin-Tax ist machbar, sie würde ihren Zweck erfüllen und die Wechselkurse stabilisieren. Aber das Finanzkapital will Profite, auch wenn die Weltwirtschaft aus den Fugen gerät.

Internationaler Währungsfonds im Dienst der Finanzhaie

Im Zentrum der Kritik der weltweiten Protestbewegung stehen der Internationale Währungsfonds (IWF) und die Weltbank. Das hat Gründe. Der IWF geht wie die Tobin-Tax auf die Ideen des genialen Ökonomen John Maynard Keynes zurück. Keynes sah in der steigenden Arbeitslosigkeit ein Marktversagen. Das Versagen der Märkte, so seine Überzeugung, könne durch Eingriffe des Staates korrigiert werden. Er widersprach damit den Vertretern der reinen Lehre, die glaubten, in der Marktwirtschaft stelle sich langfristig immer ein Gleichgewicht ein, auch bei den Löhnen und der Beschäftigung. Keynes meinte, so lange könnten die Arbeitslosen nicht warten. Berühmt ist sein Satz: »In the long run we all are dead« – langfristig sind wir alle tot. Er schlug vor, dem Marktversagen nicht nur auf nationaler, sondern auch auf internationaler Ebene entgegenzuwirken. Schon in der ersten Hälfte des letzten Jahrhunderts war die Weltwirtschaft in zunehmendem Maße verflochten. Der wirtschaftliche Niedergang eines Landes hatte Auswirkungen auf die Volkswirtschaften der Handelspartner. Der IWF sollte durch die Bereitstellung von Krediten den Ländern, die vor einer Rezession standen und nicht über ausreichend eigene Mittel verfügten, helfen, die wirtschaftliche Gesamtnachfrage zu stabilisieren. Die Weltbank sollte den wirtschaftlichen Aufbau finanzieren. Da der freie Kapitalverkehr auch zur damaligen Zeit zu stark schwankenden Wechselkursen führte, plädierte Keynes für seine Regulierung. Er sah darin eine Voraussetzung für stabilere Wechselkurse. Der

Internationale Währungsfonds war also nach dem Willen seiner Gründer eine Feuerwehr. Immer dann, wenn es wirtschaftliche Schwierigkeiten gab, sollte er eingreifen, um die Weltwirtschaft zu stabilisieren. Mit der Freigabe der Wechselkurse und dem Zusammenbruch des Systems von Bretton Woods – einem kleinen Ort im amerikanischen New Hampshire, in dem die Einrichtung des Weltfinanzsystems im Juli 1944 beschlossen wurde – änderten sich die Rahmenbedingungen der Weltwirtschaft grundsätzlich. Die schwankenden Wechselkurse führten zum Aufblühen der Spekulation. Die Finanzindustrie wurde vor allem in den angelsächsischen Ländern zu einem der wichtigsten Wirtschaftszweige. Sie bestimmte in zunehmendem Maße die Regierungspolitik.

Da die Amerikaner im Internationalen Währungsfonds den Ausschlag geben, geriet dieser mehr und mehr unter den Einfluss der Wall Street. Das Finanzkapital ist an stabilen Preisen und Wechselkursen – bis die Anleger ihre Schäfchen ins Trockene gebracht haben – und an hohen Zinsen interessiert. Wenn die Wechselkurse purzeln, machen diejenigen Gewinne, die darauf spekuliert haben. Die Finanzhäuser sind immer dabei. In der Verfolgung dieser einander widersprechenden neuen Ziele wurde der IWF von der Feuerwehr zum Brandstifter. Er stellte den Krisenländern nicht mehr nur Kredite zur Verfügung, sondern er verband diese Kredite mit massiven Auflagen. Von den Entwicklungsländern wurden die Vertreter des Internationalen Währungsfonds wie die Offiziere einer Besatzungsarmee angesehen. Die Kreditauflagen der New Yorker Institution entmachteten Regierungen und Parlamente. In der Regel ordnete der IWF an, die Zinsen zu erhöhen, um den Wechselkurs vor einem Verfall zu bewahren. Die Staatsausgaben sollten gekürzt werden, um Preisstabilität zu gewährleisten. Dabei scheuten die Vertreter des IWF vor Einzelanweisungen nicht zurück. So schrieben sie beispielsweise vor, Subventionen für Nahrungsmittel und Benzin zu streichen und Mindestlöhne und Renten zu senken oder das Zentralbankgesetz zu ändern. Statt zur Stabilität beizutragen, verursachte der IWF Massenunruhen und Volksaufstände, bei denen Menschen ums Leben kamen.

Mit ihrer Politik beeinflussten IWF und Weltbank auch die Bedingungen der WTO für den Welthandel. Die Krisenländer wurden zum Abbau von Zöllen und Importbeschränkungen gezwungen. Die Ideologen der Marktwirtschaft sahen in der Marktöffnung das Allheilmittel für die Volkswirtschaften der weniger entwickelten Länder. Die einheimischen Produzenten hatten, wenn die jeweiligen Regierungen den Auflagen des IWF und der Weltbank folgten, der Marktmacht der internationalen Konzerne nichts mehr entgegenzusetzen. Bei der Marktöffnung wurde auch die Freiheit des Kapitalverkehrs gefordert. Fremdes Kapital aber brauchten beispielsweise die Volkswirtschaften Ostasiens am allerwenigsten. Die Tigerstaaten und Japan hatten weltweit die höchsten Sparquoten. Unter dem Schutz von Zöllen und Kapitalverkehrskontrollen bauten sie ihre Exportwirtschaft auf und investierten in Bildung und Infrastruktur. Über viele Jahre hatten sie ein enormes Wirtschaftswachstum, das nicht nur wenigen Reichen, sondern der gesamten Bevölkerung zugute kam. Der vom IWF durchgesetzte freie Kapitalverkehr zerstörte dieses asiatische Wirtschaftsmodell und lieferte die bisher schnell wachsenden Volkswirtschaften den Strömen der internationalen Kapitalbewegungen aus. Es kam zu den bekannten Blasen der Immobilienpreise und dem Verfall der Währungen. Zu den unverschämten Auflagen des Währungsfonds gehörte auch die Aufhebung der Beschränkung ausländischer Unternehmensbeteiligungen. Mit der zuvor geregelten Limitierung vermochten die sich entwickelnden Staaten den Aufkauf ihrer Unternehmen durch ausländische Konkurrenz noch zu verhindern. Als im Zuge der Ostasienkrise viele Firmen wegen der hohen Zinsen ihre Kredite nicht mehr bedienen konnten, kam es dann aber zu einer regelrechten »Schnäppchenjagd«. Finanzstarke Gruppen der westlichen Industriestaaten kauften die konkursreifen Betriebe auf. Als die Wechselkurse der Krisenländer sich wieder erholten, hatten sie einen ordentlichen Reibach gemacht.

Die Privatisierung ist ebenfalls ein großes Anliegen des IWF und der Weltbank. Vor allem Energie- und Telefonunternehmen sowie Banken, die sich im Besitz der öffentlichen Hand befinden, sollten privatisiert werden. In letzter Zeit ist sogar die Wasserversorgung in den Blickpunkt der privaten Investoren geraten. Das alles läuft auf eine Enteignung der betroffenen Länder hinaus. Preise für die Grundversorgung werden nicht mehr vor Ort festgelegt, sondern in ausländischen Konzernzentralen. Bei der rücksichtslosen Privatisierung hatte man zudem vergessen, auf den Wettbewerb zu achten. So wurde aus dem staatlichen Monopol in einigen Ländern ein privates. Die Folgen hatte die Bevölkerung zu tragen, die mit kräftigen Preiserhöhungen konfrontiert wurde. Obwohl der IWF und die Weltbank in großem Umfang in die Lebensbedingungen der Menschen eingreifen, unterliegen sie keiner demokratischen Kontrolle. Die Forderung der Globalisierungskritiker nach einer Demokratisierung der Bretton Woods-Institutionen ist begründet, da diese über die Höhe der Löhne und Renten ebenso entscheiden wie über Nahrungsmittel- und Energiepreise. Die Entwicklungsländer müssen zukünftig stärker mitbestimmen. Zwar heißt es immer wieder, die den Fonds dominierenden Industriestaaten müssten die Interessen ihrer Steuerzahler vertreten. Aber weil die Kredite zurückbezahlt werden, geht es eher um das Geld der Steuerzahler in den Entwicklungsländern. Auch die Transparenz der Kreditvergabe lässt zu wünschen übrig. Die Finanzindustrie scheut das Licht der Öffentlichkeit und wickelt ihre Geschäfte lieber hinter verschlossenen Türen oder in Steueroasen ab. Demokratie braucht aber Öffentlichkeit. Und Machtmissbrauch beginnt da, wo die Öffentlichkeit aufhört.

»Die Vorteile der Globalisierung haben sich nicht gleichmäßig verteilt, und viele der ärmsten Länder sind weiter hinter die reichsten zurückgefallen«, sagt der deutsche Direktor des IWF, Horst

Köhler. Er weiß auch, dass die Institution, der er vorsteht, einen nicht zu vernachlässigenden Anteil an dieser Entwicklung hat. Horst Köhler, ehemaliger Staatssekretär unter Ex-Finanzminister Theo Waigel, wurde im zweiten Anlauf von der rot-grünen Regierung als deutscher Direktor des Internationalen Währungsfonds durchgesetzt. Zuerst hatte die Bundesregierung versucht, den Finanzstaatssekretär Kajo Koch-Weser in dieses Amt zu bringen. Die Amerikaner legten sich aber quer. Sie waren nicht gefragt worden und wollten zeigen, wer im IWF das Sagen hat. Auch die europäischen Regierungen fühlten sich zu wenig konsultiert. Nachdem klar war, dass Koch-Weser nicht IWF-Direktor werden konnte, fiel die Wahl auf Horst Köhler. Bei diesem jämmerlichen Postenschacher wurde offenbar, dass die rot-grüne Koalition die Bedeutung dieses Amtes nicht erkannt hatte. Sie handelte so, als ginge es um die Besetzung einer Abteilungsleiterstelle beim Arbeitsamt. Der IWF-Direktor ist eine Schlüsselfigur bei der Neugestaltung der Weltfinanzmärkte und einer der wichtigsten Ansprechpartner der Globalisierungskritiker.

Zu den Aufgaben des Internationalen Währungsfonds gehörte neben der Kreditbereitstellung für in Schwierigkeiten geratene Volkswirtschaften auch das Wechselkursregime. Die Währungsparitäten wurden anfänglich als feste, gegenüber dem Gold oder US-Dollar fixierte Wechselkurse, mit Schwankungsbreiten von je einem Prozent nach oben und unten festgelegt. Die nationalen Notenbanken mussten ihre Währungen stützen, wenn diese Bandbreiten überschritten wurden. Auf- und Abwertungen von mehr als zehn Prozent mussten vom Internationalen Währungsfonds genehmigt werden. Als der amerikanische Präsident Richard Nixon in der Folge des Vietnamkrieges dieses System aufkündigte, begann die Blütezeit des internationalen Finanzkapitalismus.

Die Nachkriegszeit lässt sich in zwei Phasen aufteilen. Die erste dauerte bis Anfang der siebziger Jahre. Es war die Zeit, in der das System von Bretton Woods die Weltfinanzmärkte bestimmte. Es gab feste Wechselkurse und Kapitalverkehrskontrollen. Die zweite Phase war durch flexible Wechselkurse, den Abbau der Kapitalverkehrskontrollen und das Vorherrschen der neoliberalen Wirtschaftspolitik gekennzeichnet. Die Zeit von Bretton Woods wird von manchen Ökonomen als das Goldene Zeitalter des industriellen Staatskapitalismus dargestellt. Das Wirtschaftswachstum und die Produktivitätsentwicklung waren kräftig und die Löhne der Beschäftigten nahmen zu. Tatsächlich stiegen die Einkommen der unteren 20 Prozent am schnellsten an, während jene der oberen 20 Prozent am langsamsten wuchsen. Die zweite, deregulierte Phase der Globalisierung wird als bleiernes Zeitalter bezeichnet. Die Ungleichheiten der Verteilung sind rapide angewachsen. Einkommen steigen nur im oberen Bereich an, während sie bei den unteren 20 Prozent rückläufig sind. Das Wirtschaftswachstum und die Produktivitätsentwicklung haben sich verschlechtert. Der amerikanische Globalisierungskritiker und Linguist Noam Chomsky erläuterte das am Beispiel Amerikas: »Man will uns weismachen, hier hätte sich eine märchenhafte Wirtschaftswelt entwickelt. Das stimmt aber nur für einen sehr kleinen Teil der Bevölkerung, zu dem zufälligerweise auch jene gehören, die uns unaufhörlich diese frohe Botschaft verkünden.

Aus den oben angeführten Gründen sind die Löhne in den USA für 80 Prozent der Beschäftigten in den siebziger Jahren gesunken. Erst in der letzten Zeit sind sie auf den Stand von 1989 zurückgekehrt. Aber sie sind immer noch deutlich unter dem Niveau, das sie vor 20 Jahren hatten.« Die Amerikaner müssen heute mehr arbeiten als vor zehn Jahren, um das Gleiche zu verdienen. Sie haben weltweit die höchste Arbeitsbelastung und dabei selbst die Japaner mittlerweile überholt. Chomsky meint, das Märchen vom amerikanischen Wirtschaftswunder sei im Wesentlichen den Aktienmärkten zu verdanken. Man müsse sich aber daran erinnern, dass ein Prozent der Bevölkerung fast die Hälfte aller Anteilsscheine besitze, während die »unteren« 80 Prozent nur vier Prozent der Aktien ihr Eigen nennen könnten.

Der gewaltige Anstieg der spekulativen Kapitalbewegungen ist das eigentliche Problem der Globalisierung. Die Volkssouveränität wird praktisch unterlaufen, weil das Finanzkapital ein Vetorecht hat. Jede Wirtschafts- und Sozialpolitik, die der Bevölkerung zugute kommt, wird von den »Investoren« abgelehnt. Die Entscheidung über soziale und wirtschaftliche Fragen liegt in den Händen der wenigen, die das Finanzkapital kontrollieren. Der von New Labour propagierte »dritte Weg« läuft auf nichts anderes hinaus, als auf die Unterwerfung der Politik unter dieses System. Ehrfürchtig sagen die sozialdemokratischen Modernisierer: »Wenn wir den Sozialstaat nicht demontieren, dann bestrafen uns die internationalen Kapitalmärkte.« Auch der Stichwortgeber von New Labour, Anthony Giddens, hat diesen Zusammenhang anfangs nicht gesehen. Will man wieder sozialdemokratische Politik machen, dann muss das jetzige System der flexiblen Wechselkurse und des freien Kapitalverkehrs von einem neuen Bretton Woods abgelöst werden. Der IWF könnte dabei eine führende Rolle übernehmen.

Die 183 Mitglieder des Internationalen Währungsfonds haben ein Stimmrecht, das sich nach der Höhe der ständigen Bareinlagen des jeweiligen Landes im Währungsfonds bemisst. Deutschland verfügt über einen Stimmenanteil von 5,55 Prozent. Der von Frankreich und Großbritannien beträgt jeweils fünf Prozent. Die wichtigen Beschlüsse des Fonds müssen mit einer Mehrheit von 85 Prozent gefasst werden. Weil die Vereinigten Staaten einen Anteil von 17,84 Prozent haben, verfügen sie über die Sperrminorität. Konsequenterweise forderte das Europäische Parlament die Abschaffung der Mehrheit von 85 Prozent für alle wichtigen Entscheidungen, da eine Neuverteilung der Befugnisse und Stimmen die Universalität des IWF und die Rolle der Schwellenländer besser widerspiegeln würde. Weil die Europäer im Fonds nicht mit einer Stimme sprechen, wird er vom amerikanischen Finanzministerium beherrscht. Der IWF ist mehr oder weniger ein verlängerter Arm der amerikanischen Politik. Das wurde wieder deutlich, als die Amerikaner ihre Antiterrorkoalition schmiedeten. Obwohl es vorher Bedenken gab, wurden die Türkei und Pakistan mit Krediten bedient. Argentinien hatte dagegen Pech. Dem lateinamerikanischen Staat gab man kein Geld mehr, weil er bei der Antiterrorkoalition nicht gebraucht wurde. Der IWF, so meinte Larry Summers, der ehemalige Finanzminister der USA, dient den wirtschaftlichen und strategischen Interessen Amerikas. Was heißt: Wenn ein Staat nicht gefügig – oder gerade brauchbar – ist, dreht Amerika ihm im Internationalen Währungsfonds den Geldhahn zu. Die globale Machtpolitik der USA stützt sich nicht nur auf die Atomwaffe, sondern auch auf die »Öl- und »Geldwaffe«. Beim Kampf der Haie auf den internationalen Finanzmärkten folgen auch die Generäle der Wall Street der Devise »keine eigenen Toten«. Der IWF soll nicht den Arbeitslosen in den Schwellenländern helfen, sondern den Interessen der Banken und Spekulanten dienen. Und das tut er dann immer wieder, indem er mit seinen Krediten die privaten Anleger weitgehend risikofrei stellt. So werden die Gewinne privatisiert und die Verluste sozialisiert.

Nach jeder Finanzkrise beschlossen die Regierungschefs der großen Industriestaaten, die privaten Gläubiger müssten sich an den Verlusten beteiligen. Lange Zeit geschah aber wenig. Ende 2001 forderte die amerikanische Vizechefin des IWF, Anne Krueger, ein Konkursrecht für hoch verschuldete Staaten. Schon der schottische Wirtschaftswissenschaftler und Ökonom Adam Smith hatte 1776 die Einführung eines Insolvenzverfahrens für überschuldete Länder als die im Interesse von Schuldnern und Gläubigern sauberste Lösung bezeichnet.

Anne Krueger hatte an der Stanford University gelehrt und war von Präsident Bush für das Amt der Stellvertreterin von Horst Köhler vorgeschlagen worden. Nach ihren Vorstellungen sollten Staaten bei Zahlungsproblemen Konkurs anmelden können. Zudem sollte der Schuldendienst während der Verhandlungen mit den Gläubigern ausgesetzt werden. Gleichzeitig müsste es zu Kapitalverkehrskontrollen kommen, um die Kapitalflucht aus dem Krisenland zu verhindern. Wie in der Privatwirtschaft würden die Schulden aus der Konkursmasse beglichen. Die privaten Gläubiger hätten demnach ein Interesse daran, mehr Engagement in dem Krisenland zu entwickeln. Solange ihr Geld in dem betroffenen Staat blockiert ist, kann es ja keine Zinsen bringen. Nach Abschluss des Konkursverfahrens hätte der Staat dann die Chance, wie ein Bankrott gegangener Betrieb wieder neu anzufangen.

Die IWF-Vizechefin Anne Krueger erhofft sich von ihrem Vorschlag, dem sich auch Horst Köhler anschloss, eine schnellere Gesundung der armen Staaten. Durch diesen würde sich die Rolle des Internationalen Währungsfonds als Großkreditgeber deutlich reduzieren. Die Gläubiger müssten sich auf einmal an der Rettung der hoch verschuldeten Staaten beteiligen. Bisher konnten sich die internationalen Anleger darauf verlassen, dass der IWF sie heraushaut. Erwartungsgemäß war die Wall Street über die Idee der IWF-Vizechefin nicht glücklich und versuchte, die Umsetzung zu verhindern.

Wichtiger als die Einführung eines Konkursrechts für Staaten wäre es, dass der Internationale Währungsfonds wieder auf die Stabilität des Wechselkurssystems hinarbeitet. Dabei muss es zu Maßnahmen der Regulierung kommen. Die Freigabe des kurzfristigen Kapitalverkehrs für schwach entwickelte Volkswirtschaften war ein Fehlschlag. Das hat der IWF mittlerweile zugegeben. Wenn Schwellen- oder Entwicklungsländer von Spekulanten angegriffen werden, dann haben sie nur wenige Alternativen: Sie müssen entweder die Zinsen stark erhöhen oder ihre Devisenreserven zur Verteidigung des Wechselkurses opfern. Sind die Reserven erschöpft, dann bleibt den Ländern nichts anderes übrig, als sich in harter Währung zu verschulden.

Es geht aber dennoch anders. In der Ostasienkrise hat die malaysische Regierung den Beweis erbracht. Kurzfristig verfügte Präsident Mahathir Bin Mohamad, die ausländischen Gelder einzufrieren. Die Anleger konnten plötzlich ihr Geld – ungewohnter Weise – nicht in Sicherheit bringen. Als sich die Lage wieder beruhigte, lockerte Malaysia nach und nach die Kapitalverkehrskontrollen. Im Ergebnis bewältigte die malaysische Wirtschaft die Ostasienkrise viel besser als die thailändische. Letztere hatte brav die Aufgaben des Internationalen Währungsfonds erfüllt. Am Ende war die Auslandsverschuldung Thailands um weitere 20 Milliarden Dollar gestiegen. Auf einer Konferenz in Tokyo, an der ich 1999 teilnahm, wurde die unterschiedliche Vorgehensweise der asiatischen Staaten diskutiert. Stolz referierte der Vertreter des malaysischen Finanzministeriums über den eigenen Weg aus der Krise. Am Schluss, und das war für mich eine Premiere, sang der Malaysier frei nach Frank Sinatra: »We did it our way«.

Auch China und Indien waren von der ostasiatischen Finanzkrise kaum in Mitleidenschaft gezogen, weil sie den Kapitalverkehr nicht freigaben und das ostasiatische Wirtschaftsmodell verteidigten. Aus all dem kann der Schluss gezogen werden, dass freier Kapitalverkehr für entwickelte Volkswirtschaften Vorteile bringt. Bei weniger entwickelten Volkswirtschaften aber, bewirkt er das Gegenteil. Da die Anleger sich wie Lemminge verhalten, führt der deregulierte Kapitalverkehr in schwach entwickelten Volkswirtschaften zu sozialen Katastrophen.

Wegen ihrer schlechten Erfahrungen mit dem IWF wollten die Asiaten einen eigenen Währungsfonds gründen. Vor allem die finanzstarken Japaner erklärten sich bereit, den Fonds mit 100 Milliarden Dollar auszustatten. Da China auch Interesse zeigte, fürchteten die Amerikaner um ihren Einfluss auf das Weltfinanzsystem. Erwartungsgemäß stellten sich Bob Rubin und sein Stellvertreter Larry Summers auf die Hinterbeine und verhinderten die Gründung eines asiatischen Währungsfonds.

Das jüngste Beispiel für die Fehler des IWF ist Argentinien. Das Land hatte den Peso an den Dollar gekoppelt, um die Inflation in den Griff zu bekommen. Plötzlich wurde die Dollarbindung zum Problem, da die Währungen ihrer größeren Wirtschaftspartner – Brasilien und Europa – im Verhältnis zum Dollar schwach waren. Die argentinische Wirtschaft geriet zum Jahreswechsel 2001/2002 in immer größere Schwierigkeiten. Der IWF verordnete – wie gewohnt – ein Sparprogramm, das die argentinische Wirtschaft weiter abstürzen ließ.

Argentinien ist ein Land, das achtmal so groß ist wie Deutschland; 40 Prozent der Argentinier haben nicht ausreichend Geld, um sich zu ernähren und anständig zu wohnen. Es gibt keine Arbeitslosenversicherung und keine Umschulungen. Bei den Sozialprogrammen sollen angeblich nur 20 Prozent des Geldes bei den Armen ankommen. Der Rest, so heißt es, versickert im Sumpf der Politik. Die argentinische Oberschicht folgt der Ethik des Neoliberalismus. Bei den geringsten Anzeichen wirtschaftlicher Schwierigkeiten schafft sie ihr Geld sofort ins Ausland. Das ist ein zusätzliches Argument, Kapitalverkehrskontrollen einzuführen. Als Wirtschaftsminister Domingo Cavallo das Abheben von Bargeld auf 1000 Dollar im Monat beschränkte und die Mittelschicht zwang, Rechnungen nur noch per Überweisung oder Kreditkarte zu bezahlen, gingen auch wohlhabendere Bürger auf die Straße, Supermärkte wurden geplündert und Menschen kamen ums Leben. Der argentinische Präsident verhängte den Ausnahmezustand. Nach vergeblichen Versuchen, den Niedergang der Wirtschaft zu stoppen, trat Präsident Fernando de la Rúa zurück. In der Folge kündigte Argentinien die Aussetzung der Zahlung seiner Auslandsschulden von 135 Milliarden Dollar an.

IWF-Chef Horst Köhler geriet ebenso in die Kritik. Er habe Argentinien zu lange Kredite gewährt und nur einen Aufschub der Hinrichtung des Landes bewirkt. Zudem war er es, der noch im Dezember 2001 die Dollarparität des argentinischen Peso unterstützte, obwohl dessen Überbewertung seit Jahren verhindert, dass das Land aus eigener Kraft genügend Deviseneinnahmen erzielt, um zahlungsfähig zu bleiben. Wieder einmal hatte der IWF die Interessen der Finanzindustrie vertreten und die elementaren Anliegen der Bevölkerung außer Acht gelassen.

Weil nur wenige Menschen den Tanz der Wechselkurse durchschauen, spielen sie in den alltäglichen politischen Diskussionen keine Rolle. Die deutsch-deutsche Währungsunion, die den Umtausch der schwachen Ostmark von eins zu eins in D-Mark ermöglichte, ist auf die weit verbreitete Unkenntnis währungspolitischer Zusammenhänge zurückzuführen. Die ostdeutsche Wirtschaft wurde durch die harte D-Mark ähnlich konkurrenzunfähig wie die argentinische durch die Dollarbindung.

Das für die Weltwirtschaft und die Wirtschaft der einzelnen Länder wesentliche Geschäft der Steuerung der Geldmärkte übernehmen die Zentralbanken. Wenn die Weltfinanzmärkte am Abgrund stehen, dann sind sie die entscheidenden Akteure. Obwohl sie so viel Macht haben, unterliegen sie – wie der IWF, die Weltbank und die WTO – keiner wirksamen demokratischen Kontrolle.

Unabhängige Zentralbank: Staat im Staat

In einer Reihe von Fällen bestand der Internationale Währungsfonds auf einer Änderung des Zentralbankgesetzes. Die Zentralbanken sollen von der Politik unabhängig werden. Das dient den Interessen der Geldbesitzer. Nach Meinung der Mehrheit der Politiker und Ökonomen kann nur eine selbstbestimmte Notenbank die Voraussetzung für eine Preisstabilität garantieren. Auf die Unabhängigkeit der Europäischen Zentralbank (EZB) hat kein Staat derart gedrängt wie Deutschland. Am Ende hieß es, die Europäische Zentralbank sei noch autonomer als ihr Vorbild, die Deutsche Bundesbank. Gleichzeitig hatte die Regierung Kohl den ökonomisch zweifelhaften europäischen Stabilitätspakt durchgesetzt. Dieser verpflichtet die europäischen Staaten auf Schuldenabbau und ist eine der Ursachen dafür, dass die Konjunktur in Europa in den neunziger Jahren schwächer war als in den Vereinigten Staaten. Stolz verkündete mein Vorgänger Theo Waigel nach der Verabschiedung des Stabilitätspakts: »Der Euro spricht deutsch.« Mein Freund Dominique Strauss-Kahn kommentierte das Duo – Unabhängigkeit der Europäischen Zentralbank und Stabilitätspakt – mit folgenden Worten: »Nous sommes trop tard« – wir kommen zu spät. Er gab damit seiner Erkenntnis Ausdruck, mit diesen Festlegungen hätte die europäische Konjunktur zukünftig zwei Klötze am Bein. Es dürfe schwer sein, das wieder zu ändern.

Die Unabhängigkeit der Notenbank war in Deutschland nicht immer populär. Vor allem Konrad Adenauer wollte die abschließende Zuständigkeit der Bundesregierung für die Geldpolitik. Es müsste, so äußerte sich Adenauer 1950, »eine Lösung gefunden werden, die der Bundesregierung die Möglichkeit gibt, die Notenbank mit Weisungen zu versehen, wenn sie sich weigert, eine zur Durchführung der staatlichen Wirtschaftspolitik erforderliche Maßnahme zu ergreifen«. 1951 verabschiedete das Bundeskabinett mit der Stimme Ludwig Erhards ein Gesetz, das die Bundesregierung mit der Aufsicht der Bank beauftragte. Die Bundesbank lief dagegen Sturm. Sie machte den Vorschlag, den Zentralbankrat weisungsungebunden zu belassen, ihn aber darauf zu verpflichten, die Grundsätze der Wirtschaftspolitik der Regierung zu beachten. Das Gesetz wurde dann in dieser Form verabschiedet, obwohl auch der Bundestag der Unabhängigkeit der Notenbank ablehnend gegenüberstand. Als die autonome Bundesbank Mitte der fünfziger Jahre dreimal den Diskontsatz erhöhte, um den Preisanstieg zu dämpfen, empörte sich Adenauer vor dem Bundesverband der Deutschen Industrie im Kölner Festsaal Gürzenich: Die Diskontsatzerhöhung sei ein Fallbeil, das die kleinen Leute treffe. Adenauer versuchte anschließend, unterstützt von Franz Josef Strauß und Finanzminister Fritz Schäffer, den Einfluss der Bundesregierung auf die Bank zu vergrößern. Die Widerstände waren aber groß und bei dem im Jahr 1957 verabschiedeten Gesetz blieb die Unabhängigkeit der Bundesbank erhalten.

Institutionen entwickeln ihr Eigenleben. Mehr und mehr wurde die Autonomie der Bundesbank zum Fetisch derjenigen, die sich zur Geldpolitik äußerten. Andererseits machten Politiker immer wieder die Erfahrung, dass die Bundesbank in ihrer Eigenständigkeit oft zu weit ging und durch zu starke Zinserhöhungen Wirtschaftsrezessionen einleitete. Die Bundesbank wurde zu einem Staat im Staat. Die Mitglieder des Zentralbankrats waren derart von ihrer Selbstbestimmtheit berauscht, dass sie jede Bemerkung von Politikern zur Geldpolitik als unverschämte Einmischung zurückwiesen. Es ergab sich eine merkwürdige

Schieflage. Während die Bundesbanker sich zu allem und jedem in Politik und Gesellschaft äußerten, verbaten sie sich Kritik an ihrer Arbeitsweise. Ja, es kam sogar so weit, dass die jeweiligen Präsidenten erklären konnten, wenn die Politik sich einmische, dann würde der Zentralbankrat eher das Gegenteil von dem machen, was ihm Politiker empfehlen. Obwohl sich damit die hehre Debatte um die Unabhängigkeit der Zentralbank offenkundig auf Sandkastenniveau eingependelt hatte, war die rechtliche Stellung der Notenbank zum Tabu geworden. In dieser Zone der Abschottung gedeihen seltsamste – geradzu kindische – Ansichten, wie die Äußerungen von Mitgliedern des Zentralbankrates regelmäßig belegen.

Der Insider machte eine weitere überraschende Beobachtung. Solange die Mitglieder des Zentralbankrats noch Minister, Staatssekretäre oder Professoren waren, kannte man ihre Stärken und Schwächen, und sie gaben sich normal. Sobald sie in diese spezielle Position berufen wurden, vollzog sich eine Persönlichkeitsveränderung. Minister und Staatssekretäre, die früher im Kollegenkreis oft als durchschnittlich, manchmal auch als nicht sonderlich leistungsfähig angesehen wurden, hatten auf einmal die göttliche Weisheit gepachtet. Eine Art Unfehlbarkeitswahn stellte sich ein. Kritische Stimmen wurden als Majestätsbeleidigung wahrgenommen.

Während in Europa die Notenbank vorrangig der Preisstabilität verpflichtet ist, hat der amerikanische Gesetzgeber der FED auch die Aufgabe zugewiesen, Wachstum und Beschäftigung zu fördern. Der US-Ökonom Lester Thurow bezeichnet die Absicht, sich nur auf die Inflation zu konzentrieren, als »verrückt und dumm. Die Europäer haben eine tumbe Zentralbank«. Wie zur Bestätigung dieser Einschätzung erklärte EZB-Chef Wim Duisenberg noch im April 2001: »Es gibt keine globale Rezession.« In der Tat ist die alleinige Fixierung der Notenbank auf die Preisstabilität in einer vernetzten Welt kaum verständlich. Das amerikanische Gesetz für die FED ist mithin viel vernünftiger. Da die

Abhängigkeiten in Volkswirtschaften besonders groß sind, wäre es notwendig, die wirtschaftlich schädliche Verfassung der Europäischen Zentralbank nach dem Vorbild der amerikanischen Notenbank zu ändern.

Auf den Einbruch der amerikanischen und der Weltkonjunktur reagierte US-Notenbankchef Alan Greenspan mit aggressiven Zinssenkungen. Am Ende des Jahres 2001 hatten die Amerikaner einen negativen, kurzfristigen Realzins. Mit demselben Rezept hatte Greenspan auch die Rezession Anfang der neunziger Jahre bekämpft. Völlig unbemerkt von der öffentlichen Debatte über die Geldpolitik hatte Milton Friedman, der Vater des Monetarismus, in einem Interview mit der *Zeit*, seine eigene Geldmengentheorie infrage gestellt. Auf den Hinweis, Greenspan mache das Gegenteil von dem, was Friedman empfehle, antwortete der amerikanische Wirtschaftswissenschaftler, er vertraue Greenspan: Dieser habe sicherlich Gründe, eine Geldpolitik zu machen, die der monetaristischen Lehre widerspreche. Der Chef der amrikanischen Zentralbank gilt vielen in der Fachwelt als Architekt des lang anhaltenden Beschäftigungsaufschwungs in den Vereinigten Staaten während der neunziger Jahre. Dabei überschätzt Greenspan die Möglichkeiten der Geldpolitik keineswegs. Der einflussreichste Notenbanker ist überzeugt davon, dass Fiskal- und Geldpolitik den Konjunkturzyklus nicht beseitigen können. Seiner Ansicht nach gibt es kein Werkzeug, mit dem sich die menschliche Natur verändern ließe. Für ihn neigen Menschen dazu, sowohl in ihrem Optimismus als auch in ihrem Pessimismus zu übertreiben. Daher entstünden spekulative Blasen, die irgendwann wieder platzen würden. Die Geldpolitik könne aber vieles tun, um sich den Folgen eines Einbruchs der Vermögenspreise entschlossen entgegenzustellen. Wenn sie auch das Auf und Ab der Konjunktur nicht zu verhindern vermag, so habe sie doch die Möglichkeit, eine Glättung der konjunkturellen Berg- und Talfahrt zu erreichen.

Auch im Jahr 2001 hofften in Europa alle, Greenspan möge

mit seiner aggressiven Geldpolitik Erfolg haben, weil der Alte Kontinent von dem dann einsetzenden Wirtschaftsaufschwung in den Vereinigten Staaten profitieren würde. Kritiker hatten der FED vorgeworfen, die Zinsen noch relativ kurz vor ihrer Senkung erhöht zu haben, obwohl die Konjunktur bereits am Kippen war. Zudem habe die Zinssenkungspolitik Greenspans auch eine negative Seite, da viele Rentner von Zinseinkünften abhängig seien. Wenn die im Endeffekt geringer werden, würde auch der Konsum weiter abnehmen. Insgesamt gesehen ist jedoch der Nettoeffekt der Zinssenkung auf die Gesamtwirtschaft positiv. Wichtig ist dabei, dass die Fiskalpolitik die Notenbank unterstützt.

Merkwürdig war, dass viele »Experten« in Europa anders darüber dachten. Ihre fundamentalistische Position – die alleinige Verpflichtung der Europäischen Notenbank auf die Preisstabilität – ist nur noch psychologisch erklärbar. Würden die Anhänger dieser Fixierung einräumen, dass die Geldpolitik einen entscheidenden Einfluss auf Wachstum und Beschäftigung hat, dann wäre die Unabhängigkeit der Notenbank infrage gestellt. Man könnte dann nämlich nicht mehr erklären, warum in einer offenen Gesellschaft Haushalts-, Steuer- und Tarifpolitik demokratisiert sind, während die Geldpolitik einer eigenmächtig operierenden Notenbank überlassen bleibt. Es hilft alles nichts. Wenn die Entscheidungen des Zentralbankrats wesentlichen Einfluss auf Wachstum und Beschäftigung haben, dann muss, wie Konrad Adenauer es wollte, einer demokratisch gewählten Regierung die letzte Entscheidung über die Geldpolitik eingeräumt werden. In Europa können der Ministerrat oder der ECOFIN-Rat, in dem sich die europäischen Finanzminister versammeln, diese Aufgabe übernehmen.

Ende 2001 brach im polnischen Abgeordnetenhaus ein Streit über die Autonomie der Notenbank aus. Der demokratische Linksbund hatte ein Gesetz eingebracht, das darauf hinauslief, die in der Verfassung garantierte Unabhängigkeit des Zentralbankrats zu beschränken. Staatspräsident Aleksander Kwasniewski, ein gewendeter Kommunist, beeilte sich, die Pläne des Parlaments zu missbilligen. Wahrscheinlich bereitete ihm die Vorstellung, die internationalen Finanzmärkte könnten ihn bestrafen, schlaflose Nächte. Er erhielt dafür den Beifall der liberalen Opposition.

Ausbeutung der Dritten Welt – Freihandel heute

Die Welthandelsorganisation (WTO) regelt den Kampf um die Absatzmärkte. Länder mit hoher Produktivität sind immer für offene Märkte, während weniger entwickelte Länder Schutzzölle brauchen. Die Starken neigen dazu, die Spielregeln nach ihren Interessen zu gestalten.

Der viel beschworene Freihandel hat sich zulasten der Dritten Welt entwickelt. Während die Industriestaaten ihre Produkte ohne große Handelshemmnisse in den Entwicklungsländern absetzen, können diese ihre Agrarerzeugnisse in den reichen Ländern nicht verkaufen. Sie werden durch Einfuhrbeschränkungen, Zölle und schwankende Wechselkurse daran gehindert. Bei der Diskussion um die Chancen der Entwicklungsländer auf den Weltmärkten darf nicht übersehen werden, dass sie weitaus mehr als die Industriestaaten unter dem Auf und Ab der Wechselkurse leiden. Eine Stabilisierung der Wechselkurse würde vor allem den Schwellenländern eine große Hilfe sein.

Die Zölle auf Industriegüter sind in den vergangenen Jahrzehnten von 40 Prozent auf vier Prozent gefallen. Die Zölle auf Agrargüter liegen im Schnitt immer noch bei 40 Prozent. Amerikaner und Europäer unterstützen ihre Landwirte mit insgesamt 300 Milliarden Dollar pro Jahr. Argentinien würde sein gutes Rindfleisch gerne an die EU verkaufen, aber die europäischen Argrarsubventionen lassen nicht allzuviel argentinisches Fleisch auf den heimischen Markt. Im Gegenzug können aber die europäischen Bauern mit den Exportsubventionen im Rücken ihre

Produkte in den afrikanischen und asiatischen Ländern zu Dumpingpreisen verkaufen. Der französische Schafzüchter und Globalisierungskritiker José Bové legte den Finger in die Wunde: »In den Subsaharaländern hat sich der Viehbestand durch den Import von europäischem Tiefkühlfleisch halbiert. Sind die einheimischen Erzeuger einmal vom Markt verdrängt, dann können die Europäer die Preise wieder raufsetzen.

Generell stellt sich die Frage, ob man den Agrarmarkt so deregulieren kann, wie die übrigen Gütermärkte. Jedes Land strebt bei Nahrungsmitteln eine Selbstversorgung an. Dieses Ziel hat auch die Europäische Gemeinschaft von Anfang an verfolgt. Natürlich war das Ziel der Selbstversorgung den Europäern wichtiger als die Idee des Freihandels. Warum billigt man den schwachen Ländern nicht das gleiche Recht zu?« Genau aus diesem Grund fordern die Globalisierungskritiker, den Entwicklungsländern die Möglichkeit zu geben, bei Agrarprodukten höhere Zölle zu erheben als die Industrienationen. Das Hohelied auf den Freihandel muss Afrikanern, Lateinamerikanern und Asiaten wie ein Hohn vorkommen.

Andererseits – das muss auch gesagt werden – kann der Welthandel auch den ärmeren Ländern Nutzen bringen. Sonst wäre es unverständlich, warum immer mehr Staaten in diese Organisation aufgenommen werden wollen. Drei Viertel der 144 WTO-Mitglieder sind Entwicklungsländer. Da in der Genfer Organisation das Konsensgebot gilt, können sie von den Industriestaaten nicht überstimmt werden. Aber der IWF und die Weltbank haben viele Entwicklungsländer an der Leine und die Multis machen sich deren Regierungen durch Bestechung gefügig.

Hauptstreitpunkte zwischen Industriestaaten und Entwicklungsländern sind die Arzneimittelpatente und die Agrarsubventionen. Angeführt von Indien, Afrika und Brasilien fordern die ärmeren Staaten, dass die WTO-Abkommen über den Schutz von Patenten sie nicht daran hindern dürfen, eigene Maßnahmen zur Förderung der öffentlichen Gesundheit zu ergreifen. Dabei geht es vor allem um Aids, Malaria und TBC. Gegen eine Aufhebung dieser speziellen Patentrechte wehren sich Länder mit einer großen Pharmaindustrie wie Amerika und die Schweiz. Doch im Zusammenhang mit den Milzbrandanschlägen bekamen auch die USA zu spüren, was Angst bedeutet. Aber im Gegensatz zu ärmeren Ländern konnten sie andere Register ziehen. Sie drohten dem Bayer-Konzern mit der Aufhebung des Patentschutzes für das Antibiotikum Ciprobay und zwangen dadurch den Leverkusener Chemieriesen zu massiven Preissenkungen bei den Anti-Milzbrand-Präparaten. Genau dieses Vorgehen wollten die Amerikaner Südafrika beim Kampf gegen Aids nicht gestatten. Allenfalls ein gnädiges Zugeständnis über einen etwas billigeren Zugang zu patentgeschützten Mitteln wurde in Aussicht gestellt.

Noch merkwürdiger mutete es an, dass Megakonzerne dazu übergehen, sich Nahrungspflanzen wie Reis oder Weizen patentieren zu lassen. Das globale Patentabkommen, das 1995 verabschiedet wurde, wird in Fachkreisen »Trips« genannt. Die Abkürzung steht für Trade-Related Aspects of Intellectual Property Rights. Die Regulierung der »geistigen Eigentumsrechte« schützt die Patente der multinationalen Konzerne.

Bekannt wurde der Kampf der Inderin Vandana Shiva gegen die Patentierung von Basmati-Reis durch die amerikanische Firma RiceTec. Die Inderin weist darauf hin, dass diese Reissorte von alters her in ihrer Heimat angebaut wurde. Sie nennt die Vorgehensweise des Konzerns »Bio-Piraterie« und hat ein weiteres Beispiel parat: Überall in Indien wächst der Neem-Baum. Er erzeugt eine Substanz, die Azadirachtin heißt. Sie hat ähnliche Qualitäten wie ein Pestizid und wirkt gegen Schimmel. Die Inder putzen sich mit einem Blatt des Neem-Baums die Zähne. Oder sie kauen Neem-Blätter gegen Magenprobleme. Frauen benutzen Neem-Extrakte zur Verhütung. Der Amerikaner Larson hat sich in den USA ein Azadirachtin-Extrakt patentieren lassen und es an die Firma W.R. Grace & Co. in Florida verkauft. Das Patent wurde von dem zuständigen Amt in München bewilligt. Nun müssen Hersteller von Neem-Produkten in Indien Lizenzgebühren an die amerikanische Firma zahlen.

Die Inder sehen in dieser Vorgehensweise eine neue Form des Kolonialismus. In Indien gingen, wenn Vandana Shiva zu Demonstrationen aufrief, Hunderttausende auf die Straße. Ihre Forderungen sind klar: Patente auf Pflanzen, Gene und Lebewesen soll es nicht geben. Auf einer WTO-Konferenz im Golfemirat Katar im November 2001 hat der Westen Zugeständnisse machen wollen. Bis zum letzten Moment drohte Indien jedoch damit, die Konferenz scheitern zu lassen. Neu-Delhi hat mit Zusagen der Industrieländer schlechte Erfahrungen gemacht. Man glaubt, dass es unverbindliche Lippenbekenntnisse sind, die zu keinerlei Konsequenzen führen. In Katar einigte man sich in letzter Minute auf den Start einer neuen Welthandelsrunde. Die Europäische Gemeinschaft hat erstmals zur Verwunderung der Beobachter einer Kürzung der Agrarsubventionen zugestimmt. Leider hat man sich auf keine Fristen verständigt. Die Europäer setzten zudem durch, dass in der neuen Runde über die Themen Umwelt, Wettbewerb und Investitionen verhandelt werden muss. Auch über Arbeitsschutzstandards soll nach einer längeren Pause wieder gesprochen werden.

Die reichen Länder vergessen bei den Verhandlungen immer ihre eigene Geschichte. Zölle wurden von den Vereinigten Staaten beispielsweise bis weit ins 20. Jahrhundert hinein erhoben, um die eigene Industrie zu schützen. Noch während der Verhandlungen von Katar erklärten die USA, sie müssten zum Schutz ihrer Stahlindustrie wieder Zölle anheben. Und das taten sie dann auch.

Der »Manchester-Kapitalismus« war im 19. Jahrhundert von Volkswirten wie Friedrich List kritisiert worden. Er hatte erkannt, dass die jungen deutschen Textilunternehmen im Wettbewerb mit den überlegenen britischen Fabriken ohne Schutzzölle wenig Chancen hatten. 1878 führte Bismarck in Deutschland Schutzzölle für industrielle und landwirtschaftliche Importe ein. Sie erreichten 1902 ihren höchsten Stand. Warum will man in der WTO den Entwicklungsländern den Weg vorenthalten, den die Industrienationen selbst gegangen sind? Wenn die Industrie der Entwicklungsländer nicht mehr durch Einfuhrzölle geschützt wird, dann verdrängen die besseren Produkte der Industrienationen die heimischen Erzeugnisse vom Markt. Diese Vorgehensweise ist nicht neu. So hat England mit der Forderung nach freiem Handel die indische Baumwollindustrie zerstört.

Das neoliberale Modell oder der Washington-Konsensus, sie sollen überall gelten, in den reichsten wie in den ärmsten Ländern, in New York und in Kabul. Das ist Anmaßung oder Größenwahn.

Mittlerweile ist auch die Volksrepublik China der WTO beigetreten. Schritt für Schritt muss Peking die Einfuhrzölle abbauen. Für PKWs sinken sie derzeit von 80 Prozent auf 25 Prozent bis zum Jahr 2006. Der allgemeine Zollsatz, der seit 1992 von 43 auf 15 Prozent gesenkt wurde, soll bis zum Jahr 2005 auf zehn Prozent abgesenkt werden. In einigen Bereichen bleibt die Marktöffnung aber eingeschränkt. Ausländische Mehrheitsbeteiligungen bei Telekommunikationsunternehmen sind nicht möglich. Auch im Gesundheitswesen wird es keine von Ausländern dominierte Einrichtungen geben.

Viele Millionen Chinesen sind in international nicht wettbewerbsfähigen Fabriken tätig. Diese Arbeitsplätze werden auf Dauer verschwinden. Zugleich fallen viele Millionen westlicher Stellen weg, da Billiglohnarbeit nach China abwandern wird. Wie der Saldo der Arbeitsplatzbilanz künftig aussieht, bleibt abzuwarten. Die 900 Millionen chinesischen Bauern werden jedenfalls in große Schwierigkeiten geraten, wenn ihr Heimatmarkt von den subventionierten Produkten der westlichen Agrarindustrie überschwemmt wird.

Dass das Lied vom Freihandel für multinationale Konzerne

ebenfalls nur ein Lippenbekenntnis ist, kann man innerhalb der Europäischen Gemeinschaft wunderbar studieren. Selbst auf dem europäischen Markt wollen die großen Automobilkonzerne vom Freihandel wenig wissen. Wenn es ihnen passt, erschweren sie den Handel über die Grenzen hinweg. Mit allen Tricks und Kniffen versuchen sie Kunden davon abzuhalten, ein Auto in einem anderen Land der Europäischen Union billiger zu erwerben. Noch immer sind die Preisunterschiede beträchtlich. In Europa betragen sie bis zu 40 Prozent und in Deutschland werden für 41 Modelle die höchsten Preise verlangt. Natürlich würden die Menschen sich gern dort ihre Lieblingsautos kaufen, wo sie am wenigsten kosten. Aber da sind die Automobilkonzerne vor. Über einen exklusiven Autovertrieb, abgegrenzte Verkaufsgebiete und eigenmächtig gestaltete Kündigungsfristen sind die Händler an die Konzerne gebunden. So wird die freie Marktwirtschaft verhindert. Man stelle sich vor, wie die Preise purzeln würden, wenn etwa Kleinwagen künftig auch bei Karstadt oder Aldi im Angebot wären. Weil die Automobilkonzerne größte Anstrengungen unternahmen, um den Freihandel in der Europäischen Gemeinschaft zu verhindern, musste der EU-Wettbewerbskommissar Mario Monti Bußgelder verhängen. Ähnlich ging er gegen die Chemieriesen vor. Wegen Preisabsprachen wurde der Schweizer Konzern Roche mit 462 Millionen Euro und BASF mit 296 Millionen Euro Bußgeld bestraft.

Auch bei der Gestaltung der Arbeitswelt stößt die Marktfreiheit an ihre Grenzen. Der »freie Zugang zu den Arbeitsmärkten« führt in den Industriestaaten zu nicht hinnehmbaren Folgen. So fordert die rot-grüne Regierung zu Recht, die Zuwanderung osteuropäischer Arbeitnehmer nach Deutschland zu regulieren. Würde man das nicht tun, dann käme es zu einem dramatischen Lohnverfall in einer Reihe von Berufen. Der Stundenlohn am Bau beispielsweise würde sofort auf ein paar Mark absinken, weil solche Löhne für Ukrainer immer noch sehr attraktiv sind.

Nicht nur die Beschäftigung von Ausländern, auch der freie

Welthandel ist ein Mittel, um die Arbeitskosten zu reduzieren. Er führt tendenziell zur Senkung der Löhne. Es ist daher kein Wunder, dass seit der Explosion des Welthandels in den siebziger Jahren, die Nettorealeinkommen aus abhängiger Tätigkeit kaum gestiegen sind. Bei den unteren Einkommensschichten sind sie sogar gesunken. Die Behauptung der WTO, der Handel steigere das persönliche Einkommen, gilt nur für eine Minderheit der Bevölkerung. Die Kehrseite dieser Medaille ist die sinkende Kaufkraft der Löhne, die zum Rückgang der Binnennachfrage führt. Der Ausweg in den Export ist eine Sackgasse. Nicht alle Länder der Welt können mehr exportieren als sie einführen.

Die Ergebnisse der WTO-Konferenz in Katar wurden von der Wirtschaft begrüßt. Greenpeace dagegen war mit den erreichten Kompromissen unzufrieden. Die Organisation prangerte an, dass der Welthandel weiter blind und taub für Umweltbelange sei. Ähnlich befürchten die Entwicklungsländer, insbesondere Indien, die Umweltstandards eröffneten den Industriestaaten neue Möglichkeiten, ihre Märkte abzuschotten. Sie warnen vor einem »grünen Protektionismus der Reichen«. Aus denselben Gründen misstrauen die armen Länder den vereinbarten Arbeits- und Sozialnormen. Es bleibt in meinen Augen eine einzige Chance: Die reichen Länder können die WTO wieder aus dieser Sackgasse herausführen. Sie müssen nur endlich faire Handelsbedingungen anbieten, mit dem Abbau ihrer Agrarsubventionen beginnen und die eigenen Märkte für die Textil- und Agrarerzeugnisse der Entwicklungsländer öffnen

Die Asia-Brown-Bovery-Gruppe gehört zu den mächtigsten Konzernen der Welt. Ihr ehemaliger Präsident Percy Barnevik, von dem später noch einmal die Rede sein wird, definierte Globalisierung als »die Freiheit unserer Firmengruppe, zu investieren, wo und wann sie will, zu kaufen und zu verkaufen, wo sie will, und alle Einschränkungen durch Arbeitsgesetze oder andere gesellschaftliche Regulierungen so gering wie möglich zu halten«. Schöner kann man das Programm der neoliberalen Globalisierung nicht zusammenfassen. Leider hat die WTO nur für den Handel weltweit gültige Regeln vereinbart. Für Investitionen gibt es solche internationalen Absprachen nicht.

Zur Änderung dieser Situation wurde dazu aufgefordert, ein entsprechendes Abkommen vorzulegen, um die Märkte für ausländische Investitionen zu öffnen. Verbindlich sollten die Konzerne vor Enteignung und staatlicher Reglementierung geschützt werden. Als das Abkommen Anfang 1997 bekannt wurde, kritisierten Gewerkschaften und Nichtregierungs-Organisationen diese Absicht heftig. Zwar hatte man noch Verständnis, wenn ausländische Investoren vor Enteignung geschützt werden wollten, aber der Begriff der Enteignung war ihnen zu weit gefasst. Investoren konnten nämlich auch dann Schadensersatzforderungen gegen die Staaten geltend machen, wenn sie wegen Umweltschäden eine Fabrik dicht machen mussten. Ein souveräner Staat will aber die Umwelt schützen.

Die Möglichkeiten von Staaten, Investitionen mit Auflagen zu verbinden, sollten durch das »Multinationale Abkommen über Investitionen« (MAI) eingeschränkt werden. Eine Abwärtsspirale für Arbeitsbedingungen, soziale Leistungen und Umweltstandards wäre in Gang gekommen. Anfang 1998 erreichte Frankreich eine Verschiebung der MAI-Verhandlungen, um die Medienunternehmen von dem Abkommen auszunehmen. Das aber lehnten die Amerikaner ab, die ihrer Unterhaltungsbranche ausländische Absatzmärkte erschließen wollten. Weil die großen Industriestaaten sich nicht einigen konnten, wurde das Abkommen im Oktober diesen Jahres zu den Akten gelegt. An die Stelle eines weltweiten Investitionsabkommens traten jetzt bilaterale Vereinbarungen.

Neuerdings sorgen sich auch Verbraucher um die Ausbeutung in den armen Ländern. Einige internationale Konzerne produzieren schon lange keine Güter mehr, sondern Labels. Die unter dem Markennamen verkauften Turnschuhe oder Kleidungsstücke werden manchmal unter menschenunwürdigen Arbeitsbedingungen in der Dritten Welt hergestellt. Hier setzen die Globalisierungskritiker an. Da sie den Regierungen wenig zutrauen, wollen sie selbst etwas tun und organisieren Druck von unten. Wenn sie herausfinden, dass Konzerne Hungerlöhne zahlen oder Kinder beschäftigen, rufen sie zum Boykott ihrer Waren auf. Das Internet ist dabei äußerst hilfreich. Es ermöglicht die weltweite Vernetzung der regierungsunabhängigen Organisationen. Konzerne, die Umwelt- und Sozialstandards grob verletzen, werden an den Pranger gestellt. Nike oder Adidas können ein Lied davon singen. Als die Umsätze in der Folge einbrachen, änderten die Firmen ihre Politik. Sie kontrollieren jetzt ihre Zulieferer und kaufen keine Produkte mehr, die von Kindern und schlecht bezahlten Arbeitnehmern hergestellt werden.

Es hat in der Vergangenheit nicht nur Nike und Adidas getroffen. Auch Shell geriet ins Visier der Globalisierungskritiker. Greenpeace gelang es, die Versenkung der Bohrinsel Brent Spar zu verhindern. Als der nigerianische Anti-Shell-Aktivist Ken Saro-Wiwa gehängt wurde, geriet der Ölmulti ein weiteres Mal unter Beschuss.

Die The-Body-Shop-Gründerin Anita Roddick stellte den Walt-Disney-Konzern ins Rampenlicht, weil er Arbeiter aus Haiti für 30 Cent in der Stunde ausbeutete. Amerikanischen Tabakfirmen warf sie vor, an Missgeburten in Mexiko schuld zu sein, weil sie die Anbaugebiete der Pflanzen mit Pestiziden vergiften.

Diese Beispiele zeigen eine Form von Terrorismus, über die man viel zu wenig spricht. Bei dieser Spielart – man denke nur an die Chemiekatastrophe von Bophal – sind viel mehr Menschen umgekommen als bei den Terroranschlägen auf Amerika, die die Welt so sehr bewegen. Die Globalisierungskritiker und die Nichtregierungsorganisationen greifen Themen auf, die selten auf der Tagesordnung der Weltwirtschaftsgipfel stehen. Zu ihnen gehört Attac, eine Organisation, die in den letzten Jahren von sich reden machte.

Attac – Gegner des fatalen Neoliberalismus

Attac wurde 1998 in Frankreich gegründet. »Association pour la taxation des transactions financières pour l'aide aux citoyens« (Vereinigung für die Besteuerung von finanziellen Transaktionen zugunsten der Bürgerhilfe) tauften die Franzosen ihr Netzwerk. Attac fordert nicht nur die Tobin-Steuer, sondern auch einen Schuldenerlass für die Dritte Welt. Die Organisation kämpft gegen Steueroasen und Steuerflucht. Einer ihrer Gründer, Bernhard Cassen, ist davon überzeugt, dass die Menschen nach 20 Jahren symbolischer Politik ihre Interessen wieder selbst in die Hand nehmen wollen. Der Globalisierungsgegner José Bové, der in Frankreich fast so bekannt ist wie Asterix, hat es sich zur Aufgabe gemacht, die Lügen des Neoliberalismus zu entlarven. Der kürzlich verstorbene Soziologe Pierre Bourdieu fand für das Aufbegehren der Globalisierungskritiker ein besonderes Bild. Er verglich es mit den Wünschen der Reformatoren zur Lutherzeit. So wie die Menschen damals ein Verlangen nach wahrer Religion gehabt hätten, so würden sie heute nach einer wahren Politik suchen.

Viele wollen sich nicht mehr mit dem bekannten Medienspektakel der Weltwirtschaftsgipfel abspeisen lassen. Mittlerweile sind 120 Abgeordnete der französischen Nationalversammlung Attac beigetreten.

Die Organisation will mit dem liberalen Fatalismus brechen. Bernhard Cassen formulierte es kurz und treffend: »Wir wollen die Idee wieder beleben, dass eine andere Welt möglich ist.« Inzwischen wurde auch eine deutsche Sektion von Attac gegründet. Sie will zu den Parteien Abstand halten und sich nicht für ein politisches Programm vereinnahmen lassen. Das dürfte zurzeit nicht schwer sein. Nach dem Kurswechsel der SPD im Sommer 1999 sind die deutschen Parteien neoliberale Steuersenkungsparteien, die den Sozialabbau für die große Jahrhundertreform halten. Ehrfürchtig plappern sie unermüdlich die Heilsbotschaften des Neoliberalismus nach.

Norbert Blüm warf kürzlich der CDU vor, sie sitze in der liberalen Falle: »Früher kämpfte die CDU gegen die Verstaatlichung der Wirtschaft. Jetzt hat sie auf sublime Weise offenbar die Fronten gewechselt und öffnet die Schleusen für die Verwirtschaftung von Mensch, Gesellschaft und Staat.« Die FDP ist ohnehin wirtschaftsliberal. Die Grünen haben ihre Wirtschafts- und Sozialpolitik aufs Sparen reduziert – ohne Rücksicht auf den Konjunkturverlauf – und schlagen Steuersenkungen für Spitzenverdiener und Wirtschaft vor. Für Globalisierungskritiker sind die angepassten Grünen kein Partner.

Den im Dezember 1997 in *Le Monde diplomatique* erschienenen Artikel mit der Überschrift »Entwaffnet die Märkte!« kennen die neoliberalen Modernisierer nicht. In ihm heißt es: »Der Wirbelsturm, der die asiatischen Geldmärkte verwüstet, bedroht die ganze Welt. Die Globalisierung des Anlagekapitals schafft universelle Unsicherheit. Sie verhöhnt nationale Grenzen und schwächt die Macht der Staaten, ihren Bürgern die Demokratie und das Glück zu sichern. Die Globalisierung des Finanzkapitals stellt ihre eigenen Gesetze auf. Sie hat einen separaten, übernationalen Staat errichtet, mit einem eigenen Verwaltungsapparat, eigenen Einflussgebieten und eigener Politik: dem Internationalen Währungsfonds (IWF), der Weltbank, der Organisation für ökonomische Zusammenarbeit und Entwicklung (OECD) und der Welthandelsorganisation (WTO). Diese machtvollen Institutionen singen einstimmig das Lied von den ›Marktwerten‹, und die großen Medien der Welt sind ihr getreues Echo.

Dieser künstliche Weltstaat ist eine Großmacht ohne gesellschaftliche Grundlage. Er ist allein den Finanzmärkten und den Herren der Fonds und der Multis verantwortlich. Und die wirklichen Staaten der wirklichen Welt werden zu Gesellschaften ohne Macht degradiert. Und das wird von Jahr zu Jahr schlimmer.« Chefredakteur Ignacio Ramonet hatte im Stil des kommunistischen Manifests einen leidenschaftlichen Appell an die Öffentlichkeit gerichtet.

Marktwirtschaft ja, Marktgesellschaft nein – das ist eine Formel, die in vielen Sonntagsreden zu hören ist. Dabei sind wir längst eine Marktgesellschaft geworden. Privatisierung, Kommerzialisierung und Konsumkultur gehen einher mit einer Entmündigung der Menschen. Aber wer merkt das in der »Ich-AG«? Es gilt die Maxime: Wenn jeder an sich denkt, dann ist an alle gedacht. Die Konsumkultur schafft neue Formen der Abhängigkeit, die subtiler als in der Vergangenheit sind. In deutschen Wahlkämpfen tauchten Parolen auf wie: »Wir wollen frei einkaufen können« oder »Freie Fahrt für freie Bürger«. Sie zeigen, wie das zentrale Anliegen der Aufklärung, die menschliche Freiheit, zur Konsumfreiheit oder zur Freiheit des Autofahrers uminterpretiert wurde. Der neoliberale Chor singt besonders gern das Lied der Freiheit und meint die Freiheit der Stärkeren. Weil sie nicht verstanden haben, dass die Schwachen das Gesetz brauchen, um frei zu sein, fordern die Neoliberalen Mobilität, Flexibilisierung und Deregulierung. So werden die Familien der Mobilität und Flexibilität geopfert, da der jederzeit und überall verfügbare Arbeitnehmer das Ideal der neoliberalen Propheten ist. Die Gesundheit wird ruiniert, da die Arbeitszeiten sich den Maschinen und den Renditeerwartungen anzupassen haben. Die Mitbestimmung der Beschäftigten wäre nur hinderlich; Schutzrechte wie der Kündigungsschutz für Arbeitnehmer, die ein Gefühl von Sicherheit und Geborgenheit geben, werden nach und nach abgebaut. Allenfalls das Interesse der Aktienbesitzer zählt noch. Aber auch diese Shareholder wurden von Vorständen und Investmentbankern, wie die jüngste Entwicklung gezeigt hat, oft übers Ohr gehauen.

Die Globalisierungskritiker sind keine Gegner der Marktwirtschaft. Sie haben nur erkannt, dass die unsichtbare Hand des Marktes die sichtbare starke Hand des Staates braucht. Der Marktfundamentalismus untergräbt die Demokratie. Notenbanker und Vorstände der Investmentbanken sagen offen – ohne rot zu werden –, die Märkte kontrollieren die Politik. Die Globalisierungskritiker und alle, die sich noch nicht im neoliberalen Vollrausch befinden, wollen jedoch das Gegenteil. In einer Zivilgesellschaft muss die Politik die Märkte kontrollieren und regeln. Nationale Regierungen verwirklichten früher Ziele, die sich die Gemeinschaft der Bürger gesetzt hatte. Heute werden die Staaten, manchmal auch ohne dass sie es merken, zu Instrumenten privater Wirtschaftsinteressen. Neulich las ich, dass sich europäische Finanzminister von einem Expertenkreis des »Financial Market Advisory Council« beraten lassen. In ihm sitzen die Investmentbanker von Goldmann Sachs, Morgan Stanley oder Salomon Smith Barney und erklären den Ministern, wie die Anleger reagieren, wenn sie den Sozialstaat nicht schnell genug abbauen. Man braucht keine große Fantasie, um sich vorzustellen, wie es auf der anschließenden Party zugeht, wenn die Herren unter sich sind und einander zuprosten, weil sie die Minister mal wieder über den Tisch gezogen haben.

Die Kritiker einer globalen Welt wissen, dass die Finanzindustrie und die multinationalen Konzerne das große Rad der Geschichte drehen. Von den 100 größten Wirtschaftseinheiten der Welt sind 51 Unternehmen und nur noch 49 Nationalstaaten. Die Finanzmärkte, die Gütermärkte und die Arbeitsmärkte wurden globalisiert, ohne den Ordnungsrahmen zu vereinbaren, der zwingend dazugehört. Da die Regierungen zu wenig Anstrengungen unternehmen, um der Weltwirtschaft Regeln zu geben, brauchen wir die Globalisierungskritiker. Sie wollen keine Knechtschaft im Dienste der Märkte, sondern Freiheit und

Demokratie im Dienste der Menschen. Es geht nicht um einen »abgestandenen« linksradikalen Antikapitalismus, wie Joschka Fischer meint, sondern um die Rettung der Demokratie.

Das Kapital ist ein scheues Reh

Überall, auch in Deutschland, kam man nach den Terroranschlägen vom 11. September 2001 zu der Einsicht, dass zur Bekämpfung der Geldwäsche das Bankgeheimnis aufgehoben werden müsste. Dazu sind internationale Ordnungssysteme – das wurde jetzt nur allzu deutlich – Voraussetzung. Was auch heißt: Einzelne Nationalstaaten müssen ihre entsprechenden Aufgaben wahrnehmen. Sie müssen Steuergerechtigkeit herstellen und dafür Sorge tragen, dass alle Bürgerinnen und Bürger ihrer Steuerpflicht nachkommen. Aber im Zuge des Vordringens der Heilslehre des Neoliberalismus kannten die Reformer aller Länder nur noch ein Wort: Steuersenkung.

Die beste Steuersenkung, so meinten dann viele Bürger, sei die, sich durch Flucht der nationalen Besteuerung zu entziehen. Bankgeheimnis und Steueroasen gehören zu einer Infrastruktur, die es wohlhabenden Bürgern ermöglicht, Steuervermeidung und Steuerhinterziehung als beliebten Freizeitsport zu betreiben. Jährlich werden nach den Schätzungen des Internationalen Währungsfonds über 1,5 Billionen Euro auf den Weltfinanzmärkten gewaschen.

Die diversen Geldwege sind oft undurchschaubar. Die Staaten müssen diesem Treiben aber nicht tatenlos zusehen. In Deutschland wurde vorgeschlagen, eine massive Steuerhinterziehung als Verbrechen einzustufen und entsprechend zu bestrafen. Wer Strafen androht, muss jedoch kontrollieren, ob die Gesetze befolgt werden. Die personelle Ausstattung des Bundeskriminalamts ist dafür aber völlig unzureichend. Gerade mal 16 Mitarbeiter sind mit diesen Straftaten beschäftigt. Es existieren in der Bundesrepublik aber 2900 Banken und 1700 Finanzdienstleister.

Bei der Abschaffung des Bankgeheimnisses geht es nicht in erster Linie um die Bekämpfung von Terror und organisierter Kriminalität. Vielmehr steht dabei die Herstellung von Steuergerechtigkeit im Vordergrund. Der Paragraph 30a der Abgabenordnung, das so genannte Bankgeheimnis, sieht Ermittlungsbeschränkungen für die Finanzverwaltung vor. Dabei hatte schon das Bundesverfassungsgericht in seinem Zinssteuerurteil dem Gesetzgeber die entsprechenden Hinweise gegeben. Demnach sei die Beschränkung der Steuerermittlung verfassungsrechtlich nicht geboten. Der Gleichheitssatz verlangt, die Steuerpflichtigen rechtlich und tatsächlich gleich zu behandeln. Der Gesetzgeber muss die Steuerehrlichkeit deshalb durch hinreichende Kontrollmöglichkeiten sichern.

Die Streichung des Bankgeheimnisses im Sinne des Bundesverfassungsgerichts ist aber regelmäßig gescheitert, weil sich einflussreiche Interessengruppen – unterstützt von den Medien – dagegen zur Wehr setzten. Es wurde der Eindruck erweckt, es gehe bei der Abschaffung des Bankgeheimnisses um die Beseitigung des Steuergeheimnisses. Die Gefahr des gläsernen Bankkunden wurde an die Wand gemalt, so als könnte jetzt jeder zur Bank gehen und die Konten seiner Nachbarn einsehen. Das schützenswerte Verhältnis zwischen Bank und Bankkunden müsse gewahrt bleiben, hieß es. In Wirklichkeit ging es immer um die Verschleierung von Steuerhinterziehung. Dabei tat sich besonders die FDP hervor. Sie muss wohl die Vermutung haben, dass viele ihrer Wähler sich hinter dem Bankgeheimnis verstecken, um Steuerzahlungen zu vermeiden. In der Logik solch zweifelhafter Klientelpolitik schlug die FDP immer wieder Amnestie für Steuersünder vor. So gefährdet man auch die innere Sicherheit des Staates. Diese verlangt die grundlegende Gesetzestreue seiner Bürger und ausreichende Kontrollmöglichkeiten der staatlichen Organe.

Auch die Vereinigten Staaten gingen dazu über, die Geldbewegungen zu kontrollieren. Die Terroristen, die am 11. September die Anschläge verübt haben, verfügten über US-Kreditkarten und entsprechende Bankkonten. Sie hatten auch amerikanische Onlinesysteme benutzt, um die Attentate vorzubereiten. Bei der Bestellung eines Flugtickets mit einer Kreditkarte wurde ein Konto der Sun Trust Bank Inc. in Florida benutzt. Zuvor war das Geld elektronisch auf das Konto überwiesen worden. Ein neues Informationssystem soll derartige Vorgänge zukünftig verhindern. Die staatlichen Behörden wurden zudem beauftragt, durch Computerkontrollen verdächtige Konten zu überwachen.

Terroristen nutzen Steueroasen zur Finanzierung ihrer Projekte. Leider weigerten sich unter dem Einfluss der Wall Street bislang vor allem die USA, die Steueroasen auszutrocknen. Nach den Anschlägen waren sie bereit, zusammen mit den anderen OECD-Staaten etwas zu unternehmen. Steuerparadiese, die sich dem grenzüberschreitenden Informationsaustausch entziehen, kommen jetzt auf die schwarze Liste. Als nicht kooperative Länder werden solche eingestuft, die große Steuervorteile bieten, aber internationale Zusammenarbeit und Transparenz verweigern. Der Informationsaustausch gilt sowohl für die Geldwäsche als auch für die Steuerhinterziehung. Die südpazifische Inselrepublik Nauru ist als erstes der Finanzparadiese vom Geldwäscheausschuss der reichen Industrienationen mit Sanktionen belegt worden. Nauru habe die geforderten Maßnahmen gegen Geldwäsche nicht in Kraft gesetzt, teilte der Ausschuss mit. Die Insel hat 12 000 Einwohner und 450 Off-Shore-Banken, die eingerichtet werden, um die Kunden von der nationalen Besteuerung freizuhalten. Vor allem die russische Mafia soll das Finanzparadies zur Geldwäsche benutzt und etwa 80 Milliarden Euro gewaschen haben.

Nicht auf der schwarzen Liste stehen solche Länder, die ausländische Firmen mit besonderen Vergünstigungen ködern. Firmen haben also auch zukünftig die Möglichkeit, den steuerlichen

Wohnsitz in einer Oase zu nehmen. Wirtschaftsunternehmen und wohlhabende Privatleute verfügen demnach auch weiterhin über legale Schleichwege, um sich dem Zugriff der heimischen Finanzämter zu entziehen.

Alle diese Maßnahmen der OECD-Staaten wirken sehr halbherzig. Auch Strafmaßnahmen sollen erst dann ergriffen werden, wenn innerhalb der OECD-Länder alle Steuervergünstigungen abgeschafft sind. Das wird noch viel Zeit in Anspruch nehmen.

Es gibt eine Erklärung dafür, warum die Staatengemeinschaft bei der Ausrottung der Steueroasen nicht vorankommt. Reiche interessieren sich neuerdings für Politik und Regierungsämter. In Italien hat sich der wohlhabendste Italiener, Silvio Berlusconi, den Staat gekauft. Ihm wird in vielen Prozessen Bestechung, illegale Parteienfinanzierung und Bilanzfälschung vorgeworfen. Mehreren Richtern soll er vor der Urteilsverkündung Geld überwiesen haben. In mehreren Verfahren wurde er zu insgesamt sechs Jahren und fünf Monaten Gefängnis verurteilt. Er verbüßte aber keine einzige Haftstrafe, weil er immer in den Genuss der Verjährung kam. Der römische Dichter Marcus Tullius Cicero hatte in seiner Schrift »De officiis« bekräftigt, Herrschaft benötige einen stabilen wirtschaftlichen Unterbau, damit die Unabhängigkeit des Staatsmannes garantiert sei. Nur der Besitz größerer Ländereien qualifiziere zum politischen Amt. Da Cicero aber in seinem Werk Fleiß, Ehrbarkeit und Vertragstreue einen hohen Stellenwert beimaß, kann Berlusconi sich kaum auf Cicero berufen.

Als erste Maßnahme führte der reichste Mann Italiens die Abschaffung der Erbschaftssteuer ein. Hauptnutznießer ist die Familie Berlusconi. Auch in der Regierung Bush sitzen viele Millionäre. So ist es kein Wunder, dass die amerikanischen Steuergesetze die Reichen enorm begünstigen. In New York kam – vielleicht nicht ganz unwichtig – nach dem populären Bürgermeister Rudolph Giuliani der Multimilliardär Mike Bloomberg an die Macht.

Als Demokratiehindernis erweist sich in den Industriestaaten die Wahlkampffinanzierung. Da sie immer mehr Geld verschlingt, können sich in Amerika nur noch Wohlhabende für politische Ämter bewerben. Das ist ein neues Zweiklassenwahlrecht. Alle dürfen ihre Stimme abgeben, aber nur die Reichen können gewählt werden. Bei den Präsidentschaftswahlen 2000 gaben die Kandidaten den Rekordbetrag von über einer Milliarde Dollar aus. Der Wahlkampf um einen Sitz im Senat kostet im Durchschnitt sechs Millionen Dollar. Es versteht sich von selbst, dass ein Mann aus dem Volk eine solche Summe nicht aufbringen kann. Der amerikanische Schriftsteller Gore Vidal, ein Verwandter des demokratischen Präsidentschaftskandidaten Al Gore, stellte mithin kurz und bündig fest: »Wir haben keine repräsentative Regierung. Das Volk ist nicht vertreten. Und wir haben keine politischen Parteien. Wir haben ein Einparteiensystem mit zwei rechten Flügeln, einer nennt sich Republikaner, der andere Demokraten. Aber beide werden von den großen Unternehmen finanziert. Die Republikaner stehen viel weiter rechts, sind reicher und vertreten die Kriegsinteressen wahrscheinlich etwas stärker als die Demokraten. Aber das ist der einzige feine Unterschied.«

Ein demokratischer Wahlkampf muss sich aus Mitgliedsbeiträgen und Steuermitteln finanzieren. Gegen die Bereitstellung öffentlicher Gelder wird von interessierter Seite gerne gehetzt. Sie wird als Verschwendung angeprangert. Dabei ist sie die einzige Möglichkeit einer Wahlkampffinanzierung, die politische Wahlämter nicht zum Privileg für Reiche werden lässt und verhindert, dass Politik käuflich wird.

Die Parteispendenskandale in der Bundesrepublik zeigen, dass auch bei uns nicht alles zum Besten steht. Zwar geht es hierzulande noch nicht so zu wie in Amerika oder Italien, aber die Wirtschaft versucht mit großen Geldspenden die Politik zu beeinflussen. Wer Geld gibt, will auch etwas dafür haben. Gegenteilige Beteuerungen sind pure Heuchelei. Wenn man die Käuflichkeit

– oder vornehmer ausgedrückt – die Beeinflussbarkeit der Politik verringern will, dann muss man große Wahlkampfspenden verbieten.

Über viele Jahre hatten die deutschen Firmen die Möglichkeit, Schmiergelder, die sie in Entwicklungsländern an die Machthaber zahlen mussten, steuerlich abzusetzen. Erst das 1999 von mir vorgelegte Steueränderungsgesetz schaffte diesen Skandal ab. Schmiergelder können nicht nur an Personen, sondern auch an Parteien gezahlt werden. Die Veröffentlichungspflicht der Spenden ist, wie die Vergangenheit gezeigt hat, kein Hindernis. Die Festschreibung einer Höchstgrenze von 10 000 Euro im Jahr für Spenden an politische Parteien würde unser Land demokratischer machen.

Erfreulich war die Ankündigung des Ölmultis BP, er werde ab April 2002 keine politischen Spenden mehr machen – nirgendwo auf der Welt. Das gelte auch für das »Soft-Money«, die beliebte Umwegfinanzierung der Parteien über Staatsbürgerliche Vereinigungen und andere Tarnorganisationen, die die Spendenwege verschleiern. Der Chef von BP, John Browne, sagte: »Wir haben keine demokratische Legitmation, zu bestimmen, wohin die Gesellschaft sich entwickelt, so groß unser Umsatz auch sein mag.« Diese Äußerung war schon erstaunlich, ist es doch gerade die Ölbranche, die überall auf der Welt nach dem Motto handelt: »Wer gut schmiert, der gut fährt.« Es bleibt zu hoffen, dass das Versprechen der Ölfirma nicht nur ein plumper Werbegag gewesen ist.

Die neuen Sparapostel

Im Zeitalter der Globalisierung besteht die Notwendigkeit, die Wirtschafts- und Finanzpolitik der großen Wirtschaftsblöcke – Amerika, Europa und Japan – zu koordinieren. Von der unabdingbaren Zusammenarbeit der Zentralbanken war bereits die Rede. Ebenso wichtig ist aber die Koordinierung der Finanz- und Steuerpolitik. Eine nicht koordinierte Steuerpolitik führt zum Steuerdumping, bei dem die Bevölkerung insgesamt verliert und nur die Reichen gewinnen. Mangelnde Abstimmung in der Finanzpolitik führt zu wirtschaftlichen Rückschlägen. Aber weder auf dem Weltwirtschaftsgipfel noch bei den Zusammenkünften der europäischen Finanzminister kam es zu einem gemeinsamen Vorgehen. Obwohl die Weltkonjunktur im Jahr 2002 die Unterstützung der Finanzpolitik braucht, ist in Deutschland nur vom Sparen die Rede.

Ein Ziel der rot-grünen Bundesregierung war es, den Staatshaushalt in Ordnung zu bringen. Ich hatte als Finanzminister auf Konsolidieren durch Wachstum gesetzt. Während der Bundeshaushalt 1999 eine Reduzierung der Neuverschuldung auswies, stiegen die Reallöhne der Arbeitnehmer um drei Prozent und die Europäische Zentralbank senkte den Leitzins auf 2,5 Prozent. Das Ergebnis dieser Maßnahmen war zufrieden stellend. Das Verbrauchervertrauen nahm zu, die Wirtschaft wuchs real um 1,9 Prozent und die Arbeitslosigkeit ging zurück. Die öffentliche Gesamtverschuldung, die sich im Vorjahr noch um 1,8 Prozent erhöht hatte, nahm nur noch um 1,6 Prozent zu. Die Rechnung für das erste Jahr der rot-grünen Koalition war aufgegangen.

Im Jahr 2000 boomte der Export und das Wirtschaftswachstum stieg real um drei Prozent. Die Versteigerung der Telekommunikationslizenzen brachte Finanzminister Eichel zusätzlich 50 Milliarden Euro in die Kasse. Der Gesamthaushalt war mit 1,2 Prozent im Plus. Zur gleichen Zeit wurden aber für die Folgejahre die Weichen völlig falsch gestellt. Die Europäische Zentralbank trat auf die Bremse und erhöhte die Zinsen. Im Bündnis für Arbeit wurden niedrige Lohnabschlüsse vereinbart. Durch ein Sparprogramm reduzierte Eichel die Staatsausgaben. Gleichzeitig kam es zu kräftigen Unternehmenssteuersenkungen. Ölpreissteigerungen, die Teuerung der Nahrungsmittelpreise in der Folge der BSE-Krise und die zurückgehende Weltwirtschaftskonjunktur legten die Fehler der Wirtschafts- und Finanzpolitik schonungslos offen. Das deutsche Wachstum brach ein, weil die Binnennachfrage systematisch stranguliert worden war. Hans Eichel war beim Amtsantritt für seinen Sparkurs sehr gelobt worden. Ein Song der Berliner Band Dezibel feierte den deutschen Sparminister. Hier eine Kostprobe:

Er steht nicht auf hohe Schuldenberge,
die sollen runter, dafür steht er ein.
Er wünscht nicht, dass unsere Kinder sie erben,
und deshalb will er sparsam sein.
Verspricht nichts, was er nicht halten kann,
er senkt die Steuern wo er kann,
er bringt die Wirtschaft schon auf Trab
damit die Jugend eine Zukunft hat.
Er, er, er ist sparsam, fleißig und manchmal kulant,
er, er, er – wer sonst?

Da kann man schon neidisch werden. Mir warf der neoliberale Chor täglich Unfähigkeit und Uneinsichtigkeit vor.

Bei der Konsolidierung des Staatshaushalts muss man nicht nur die Ausgabenseite, sondern auch die der Einnahmen im Auge haben. Die Steuergeschenke an die Unternehmen waren viel zu hoch, das zurückgehende Wachstum führte zu erheblichen Steuerausfällen. Wieder einmal war deutlich geworden, öffentliche Haushalte werden in erster Linie durch Wirtschaftswachstum und nicht allein durch stures Sparen konsolidiert. Besonders nachteilig war, dass auch bei den öffentlichen Investitionen geknausert wurde. Das geht tatsächlich zulasten der Zukunft unserer Kinder, von der so oft bei der Berliner Sparpolitik die Rede ist. Der Anteil der öffentlichen Bruttoinvestitionen am Bruttoinlandsprodukt lag 2001 nur noch bei 1,8 Prozent. Mitte der neunziger Jahre lag der Anteil noch bei 2,7 Prozent und Mitte der sechziger bei fünf Prozent.

Die überzogenen Steuerentlastungen für die Großbetriebe trafen vor allem die Gemeinden. Die Gewerbesteuer brach im Jahr 2001 um zwölf Prozent ein – das waren 2,6 Milliarden Euro. Das Deutsche Institut für Urbanistik bezifferte den Investitionsbedarf der Kommunen bis 2009 auf 690 Milliarden Euro. Gegenüber den übrigen europäischen Staaten ist die Bundesrepublik bei den öffentlichen Investitionen deutlich zurückgefallen. Die Europäer investieren im Durchschnitt 2,5 Prozent, während in den Vereinigten Staaten der Anteil der öffentlichen Investitionen immer noch bei 3,4 Prozent des Bruttoinlandsprudukts liegt. Nach Modellrechnungen führt die Sparpolitik von 1999 bis zum Jahr 2004 zu einem Verlust von 500 000 Arbeitsplätzen.

Als im Jahr 2000 die Steuereinnahmen noch kräftig sprudelten, hielt Hans Eichel in Berlin eine Grundsatzrede. In dieser sagte er, Keynes sei tot und staatliche Konjunkturprogramme verfehlten bei offenen Märkten ihre Wirkung. Dafür erntete er in der Öffentlichkeit viel Lob. Endlich hatte auch ein sozialdemokratischer Finanzminister zu Protokoll gegeben, dass das, was sozialdemokratische Wirtschafts- und Finanzpolitiker über viele Jahre vertreten hatten, falsch war. Dabei hatte die Regierung Schmidt 1979 mit einem vergleichsweise bescheidenen Zukunftsinvestitionsprogramm von 16 Milliarden Mark durchaus Erfolg gehabt. Die Bundesbank spielte damals mit. Der Diskontsatz betrug drei Prozent, der Lombardsatz vier Prozent. Die Zahl der Erwerbstätigen erhöhte sich in drei Jahren um 1,2 Millionen und die reale Zuwachsrate des Bruttoinlandsprodukts lag 1979 bei 4,2 Prozent. Auch bei der deutschen Einheit zeigte sich, dass staatliche Ausgabenprogramme bei offenen Märkten nicht wirkungslos verpuffen müssen. 1990 betrug das reale Wachstum 5,7 und 1991 fünf Prozent.

Pikanterweise glaubte die Regierung Bush im Gegensatz zu Hans Eichel und zur deutschen Regierung sehr wohl an die Konjunkturwirksamkeit öffentlicher Ausgaben bei offenen Märkten. In bester keynesianischer Manier senkte Präsident George W. Bush die Steuern, legte ein Konjunkturprogramm auf und schraubte die Verteidigungsausgaben in astronomische Höhen. Zwar wäre es sinnvoller, in Bildung, Gesundheit und Infrastruktur zu investieren, aber angesichts der Summe bestand kein Zweifel, dass das Konjunkturpaket Wirkungen zeigen würde.

Wie bei der Geldpolitik, so wurde auch bei der Fiskalpolitik behauptet, in Amerika und Europa gelten andere ökonomische Gesetze. Als der Chef der Deutschen Bank, Rolf E. Breuer, ein deutsches Konjunkturprogramm anregte, widersprach ihm die Bundesregierung. Breuer erwiderte seinen Kritikern, man müsse nicht an dem Begriff Konjunkturprogramm kleben. Man könnte auch von einem Infrastrukturprogramm auf dem Gebiet des Verkehrs, der inneren Sicherheit und der Bildung sprechen. Der Befund sei doch: Der Konsument käme nicht aus seinem Schneckenhaus, er spare, wo er könne; Unternehmen verschöben Investitionen aus der gleichen Unsicherheit. In dieser Situation müsse die Regierung Signale setzen. Aber in ihrem Glauben an die neoliberalen Dogmen war die rot-grüne Regierung päpstlicher als der Papst geworden. Gefragt, wann die deutsche Konjunktur wieder anspringen werde, antworteten die regierungsamtlichen Experten, das wäre dann der Fall, wenn die amerikanischen Maßnahmen griffen. Mit anderen Worten: Mit ruhiger Hand würde man darauf warten, dass in Amerika etwas

Wirklichkeit werde, was in Europa nicht möglich sein sollte – ein konjunktureller Aufschwung, der von einer expansiven Geldpolitik und einer expansiven Fiskalpolitik in Gang gesetzt wurde. Da die Bundesbank nichts tun wollte und da am Sparkurs nicht gerüttelt werden durfte, rief Hans Eichel den deutschen Verbrauchern zu: »Kauft und baut!« Gleichzeitig predigte der Kanzler maßvolle Lohnabschlüsse und die Arbeitnehmer griffen zur Trillerpfeife und setzten ihre roten Mützen auf.

Im Mai 2003 war das Scheitern der Eichelschen Sparpolitik offenkundig. Die neoliberalen Kommentatoren, die ihn am Anfang in den Himmel gehoben hatten, fielen jetzt über ihn her. Ein Zyniker kann feststellen: Die Wirtschafts- und Finanzpolitik der Regierung Schröder war erfolgreich, weil sie reihenweise neoliberale Dogmen widerlegt hat. Unternehmenssteuersenkungen führen nicht zu mehr, sondern zu weniger Investitionen und Arbeitsplätzen. Reallohnzuwächse, die den Produktivitätsfortschritt nicht ausschöpfen, senken nicht, sondern steigern die Arbeitslosigkeit. Und nirgendwo auf der Welt ist es gelungen, in der Krise durch Sparen einen Haushalt zu sanieren.

Umverteilung von unten nach oben

Die Steuerpolitik ist das entscheidende Instrument, um in der Gesellschaft Verteilungsgerechtigkeit herzustellen. Dabei sollen die Starken mehr zum Steueraufkommen beitragen als die Schwachen. Letztlich geht es um die Fähigkeit der Gesellschaft zur Solidarität. In der Steuerpolitik wird auch darüber entschieden, wie gut die öffentlichen Einrichtungen des Staates sind, seine Schulen, Universitäten und Forschungseinrichtungen, seine Straßen, Schienen und Flugplätze, seine Ver- und Entsorgungssysteme und seine Krankenhäuser. Mit dem Aufkommen des Neoliberalismus aber ging es nur noch um Steuersenkung. Obwohl die deutsche Einheit es notwendig machte, Geld von West nach Ost zu transferieren, fiel die deutsche Steuerquote in den neunziger Jahren. Sie liegt 2003 bei 21 Prozent des Bruttoinlandsprodukts. Vor allem die Unternehmenssteuern wurden gemindert. Aussagefähiger noch als die Steuerquote ist die Abgabenquote, die neben den Steuern auch die Sozialversicherungsbeiträge umfasst. Bei der Abgabenquote steht Deutschland im »Europa der Zwölf« an fünftletzter Stelle. Nur Irland, Portugal und Spanien haben eine niedrigere Abgabenquote als Deutschland. Und selbst Großbritannien lag 2001 mit einer Abgabenquote von 37,4 Prozent vor Deutschland, das es trotz der weiterlaufenden Finanzierung der Deutschen Einheit nur auf 36,4 Prozent brachte.

Unternehmenssteuern werden in Deutschland immer weniger erhoben. In den letzten Jahren waren es nur noch 17 Prozent, 40 Jahre zuvor lag der Anteil der Unternehmenssteuern noch doppelt so hoch. Wäre die Höhe der Steuern aus Unternehmenstatigkeit und Vermögen derzeit noch so groß wie damals, dann würden über 50 Milliarden Euro zusätzlich in den klammen öffentlichen Kassen klingeln. Heute tragen die so genannten Massensteuern mit 75 Prozent zum Steueraufkommen bei. Das sind Umsatz-, Mineralöl- und Lohnsteuer. Im gleichen Zeitraum ist der Anteil der Löhne und Renten am Volkseinkommen gesunken, während die Einkommen aus Unternehmenstätigkeit und Vermögen gestiegen sind. Aus diesen Zahlen ergibt sich eindeutig, dass das deutsche Steuersystem dem Grundsatz »die Starken zahlen mehr als die Schwachen« nicht mehr entspricht. Es wäre daher Aufgabe einer großen Steuerreform, nicht nur die Überschaubarkeit des Steuerrechts durch einfache Steuersätze wieder herzustellen, sondern auch dafür zu sorgen, dass das deutsche Steuersystem wieder der Idee der sozialen Gerechtigkeit Rechnung trägt.

Nach dem Regierungswechsel 1998 legten wir ein entsprechendes Gesetz vor. Arbeitnehmer und Familien wurden entlastet, während gleichzeitig Steuerschlupflöcher gestopft und Rückstellungen in Unternehmen, vor allem bei Energiekonzernen und Versicherungen, besteuert wurden. Die betroffenen Unternehmen heulten regelrecht auf. Sie drohten, zehntausende von Arbeitsplätzen ins Ausland zu verlagern. Die Versicherungen waren so gekränkt, dass sie keine deutschen Anleihen mehr kaufen wollten. Der Finanzkonzern Allianz verkündete die Absicht, den Firmensitz nach London zu verlagern. Ich hätte dieser ehrenwerten Gesellschaft gerne die Daumenschrauben angezogen, aber längst wurden hinter meinem Rücken Absprachen getroffen. Reformregierungen scheitern oft an Parvenüs und Renegaten. Der Parvenü sonnt sich in der Gunst der Mächtigen, der Renegat nimmt den Glauben seiner Gegner an und vertritt ihn mit Inbrunst. Nach der neoliberalen Wende der Regierung Schröder im Jahr 1999 wurde die alte Umverteilung von unten nach oben wieder eingeführt.

Ein ideales Instrument der Umverteilung ist der internationale Steuerwettbewerb. Er ist eine schlaue Idee der Besitzenden. Bei dem Steuerwettbewerb geht es darum, wer die niedrigsten, und damit attraktivsten Steuern für die Wohlhabenden hat. Beschönigend und die wahren Zusammenhänge verschleiernd wird gesagt, es gehe um das intelligenteste Steuersystem. Aber wie das immer so ist beim Wettbewerb, die Teilnehmer müssen die gleichen Chancen haben. Das ist bei den Steuerzahlern aber nur ein schöner Traum.

Die Reichen und Wohlhabenden sind flexibel und mobil. Das Volk ist unflexibel und heimatgebunden. Die Mobilität der Wohlhabenden besteht in Wohnsitzverlagerung, Firmensitzverlagerung, Eröffnung eines Kontos in Luxemburg oder in der Schweiz, Steuervermeidung und Steuerhinterziehung. Der kleine Mann kann sich nicht eben mal eine Wohnung in Monaco oder in Andorra leisten, noch hat er einen Firmensitz auf den Kanalinseln, in Irland oder in Liechtenstein. So führt Steuerwettbewerb zu dem gewünschten Ergebnis. Die Reichen zahlen immer weniger, das Volk immer mehr. Damit das nicht so auffällt, heißt es, der Steuerwettbewerb diene der Wirtschaftsförderung. Nur ein Niedrigsteuerland, so die Lehre aller Neoliberalen, könne im internationalen Wettbewerb bestehen. Sie werden dabei sogar lyrisch. »Steuerland ist abgebrannt«, dichtete die ewige Steuersenkungspartei FDP.

Die Umverteilungsmaschine Steuerwettbewerb läuft wie geschmiert. Am augenfälligsten war es bei der Vermögenssteuer. Sie ist allen, die viel haben, ein Dorn im Auge. Also behaupten sie, diese Steuer schade der Wirtschaft. Sie schrecke ausländische Investoren ab. Vor allem die heiß umworbenen amerikanischen Unternehmen. Dass die angelsächsischen Länder höhere Vermögenssteuern als die Europäer erheben, ist den Reformern scheinbar nicht bekannt. Also machte man sich auf, Steuererleichterungen für die Wohlhabenden durchzusetzen. Immerhin war eines der ersten Länder, das die Vermögenssteuer abschaffte, das damals sozialdemokratisch regierte Österreich. Die Leimrute war ausgelegt. Bald wurde gemeldet, dass Friedrich Karl Flick seinen Wohnsitz nach Österreich verlegt habe. Er ist heute mit einem geschätzten Vermögen von vier bis fünf Milliarden Euro der reichste Österreicher. Als er wegen einer Steuerbefreiung Politiker in Deutschland schmieren ließ, sprach man von der »gekauften Republik«. Auch Tennisstar Michael Stich fand das österreichische Land bald so schön, dass er dort wohnen wollte. Die Regierung Kohl zog daraus den Schluss, auch Deutschland müsse die Vermögenssteuer abschaffen. Theo Waigel behauptete immer wieder, das Kapital sei ein »scheues Reh«. Wenn dem scheuen Reh der Steuerjäger drohe, verlasse es fluchtartig das Land.

Eine Zeit lang hatte ich zusammen mit sozialdemokratischen Politikern versucht, die völlige Abschaffung der Vermögenssteuer zu verhindern. Wir schlugen vor, die Vermögenssteuer für Betriebe aufzuheben, für Private aber beizubehalten. Da bot ein Bundesverfassungsgerichtsurteil der Regierung Kohl die Möglichkeit, die Steuer ganz zu streichen. Diese Chance ließ sie sich nicht entgehen. Im Bundestagswahlkampf 1998 versprach die SPD, die Vermögenssteuer für Private wieder einzuführen. Da die Vermögenssteuer den Ländern zusteht, sollte über sie zusätzliches Geld für Schulen und Universitäten bereitgestellt werden. Ein glühender Anhänger dieser Idee war der frühere hessische Ministerpräsident Hans Eichel. Nach der Wahl bekam die rotgrüne Koalition Angst vor der eigenen Courage. Sie preschte in eine andere Richtung vor: Die deutsche Wirtschaft, vor allem die Großbetriebe, sollten vielmehr durch weitere großzügige Steuersenkungen wettbewerbsfähig gemacht werden. Die Wiedereinführung der Vermögenssteuer hätte nicht mehr zum Image der »Reformregierung« Schröder gepasst. Als die Steuereinnahmen 2003 immer weiter einbrachen, erwogen sozialdemokratische Ministerpräsidenten, das Versprechen aus dem Jahr 1998 einzulösen. Aber wieder legte sich der Kanzler quer und die Länderchefs zogen ihre Vorlage zurück.

Kaum war George W. Bush in Amerika als Präsident installiert, da erhielten die Steuerreformer in Deutschland eine frohe Botschaft. Das auf zehn Jahre befristete Steuersenkungspaket des amerikanischen Regenten umfasste nicht nur Erleichterungen bei der Einkommens-, sondern auch bei der Erbschaftssteuer. Das US-Steuergesetz senkte vom 1. Januar 2002 an die Erbschaftssteuer für Millionäre. Bis zum Jahr 2007 soll sie schrittweise von 55 auf 45 Prozent reduziert und nach dem 31. Dezember 2009 ganz abgeschafft werden. Da müsste es doch auch in Deutschland gelingen, nach der Streichung der Vermögenssteuer auch die Erbschaftssteuer auf dem Altar des Neoliberalismus zu opfern. Immerhin hat das tägliche Trommeln der Steuersenker die Regierung Schröder davon abgehalten, die ursprünglich beabsichtigte leichte Erhöhung der Erbschaftssteuer Gesetz werden zu lassen.

Doch in Amerika ereignete sich etwas Seltsames und Seltenes: 500 Milliardäre und Millionäre wandten sich gegen die Pläne von Präsident Bush. Sie schrieben ihm: »Wenn die Erbschaftssteuer fällt, wird jemand anderes zahlen müssen.« Ihrer Ansicht nach würde die Streichung dieser Steuer auch die hohen jährlichen Zuwendungen reicher Amerikaner an gemeinnützige Organisationen und Universitäten gefährden. Die Verfasser erklärten, sie hätten von der Unterstützung durch öffentliche Schulen, öffentliche Stipendien und öffentliche Forschungsgelder profitiert. Daher fühlten sie sich dazu verpflichtet, dafür Sorge zu tragen, dass diese Förderungen gewährleistet bleiben und auch andere daraus Nutzen ziehen können. Zu den Unterzeichnern des Aufrufs gehörten George Soros, David Rockefeller, Paul Newman, Bill Gates sen. und Frank Roosevelt. »Umverteilung darf nicht von der sozialdemokratischen Tagesordnung genommen werden. Die Erbschaftssteuer sollte hoch sein, damit nicht zu viele Privilegien weitergegeben werden können«, mahnte auch Anthony Giddens, der Vordenker der britischen Labour Party. Aber in diesem Punkt folgen ihm weder Tony Blair noch Gerhard Schröder, noch die anderen Modernisierer in Europas sozialdemokratischen Parteien.

Da in Deutschland aber nicht nur Vermögens- und Erbschaftssteuern, sondern auch Einkommenssteuern gezahlt werden müssen, reichte die Abschaffung der Vermögenssteuer nicht, um Wohlhabende im Land zu halten. So verlegten unter anderem Spitzensportler und Größen aus dem Showgeschäft ihren Wohnsitz ins Ausland. Ein Beispiel sind die Schumi-Brüder. Wie sehr wir Veranlassung hätten, über die Verfassung der Bundesrepublik nachzudenken, kann man daran sehen, dass berühmte Steuerflüchtlinge in Deutschland als Nationalhelden verehrt werden. Hier wäre ein Ansatz für diejenigen, die nach einer deutschen Leitkultur suchen. »Üb immer Treu und Redlichkeit« ist ein Ausspruch, den man als typisch deutsch bezeichnet. Aber nachdem gekonnte Steuervermeidung und Steuerhinterziehung für viele zum Sport wurden, heißt es heute: »Der Ehrliche ist der Dumme.«

Als leuchtendes Beispiel für niedrige Einkommenssteuersätze gilt Großbritannien. Immer wieder spielte der Bundesverband der Deutschen Industrie (BDI) die Platte, Deutschland bräuchte Steuersätze wie Großbritannien. Dabei ist das britische Steuerrecht durch die Insellage des Königreichs geprägt. Die Benzinsteuern sind dort die höchsten in Europa. Schließlich können die Autofahrer nicht mal eben in ein Nachbarland fahren, um zu tanken. Sie sind zwar innerhalb Großbritanniens mobil, aber vom Kontinent ausgesperrt. Weil aber die Insel Firmen und Spitzenkräfte ins Land locken will und weil die eigenen Firmen und Spitzenkräfte abwandern können, gehören die Einkommens- und Unternehmenssteuersätze zu den niedrigsten in Europa. Für besser verdienende ist Großbritannien ein Paradies. Wer nicht britischer Staatsbürger, aber auf der Insel steuerpflichtig ist, also als ein »resident, non-domiciled« fungiert, kann alle seine Einkünfte steuerfrei beziehen, solange sie in Großbritannien nicht auftauchen. 60 000 gut bezahlte Ausländer profitierten davon.

Als herauskam, dass auch die größten Sponsoren der Labour-Partei zu dieser Gruppe gehören, wurde die Sache peinlich. Wieder einmal kündigte die britische Regierung an, das Privileg abzuschaffen. Aber alle bisherigen Initiativen scheiterten an der Londoner City.

Damit Deutschland im internationalen Kampf um die besten Fach- und Führungskräfte nicht verliere, müsse es Steuervergünstigungen für ausländische Spitzenkräfte einführen, forderte Siemens-Chef Heinrich von Pierer. Er verwies auf Steuernachlässe für Ausländer in Dänemark, in den Niederlanden und in anderen europäischen Ländern. Schamlosigkeit ist erfinderisch. Wenn das so weitergeht, werden bald in den europäischen Staaten nur noch »Ausländer« in hochbezahlten Jobs arbeiten.

Bei diesem Treiben will auch das kleine Irland nicht zu kurz kommen. Die Grüne Insel soll ein Paradies für Firmenniederlassungen werden. Um die von der Steuer Geplagten in diesen Garten Eden zu locken, hatten sich die Iren etwas ganz besonderes ausgedacht. Ausländischen Firmen wurden noch niedrigere Steuersätze angeboten als den einheimischen Betrieben. Doch eine derartige Steuerwillkür war selbst der eher neoliberal denkenden Europäischen Kommission zuviel. Schließlich war auf dem Kontinent einmal die Gleichheit der Steuerzahler als Grundlage der nationalen Gesetzgebung proklamiert worden. Jetzt war auf einmal von einem »unfairen Steuerwettbewerb« die Rede. Unzählige Sitzungen wurden abgehalten, um diesen zu bekämpfen. Es wäre richtig gewesen, diese Veranstaltungen Heuchelrunden zu nennen. Denn diejenigen der europäischen Länder, die gegenüber ihren Nachbarn das vermeintlich attraktivere Steuersystem hatten, versuchten mit allerlei Vorwänden und fadenscheinigen Argumenten, Vereinbarung gegen die Unfairness zu verhindern.

Ein Musterbeispiel für dieses Theater ist die Zinsbesteuerung. Eine Zauberformel für die Steuerhinterziehung der Geldbesitzer ist das Bankgeheimnis. Die Schweizer Nummernkonten sind weltberühmt. Diktatoren, Waffenhändler, Drogenhändler und sonstige Ganoven haben auf den sicheren Nummernkonten der ach so ehrbaren Schweiz die Gelegenheit, ihr Geld anzulegen, um ihre Machenschaften zu verschleiern. Aber für die Reichen existiert nicht nur die Schweiz, wenn sie ihr Geld zur Seite schaffen wollen. Es gibt Monaco, Liechtenstein, Andorra, Luxemburg und die Kanal-Inseln. Und wenn einem Europa zu heiß wird, dann sind da noch die Kayman-Inseln und andere Steuerparadiese in der Welt. Jeder Versuch, die Geldbesitzer dazu zu bringen, im jeweiligen Nationalstaat Steuern auf die Zinserträge zu zahlen, wurde von der Steuerparadiesfraktion unterlaufen. Luxemburg beispielsweise erklärt immer wieder, es sei erst dann bereit, Zugeständnisse zu machen, wenn auch Steuerparadiese außerhalb der Europäischen Gemeinschaft – beispielsweise die Schweiz – diese akzeptieren würden. Das klingt fair, ist in Wirklichkeit aber der schamlose Versuch, eine gerechte Zinsbesteuerung auf die lange Bank zu schieben, um den eigenen Vorteil zu wahren. Auch der im Mai 2003 von den europäischen Finanzministern gefundene Kompromiss ist faul. Wieder haben sich diejenigen durchgesetzt, die keine Regelung wollen.

Diese Umverteilungsmaschine, die zur Erosion der staatlichen Steuerbasis führt, kann man nur stoppen, wenn in Europa für alle Mitgliedsstaaten verbindliche Mindeststeuersätze eingeführt werden. Als ich diesen Vorschlag machte, und dazu wohl noch den Eindruck erweckte, ich meinte das als Finanzminister ernst, da war in England die Hölle los. Die Labour-Regierung äußerte ihr Unverständnis für solch unausgewogene Vorschläge. Die *Sun* erklärte mich zum »most dangerous man of Europe«, zum gefährlichsten Mann Europas. Das Boulevardblatt gehört, wie auch viele andere englische Zeitungen, Rupert Murdoch. Die Cambridge-Dozentin und Globalisierungsaktivistin Noreena Hertz weist in ihrem Buch »Wir lassen uns nicht kaufen!« darauf hin, dass Murdochs News Corporation weltweit nur sechs Prozent Steuern auf ihren Gewinn zahle. Zudem habe das Unternehmen in Großbritannien bis Ende 1999 überhaupt keine Körperschaftssteuern entrichtet, obwohl es dort seit 1987 Gewinne von weit über zwei Milliarden Euro erwirtschaftet habe.

Man sieht hier den feinen Unterschied zu Silvio Berlusconi. Der Grad der Aneignung öffentlicher Macht durch das große Geld ist in Großbritannien noch nicht so weit fortgeschritten. In Italien macht Berlusconi mittlerweile die Gesetze selbst. In Großbritannien achten die Londoner City und Rupert Murdoch mit seinen Zeitungen auf Steuergesetze, die ihnen genehm sind. Die *Sun* hatte nach der Niederlage des Labourkandidaten Neil Kinnock im Jahr 1992 gejubelt, wir haben die Wahl entschieden. Diese Lektion hat sich New Labour gemerkt.

Bei dem Wettbewerb um die niedrigsten Steuern für die Mobilen und Wendigen, wollte die rot-grüne Regierung nicht zurückstehen. Damit die deutschen Großbetriebe nicht alle auf die Idee kämen, ins Ausland zu wandern, senkte sie ab 2001 die Körperschaftssteuer auf 25 Prozent. Gleichzeitig wurde den Betrieben, die nicht unter das Körperschaftssteuerrecht fielen, eingeräumt, die Gewerbesteuer auf die Gewinnsteuer anzurechnen. Bei den Unternehmenssteuern ist Deutschland im europäischen Vergleich inzwischen eine Steueroase. Die Steuerlast, über die die deutsche Wirtschaft klage, sei eher ein »Phantomschmerz«, urteilte der ehemalige Chefredakteur des *Handelsblatt*, Hans Mundorf. Nach Schätzungen des Bundesfinanzministeriums sollten die Kapitalgesellschaften im Jahr 2001 nur noch 7,5 Milliarden Euro Steuern zahlen. Das sind gerade mal 1,7 Prozent des gesamten Steueraufkommens. Wenn man die Subventionen dagegen rechnet, die die Großbetriebe vom Staat bei Ansiedlungen oder bei Forschungsvorhaben erhalten, dann zahlen sie überhaupt keine Steuern mehr. Auch die Kleinbetriebe klagen laut und zahlen wenig. Im Juni 2003 stellten die Länderfinanzminister fest, die Bundesrepublik befinde sich in der schwersten Finanzkrise ihrer Geschichte. Die vielen Unternehmenssteuerreformen, sprich Unternehmenssteuersenkungen, haben ihre Wirkung getan.

Die hoch gelobte Unternehmenssteuerreform von Rot-Grün sollte den Firmen nach den Berechnungen des Instituts der Deutschen Wirtschaft für 2001 eine Entlastung von 13,4 Milliarden Euro und für 2005 eine von 15 Milliarden Euro bringen. Die Zahlen sind aber zu niedrig angesetzt, weil die im Gegenzug angekündigte Einschränkung der Abschreibungsmöglichkeiten nach dem Protest der Wirtschaft nicht in vollem Umfang durchgeführt wurde. Das Sprachrohr der Unternehmerverbände meinte zu dieser Steuerreform im November 2000: »Ob die Unternehmen die größere Liquidität tatsächlich für Investitionen nutzen und so die Konjunktur antreiben, bleibt angesichts der verschlechterten Abschreibungsbedingungen abzuwarten. Weil aber die Absatzperspektiven recht positiv sind und die Investoren Modernisierungsbedarf haben, stehen die Chancen nicht schlecht, dass die knapp 13,7 Milliarden Euro Steuerentlastung überwiegend konjunkturwirksam werden.«

Im Jahr 2001 sah die Welt anders aus. Der Ölpreisanstieg, die Teuerung der Nahrungsmittelpreise infolge der BSE-Krise und die miserabelsten Lohnabschlüsse in Europa hatten der Wirtschaft zu viel Kaufkraft entzogen. Deutschland war Schlusslicht beim Wachstum. Statt zu investieren und die Wirtschaft anzukurbeln, kündigten die Großfirmen Massenentlassungen an. Schließlich hatte sich das Shareholdervalue-Denken durchgesetzt. Wenn die Aktienkurse sinken – und das war im Jahr 2001 der Fall –, dann scheint es sinnvoll, durch Ankündigung von Personalabbau Tatkraft zu zeigen. Denn: Die »Verschlankung« des Unternehmens wird von den Börsen mit steigenden Aktienkursen belohnt. Und steigende Aktienkurse bringen den Vorständen wiederum mehr Geld. So schließt sich der Kreis der Umverteilung.

Mit staunenden Kinderaugen entdeckten die rot-grünen Koalitionäre, dass das Märchen von den Arbeitsplatz schaffenden Unternehmenssteuersenkungen kein gutes Ende nimmt. Die am 14. Juli 2000 verabschiedete Reform plünderte die Kassen der Länder und Kommunen. Da vor allem die Gemeinden die Träger der öffentlichen Bauinvestitionen sind, fielen entsprechende Ausgaben im Jahr 2001 auf einen erneuten Tiefstand. Ohne die Baubranche sei das deutsche Wirtschaftswachstum im europäischen Vergleich überdurchschnittlich, hieß es zur Entschuldigung. Noch besser hätte man daran getan, nach den schlechten Lohnabschlüssen auch den Einzelhandel herauszurechnen. Dann wäre das Wachstum der deutschen Wirtschaft in Europa sicherlich Spitze gewesen.

Ein weiterer Höhepunkt der rot-grünen Unternehmenssteuerreform war die Steuerfreistellung der großen Betriebe beim Verkauf von Beteiligungen. Dieser Geniestreich war von mehreren Peinlichkeiten begleitet. Zunächst hatten Schröder und Eichel bei der Präsentation des Steuerreformgesetzes dieses süße Bonbon für die großen Unternehmen gar nicht erwähnt. Man wollte das Ganze nicht unnötig hochspielen, sagte man später etwas verlegen. Es gibt aber in Wahrheit nur eine Erklärung dafür: Sie wußten bei der Vorstellung des Gesetzes nicht, was in diesem stand. Wenn in einem neuen Gesetzentwurf mit vielen Seiten an irgendeiner Stelle steht, Paragraph X, Absatz Y entfällt, dann ist es den meisten Politikern nicht möglich, zu erkennen, was damit gemeint ist. Sie müssen in der Regel von ihren fachkundigen Mitarbeitern darauf hingewiesen werden, was sich hinter solchen Veränderungen verbirgt. Das war wohl in diesem Fall nicht geschehen. Erst als die Frankfurter Börse in dem Reformwerk das goldene Ei für die Großunternehmen entdeckte, schossen die Börsenkurse nach oben. Nun war das Glück der rot-grünen Spitzenpolitiker vollkommen. Nicht nur Hans-Olaf Henkel, Hans-Peter Stihl und Dieter Hundt lobten überschwenglich ihr Steuergesetz, sondern auch die Börsianer waren mit Rot-Grün zufrieden. Stolz hefteten sich die Architekten dieses Steuergesetzes den Button mit der Aufschrift »Reformer« ans Revers.

Eine zweite Peinlichkeit kam hinzu. Die Schwergewichte der deutschen Wirtschaft hatten durch den Vorstandsvorsitzenden der Allianz, Henning Schulte-Noelle, angeboten, dennoch 20 Prozent Steuern bei Beteiligungsveräußerungen zu zahlen. Die rot-grünen Koalitionäre lehnten aber großzügig ab. So haben sie, wenn Beteiligungen in der Größenordnung von 50 Milliarden Euro den Besitzer gewechselt haben, mal eben auf zehn Milliarden Euro Steuern verzichtet. Ein ähnlicher Fall von Freigebigkeit ist in Europa nicht bekannt. Diese Steuerermäßigung wurde damit begründet, dass die Deutschland-AG »durchlüftet« werden müsste. Überflüssige Firmenanteile sollten abgestoßen werden, neue Firmenstrukturen sich herausbilden. Angesichts des vorherrschenden Shareholdervalue-Denkens der Managerkaste werden bei diesem Spiel viele weitere Arbeitsplätze abgebaut werden, obwohl die Firmen genügend Geld in der Kasse haben, um die Reduzierung von Stellen zu vermeiden.

Anfang 2002 wurden die Auswirkungen der bejubelten Unternehmenssteuerreform erst richtig deutlich. Der *Spiegel* schrieb von einem »Milliardendesaster« und berichtete von einer »Panik in den Finanzämtern«. Viele Großkonzerne zahlten nämlich fast keine Steuern mehr und bekamen teilweise Milliarden von den Finanzämtern zurück. Es war wie an Weihnachten. Die Deutsche Telekom freute sich über 1,4 Milliarden Euro, RWE über 400 Millionen Euro, Bayer und Vodafone über je 250 Millionen Euro und die Dresdner Bank über 129 Millionen Euro.

Die Körperschaftssteuer, die dem Staat 2000 noch 23,6 Milliarden Euro gebracht hatte, war völlig eingebrochen. Im Jahr 2001 war sie zum ersten Mal im Minus. Die Steuerspezialisten der Industrie und des Finanzministeriums hatten für die Großbetriebe so viele neue Schlupflöcher geschaffen, dass in den Buchhaltungen nur noch Champagner gereicht wurde. So großzügig war die deutsche Wirtschaft noch nie von einer Regierung beschenkt worden. Schon sorgten sich die Konzerne, nach der Bundestagswahl 2002 könnten die Geschenke wieder eingesammelt werden. In diesem Sinne hatte sich jedenfalls der CDU/CSU-Vorsitzende Friedrich Merz geäußert. Auch Kanzlerkandidat

Edmund Stoiber klagte laut, die Großbetriebe würden keine Steuern mehr zahlen. Aber er war nicht mutig genug, um vor der Wahl zu sagen, wie er das im Falle seines Sieges ändern wollte. Wahrscheinlich fürchtete er um die Parteispenden, mit denen die Wirtschaft vor allem die CDU/CSU immer reichlich bedenkt.

Nach der Bundestagswahl 2002 kam es zu einem Kompromiss. Dieser führte zu Körperschaftssteuereinnahmen, die weit hinter dem zurückblieben, was vorher üblich war.

Ein weiteres Instrument der Umverteilung ist der Wechsel von direkten Steuern zu Verbrauchssteuern. Die Verbrauchssteuern treffen vor allem Familien mit Kindern. Man braucht kein großer Rechenkünstler zu sein, um auf den ersten Blick zu sehen, wer benachteiligt ist, wenn für den gut verdienenden Junggesellen der Spitzensteuersatz gesenkt wird und gleichzeitig für alle, also auch für Familien mit mehreren Kindern, die Mehrwertsteuer angehoben wird.

Wie direkte Steuern wirken auch die Sozialversicherungsbeiträge. Die Betriebe und die Arbeitnehmer zahlen einen bestimmten Prozentsatz vom Lohn in die Sozialkasse. Wenn nun anstatt einer Erhöhung des Sozialversicherungsbeitrags die Verbrauchssteuern angehoben werden, dann gehört das Volk zu den Verlierern und die Unternehmer sind die Begünstigten. So erhöhte auch die Regierung Kohl zum 1. April 1998 die Mehrwertsteuer um einen Punkt, um den Anstieg des Rentenbeitrags von 20,3 auf 21 Prozent zu verhindern. Trotz einer Reihe von Bedenken stimmten auch die sozialdemokratisch regierten Bundesländer zu, vor allem, um dem Vorwurf zu entgehen, neben der Steuerreform auch die Rentenreform zu blockieren. Die Rentenbeiträge konnten so kurzfristig stabilisiert werden – aber zulasten der Arbeitnehmer.

Nach der gewonnenen Bundestagswahl 1998 startete die rotgrüne Koalition die ökologische Steuerreform. Die Grundidee dieser Reform ist einfach. Durch zusätzliche Steuern auf den Energieverbrauch sollen alle angehalten werden, sparsam mit der

Energie umzugehen. Und tatsächlich zeigte sich in der Folge, dass höhere Preise zum sorgsameren Umgang mit Energie führten. Die Teuerung funktionierte und die Skeptiker waren widerlegt. Die Mehreinnahmen aus der zusätzlichen Steuer konnten nun unterschiedlich verwandt werden. Die einen plädierten für Investitionen in Verkehrswege, die anderen für das Absenken der Lohn- und Einkommenssteuer und wiederum andere für die Stabilisierung der Sozialversicherungsbeiträge. Für letzteren Weg entschied sich Rot-Grün. Dabei aber ergab sich ein systematisches Problem. Wenn die Sozialversicherungsbeiträge über mehrere Jahre konstant gehalten oder leicht abgesenkt werden sollen, dann müssen die beschlossenen Schritte der Ökosteuererhöhung unabhängig vom Konjunkturverlauf durchgesetzt werden.

Schwerer noch als der Konjunkturverlauf wiegt das Auf und Ab der Weltenergiepreise, vor allem der Ölpreise. Wir hatten daher bei der Ökosteuer ursprünglich den Vorbehalt gemacht, dass bei stark schwankenden Energiepreisen das Konzept angepasst werden müsse. Aus diesen Überlegungen heraus wäre die beste Lösung die gewesen, die Mittel aus der ökologischen Steuerreform in den allgemeinen Steuertopf fließen zu lassen. Aus diesem hätte man dann gestaffelte Beiträge für die Sozialversicherung im Niedriglohnsektor finanzieren können. Die Sozialpolitiker der Regierungsfraktionen machten aber 1998 den Fehler, die Ökosteuereinnahmen sofort für die Senkung des Rentenbeitrags zu verwenden. Bei dieser Entscheidung war, wie schon gesagt, Beständigkeit geboten, was aber angesichts von Konjunkturverlauf und Weltenergiepreisniveau kaum mehr möglich ist. Seine mangelnde Anpassungsfähigkeit beschädigte das Reformprojekt in den darauf folgenden Jahren. Nach dem Motto, Augen zu und durch, wurden die Steuererhöhungsschritte umgesetzt, auch dann, als eine schwache Konjunktur mit einem hohen Ölpreis zusammentraf.

Die energieintensive Industrie musste die Ökosteuer nicht

zahlen. Zugespitzt formuliert: Die größten Umweltverschmutzer wurden steuerlich bevorzugt. Das stellte das Konzept nun geradezu auf den Kopf. Ich bin dafür mitverantwortlich, weil ich kurz vor meinem Rücktritt diesem faulen Kompromiss zugestimmt hatte, um das Gesamtprojekt zu retten. Als neben der Mineralölsteuererhöhung auch eine Stromsteuer eingeführt wurde, ergab sich ein weiterer Umverteilungseffekt. Da zwar nicht alle Rentner und Arbeitslose ein Auto fahren, aber alle Strom verbrauchen, bezahlen auch Rentner und Arbeitslose die sinkenden Lohnnebenkosten der Industrie.

Doch selbst für die Betriebe, die nicht zu den energieintensiven gehörten, wirkte sich die Rechnung noch positiv aus. Mit anderen Worten: Die Entlastung bei den Lohnnebenkosten ist größer als die zusätzliche Belastung beim Energieverbrauch. Das rheinisch-westfälische Institut für Wirtschaftsforschung hat errechnet, dass im Jahr 2003 – also nach der fünften Stufe der Ökosteuerreform – die privaten Haushalte mit 1,5 Milliarden Euro belastet werden, während die Industrie mit ungefähr 850 000 Euro entlastet wird. Die Ökosteuer wurde somit zu einem Beispiel dafür, wie man eine gute Reform durch eine schlechte Ausführung in Misskredit bringen kann.

Der Privatisierungswahn

Die Privatisierung öffentlicher Dienstleistungen ist für die Neoliberalen ein ähnliches Dogma wie die unbefleckte Empfängnis Mariä für die katholische Kirche. So wie der IWF die Entwicklungsländer zwang, ihren Staatsbesitz zu veräußern, so steckten die Briten mit ihrer Privatisierung und Liberalisierung ganz Europa an. Als erste Europäer hatten sie das staatliche Telefonmonopol aufgehoben. Heute gibt es auf dem gesamten Kontinent kaum noch staatliche Telefongesellschaften. Wasserwerke und Stromerzeugungsanlagen wurden ebenso wie Stromleitungen verkauft. Selbst der Betrieb von Gefängnissen wurde Privaten übertragen. Vorreiter war Großbritannien auch bei der Privatisierung der Bahn. Die British Rail wurde von dem ehemaligen britischen Premierminister John Major in mehrere Einzelgesellschaften aufgespalten und verkauft. Doch der erhoffte Schub an privaten Investitionen blieb aus. Die Züge waren weiterhin überfüllt und kamen zu spät. Da kein Geld ausgegeben wurde, waren sie unattraktiv und schmuddelig. Nach mehreren Eisenbahnunglücken begannen die Briten an der Weisheit der Privatisierung zu zweifeln. Auf einmal wurde das Unternehmen, das das Schienennetz betrieb, wieder verstaatlicht. Das ging ganz schnell: Die Regierung Blair zahlte keine Subventionen mehr und leitete damit den Konkurs ein. Die Railtrack sollte zwar als private Firma weitergeführt werden, aber der Staat übernahm in Form von Garantien für die Kreditgläubiger die Verantwortung für die Firma wieder.

In den sechs Jahren ihres Bestehens hatte die private Railtrack wenig investiert, aber zwei Milliarden Dividende an ihre Anteilseigner ausgeschüttet. Da die Briten vergessen hatten, dass die Aktienbesitzer bei der Privatisierung auch gezahlt hatten, gewannen sie den Eindruck, die Dividenden würden allein aus Steuergeldern gezahlt. Anfang 2002 folgte ein Warnstreik dem anderen. Da 26 Einzelunternehmen sich den Betrieb der britischen Eisenbahn teilten, konnten die Gewerkschaften sie gut gegeneinander ausspielen. Und weil die Privaten darum wetteiferten, wer am schnellsten die Kosten senken konnte, fehlte plötzlich überall Personal – beispielsweise hätten 1000 Lokführer mehr beschäftigt werden müssen. So fielen viele Züge aus und die Engländer fingen an, über die Privatisierung zu fluchen.

Die britischen Gewerkschaften sahen sich im Aufwind und hatten plötzlich Mitgliederzuwachs. Der Chef der Transportgewerkschaft, Bob Crow, drohte dem in die Privatisierung verliebten Blair mit dem Entzug der finanziellen Unterstützung: »Labour hat seine Wurzeln als Arbeiterpartei gekappt und ist mit seinen neuen Freunden aus dem Big Business ins Bett gesprungen. Wenn sich diese Politik nicht ändert, werden wir sie weder politisch noch finanziell weiter unterstützen.« Zur gleichen Zeit warfen in Deutschland die Gewerkschaften der Regierung Schröder vor, die Gerechtigkeitslücke weiter vergrößert zu haben.

Einen Salto rückwärts machte die Regierung Blair im Gesundheitswesen. Stolz berichtete Schatzkanzler Gordon Brown, die Labour-Regierung habe die Staatsschulden um 83 Milliarden Euro verringert, mit 31 Prozent am Volkseinkommen sei die englische Verschuldung die niedrigste unter den G-7-Staaten. Jetzt müsse man aber, um das Gesundheitswesen zu modernisieren, die Steuern anheben. Wer eine Modernisierung des Jahrzehnte lang vernachlässigten Staatsdienstes haben wolle, müsse den Preis höherer Steuern zahlen. Die *FAZ*, man reibt sich die Augen, stellte dazu lapidar fest: »Der dritte Weg führt in die Sackgasse.« Sie bezeichnete Blairs Vorgehen als »ehrlich und mutig«. Und weiter meinte die FAZ, die Regierung täte jetzt nicht mehr so, als sei ein erstklassiger Staatsdienst ohne beherzte Investitionen zu haben. Der britische Premier wurde dafür gelobt, dass er den Weg von Margaret Thatcher nicht weiter einschlagen wolle: »Die Ära Thatcher, die Großbritanniens Wirtschaft effizienter gemacht, staatliche Dienstleistungen aber auf ein Minimum reduziert hat, geht gewissermaßen erst jetzt zu Ende, denn eine britische Regierung wirbt wieder aktiv für die Ausweitung der Staatsbetätigung.« Es wurde höchste Zeit für diese Maßnahme. Das Gesundheitswesen in Großbritannien ist eine Katastrophe. Genüßlich rechnete ein konservativer Abgeordneter vor, in seinem Wahlkreis hätten zu Zeiten von Blairs Amtsantritt 40 Herzkranke länger als 13 Wochen auf den Kardiologen warten mussten, heute seien es 269 Patienten.

Die Privatisierung ist nicht der Weisheit letzter Schluss. Das erfuhren auch die Italiener im Zuge der Privatisierung ihrer Autobahnen. Der italienische Staat hatte dadurch 7,6 Milliarden Euro erhalten. Aber bald litten seine Bürger unter den Nachteilen des durch eine Maut finanzierten Autobahnnetzes. Eine privat finanzierte Autobahn verringert die Vorteile, die ein kostenloses Autobahnnetz wie in Deutschland mit sich bringt. Schnellstraßen bedeuten für strukturschwache Regionen Entwicklungschancen. Aber bei einer nicht öffentlichen Finanzierung rentieren sich gerade in wenig besiedelten Regionen die Zahlhäuschen nicht. Folglich wird der durchschnittliche Abstand zwischen den Ausfahrten immer größer. Im wirtschaftlich unterentwickelten Süditalien sind Distanzen von mehr als 30 Kilometer keine Seltenheit. Die Investitionen in neue Autobahnen kommen kaum voran, da die damit verbundenen Gebührenerhöhungen unpopulär sind. Weil die privaten Geldgeber eine Rendite erhalten wollen, wird zudem zu wenig für den Erhalt bestehender Autobahnen ausgegeben. Das führt zu Sicherheitsmängeln, zumal die Autobahnen in Italien relativ schmal gebaut sind und unzureichende Spuren für ein- und ausfahrende Autos ausweisen. Die italienischen Autostradas sind somit ähnlich »attraktiv« wie das englische Schienennetz.

Auch die Deutschen haben ihre Erfahrungen gemacht. Für die Infrastruktur auf dem Land ist die Post wichtig. Die rot-grüne Koalition beschloss, die Post vollständig zu privatisieren. Das Finanzministerium erklärte, es gäbe keine zwingenden Gründe, mehrheitlich an der Post beteiligt zu sein, da durch das Postgesetz sichergestellt sei, dass die Bevölkerung flächendeckend und ausreichend versorgt sei. Viele Verbraucher hatten sich beschwert, auf den Briefkästen sei nicht mehr ersichtlich, wann die nächste Leerung erfolgen würde. Der Gesetzgeber musste es der Post zur Pflicht machen, die Leerungszeit wieder anzugeben.

Es gibt öffentliche Aufgaben, die der Privatwirtschaft nicht übertragen werden sollten. Wie bei den Autobahnen, so muss der Staat bei den Dienstleistungen der Post auf dem flachen Lande eine ausreichende Versorgung sicherstellen. Das verträgt sich aber nicht immer mit dem privatwirtschaftlichen Gewinnstreben. Nur in dicht besiedelten Gebieten rechnen sich nach den Kriterien der Privatwirtschaft öffentliche Dienstleistungen. Um den ökonomisch uninteressanten Rest darf sich dann wieder der Staat kümmern.

Langsam dämmert es einigen, dass es mit der Enteignung der öffentlichen Hand nicht so weitergehen kann. So gibt es Überlegungen zur Privatisierung der Trinkwasserversorgung, die auch vor Deutschland nicht Halt machen. Die Bayerische Staatsregierung erklärte aber im Dezember 2001, die Trinkwasserversorgung in Bayern solle auch weiterhin in der Verantwortung von Städten und Gemeinden bleiben. Eine Liberalisierung dieses Marktes komme für den Freistaat nicht infrage. Trinkwasser ist in den Augen des Stoiberschen Kabinetts ein »elementares Lebensmittel«, das nicht dem Spiel des freien Marktes ausgesetzt werden dürfe. Bei den Gemeinden sei die Versorgung der Bevölkerung mit Trinkwasser in den besten Händen. Hoffentlich bleibt die Bayerische Staatsregierung standhaft und hoffentlich hält die Erleuchtung, die nur der berühmte Engel Aloisius dem bayerischen Kabinett gebracht haben kann, noch eine Zeit lang an.

Auch die Terroranschläge haben die Grenzen der Privatisierung aufgezeigt. Die US-Flugsicherheit war zum Teil deshalb löchrig geworden, weil die ursprünglich öffentliche Aufgabe privaten Betrieben übertragen wurde. Man kam nun zu der Einsicht, es wäre besser, in derart sensiblen Bereichen statt ungelernten Arbeitnehmern Fachpersonal zu beschäftigen. Staatliche Regulierung und Kontrolle bleiben unabdingbare Voraussetzungen für die innere Sicherheit der Gesellschaft.

Die Fehlschläge der Privatisierung überraschten mich nicht. Als frisch gebackener Landtagsabgeordneter beschäftigte ich mich 1970 mit der Entsorgung des Sondermülls durch Privatfirmen. Als Folge eines Skandals kam es zu einer Sitzung des zuständigen Landtagsausschusses. Einer dieser privaten Unternehmer bat mich während dieser Sitzung, mit ihm einmal kurz vor die Tür zu gehen. Dort eröffnete er mir, ich solle dem, was die da drinnen erzählen, keinen Glauben schenken. Die Entsorgung würde vielfach darin bestehen, dass der Dreck entweder in die Saar oder in die freie Landschaft gekippt würde. Seit dieser Zeit weiß ich: Ohne staatliche Kontrollen kann man privaten Firmen Aufgaben, die für die Volksgesundheit von Bedeutung sind, nicht übertragen. Diese Auffassung wurde jüngstens bestätigt, als einige Unternehmen aufflogen, die, um schnelles Geld zu verdienen, keine sorgfältigen BSE-Tests durchgeführt hatten.

Der Sozialstaat muss von allen finanziert werden

Im Zuge der Globalisierung, so heißt es landauf und landab, könnten wir uns den üppigen Sozialstaat nicht mehr leisten. Diese Auffassung setzt sich mehr und mehr durch, obwohl ihre Begründung auf schwachen Füßen steht. Dänemark beispielsweise hat eine deutlich höhere Steuer- und Abgabenquote als Deutschland und damit einen umfassenderen Sozialstaat. Aber seine Arbeitslosenquote ist niedriger als in den meisten anderen europäischen Ländern, auch deshalb, weil der dänische Sozialstaat eine aktive Arbeitsmarktpolitik betreibt. Von schweren Strafen der internationalen Finanzmärkte gegenüber Dänemark ist bis heute wenig bekannt geworden. Aber in der innerdeutschen Debatte werden Sachargumente oft durch Vorurteile ersetzt. Triumphierend behaupteten die Neoliberalen, der rheinische Kapitalismus habe ausgedient. Nur das angelsächsische Wirtschaftsmodell sei in einer Welt mit offenen Märkten überlebensfähig.

Die Absenkung der Sozialversicherungsbeiträge wurde zum Programmpunkt aller politischen Parteien. Diskreditiert wird die Idee des Sozialstaates auch durch das heillose Geschwätz von Lobbyistenvereinigungen wie dem Bund der Steuerzahler, der in schöner Regelmäßigkeit laut darüber klagt, der Staat nehme einem von jedem Euro 50 Cent ab. Die FDP bereichert diese Debatte noch mit dem Hinweis, früher hätten die Fürsten nur den Zehnten genommen. Das müssen herrliche Zeiten gewesen sein, in denen es keine Schulen, Krankenhäuser oder Renten gab und in denen der Zehnte nur dem Luxusleben der Adligen und der Kriegführung diente! Das Perfide an der Auseinandersetzung ist, dass so getan wird, als würde der Moloch Staat das Geld verschlingen, verprassen oder nur für überflüssiges Personal und für hohe Beamtengehälter verschwenden. Besonders trickreich ist es, die Sozialversicherung als staatliche Geldvergeudung anzuprangern, so als kämen die Rentenversicherungsbeiträge nicht den Rentnern, die Krankenversicherungsbeiträge nicht den Kranken, die Pflegeversicherungsbeiträge nicht den Pflegebedürftigen und die Arbeitslosenversicherungsbeiträge nicht den Arbeitslosen zugute.

Wie bei einer solchen Dauerberieselung der Öffentlichkeit vernünftige Reformen unmöglich werden, zeigt die Debatte über das Gesundheitswesen. Seit vielen Jahren hören wir überall dasselbe Klagelied. Die Gesundheitskosten sind zu hoch. Bei einigem Nachdenken stellt man sich die Frage, warum nicht ebenso heftig über die Schulkosten, die Kindergartenkosten, die Auslagen für die Ernährung, für den Bau eines Hauses oder für das Auto gejammert wird. Diese Überlegung drängt sich deshalb auf, weil bei vielen familiären Begegnungen zu hören ist, die Gesundheit sei im Leben das Wichtigste. Warum also lamentieren alle über zu hohe Aufwendungen bei dem, was uns am meisten wert ist? Eigentlich dürfte uns für das kostbarste Gut, das wir haben, nichts zu teuer sein. Zudem bedeuten steigende Gesundheitsausgaben auch mehr Arbeitsplätze – ein Argument, das bei vier Millionen Arbeitslosen Gewicht haben sollte. Die Auflösung des Rätsels: Die Unternehmer zahlen die Hälfte der Krankenversicherungsbeiträge und das tun sie nicht gerne. Da jede Kostensenkung für die Unternehmen dem Standort Deutschland dient, müssen die Gesundheitsausgaben auch sinken. Und weil bei geringen Einkommen die prozentualen Krankenversicherungsbeiträge und die Zuzahlungen für Medikamente stark ins Gewicht fallen, sehen das auch viele Arbeitnehmer und Rentner so. Es geht nicht zuerst darum, steigende Gesundheitsausgaben zu vermeiden, sondern das Ziel einer humanen Gesellschaft muss es sein, eine allen zur Verfügung stehende Krankenversorgung zu finanzieren. Die Gesundheitsleistung hat dem aktuellen wissenschaftlichen Stand zu entsprechen und muss von der Krankenkasse bezahlt werden. Für Sonderwünsche und Extras kommen die Patienten selber auf. Es ist geradezu wünschenswert, bei zunehmender Lebenserwartung der Bevölkerung, mehr Geld für die Gesundheit auszugeben. Diese Entwicklung lässt sich auch in anderen Staaten beobachten.

Der Einwand der Zwei-Klassen-Medizin greift zu kurz. Die, die Geld haben, konnten immer und können sich auch in Zukunft außerhalb der sozialen Sicherungssysteme medizinische und ärztliche Leistungen kaufen, die dem Durchschnittsbürger nicht zur Verfügung stehen. Und in unseren Krankenhäusern gibt es schon lange Einzel-, Doppel- und Mehrbettzimmer.

Eine Jahrhundertreform der Sozialversicherung wäre es, nicht nur die Löhne und Gehälter, sondern auch die Vermögenseinkommen zur Finanzierung des Sozialstaates heranzuziehen. In einer Welt, in der die Lohnquote am Volkseinkommen tendenziell sinkt und in der die Vermögenseinkommen immer weiter steigen, ist das der Königsweg, um die Finanzierung des Sozialstaates zu sichern. Die Finanzierung über Sozialabgaben und Verbrauchssteuern bestraft – polemisch zugespitzt – die Fleißigen und belohnt die Faulen.

Gemeint ist damit, dass in unserer Erbengesellschaft Zinseinkommen oder Einkommen aus Vermietung und Verpachtung oft der Erbschaft entstammen und damit nicht durch Fleiß und Mühe der Einkommensempfänger begründet sind. Vorbildlich ist in diesem Sinne die Schweiz. Sie greift bei der Finanzierung des Sozialstaates auch auf die Vermögenseinkommen zurück.

Auch die Anfang 2003 von Schröder in die Welt gesetzte Agenda 2010 löst die Probleme nicht. Statt einer grundsätzlichen Systemreform wird mal da, mal dort gekürzt, weil die Kassen leer sind.

Hinter den jeweiligen Ansichten stecken verschiedene Weltanschauungen. Der Individualist oder der Egoist sagt, jeder muss für sich selbst sorgen. Konsequent wäre es dann, den Sozialstaat völlig zu privatisieren. Die abendländische Tradition ist aber eine andere. Ihr entspricht es, dass die Starken den Schwachen helfen. Das verlangen Christentum und Humanismus. Und das geht nur über eine Sozialkasse und nicht über eine Privatversicherung. Ein Heranziehen der Vermögenseinkommen zur Finanzierung des Sozialstaates würde den Reformbegriff wieder vom Kopf auf die Füße stellen. Die Mehrheit der Bevölkerung hätte davon den Nutzen und es würde zur Abwechslung mal wieder von oben nach unten umverteilt.

Bei der Rentenreform, der Riester-Rente, flammte die ganze Debatte wieder auf. Befürworter einer öffentlich finanzierten Sozialversicherung und einer privaten Rentenversicherung prallten aufeinander. Und wie konnte es anders sein in der Ära des Neoliberalismus, die Anhänger der Privatversicherung setzten sich durch. Dabei war es erstaunlich, in welchem Ausmaß die Öffentlichkeit getäuscht wurde.

Von überall her hörten wir, es ginge bei dieser Reform um Beitragsstabilität in der Rentenversicherung. Das war eine glatte Lüge. Es ging nie um Beitragsstabilität. Es ging allein um Beitragsstabilität für die Arbeitgeber und im Gegenzug sollten die Arbeitnehmer den zusätzlichen Arbeitgeberanteil auf dem Wege der Privatrente mitfinanzieren. Um diesen Schwindel zu verbergen, wurde ein weiteres Märchen in Umlauf gebracht. Es wurde behauptet, es handele sich bei der Rentenreform darum, endlich der gesetzlichen Rente eine private Altersvorsorge zur Seite zu stellen. Da kann man nur staunen. Seit Jahrzehnten sorgten Bürger in Deutschland mit staatlicher Unterstützung für ihr Alter vor. Millionen hatten Häuser, die sie selbst nutzen, gebaut, Eigentumswohnungen und andere Immobilien zur Vermietung erworben oder Lebensversicherungen abgeschlossen. Von einem Neuaufbau einer privaten Altersvorsorge konnte also gar keine Rede sein. Die gab es längst. Nur diejenigen, die knapp bei Kasse waren, hatten weder Immobilienbesitz noch besaßen sie Geld, um eine Lebensversicherung zu finanzieren.

Die Wirtschaft begrüßte die Rentenreform. Banken und Versicherungen rechneten mit Milliardengeschäften. »Mit der Verabschiedung der Rentenreform schafft die Bundesregierung die Voraussetzungen, um die Altersvorsorge für künftige Generationen zu sichern. Das ist ein wichtiger Beitrag zum sozialen Frieden in unserem Land«, verkündete der Vorstandsvorsitzende der Allianz AG, Henning Schulte-Noelle. Und der Chef der Dresdner Bank, Bernd Fahrholz, sprach von einem historischen Tag für Deutschland. Er sagte einen Boom der betrieblichen Altersversorgung voraus. Bei lustigen Trinkgelagen der Branche wurden Minister der rot-grünen Regierung als die besten »Außendienstmitarbeiter der Versicherungswirtschaft« bezeichnet. Auffälligerweise war vom Generationenvertrag während der Rentendebatte kaum die Rede. Der Aufbau einer privaten Zusatzrente wurde zu einer Handlung ohne sozialen Bezug. Seit Jahrtausenden versorgen die Jungen die Alten. Daran ändert auch die Riester-Rente nichts, weil die Kapitalrendite immer von den Aktiven erarbeitet werden muss.

Während die gesetzliche Rentenversicherung eine sichere Form der Altersvorsorge ist, wird die private Vorsorge zum Risiko, wenn sie beispielsweise in Form von Pensionsfonds auf den internationalen Kapitalmärkten angelegt wird. Daher gibt es Bestimmungen, die vorschreiben, dass Versicherungen nur einen geringen Anteil der ihnen anvertrauten Gelder in Aktien anlegen können. Auch Anleihen und sonstige Produkte der Finanzindustrie sind angesichts der Schwankungen auf den internationalen Finanzmärkten nicht sicher.

Inwieweit die Riester-Rente die privaten Versicherer mit ausreichenden Auflagen davon abhält, zu risikobehaftete Anlageformen zu suchen, wird die Zukunft zeigen. In Amerika wurde deutlich, dass private Fonds unsicherer sind als die staatliche Rente. Als die Aktienkurse einbrachen, haben US-Rentenfonds zum ersten Mal Geld verloren. Guthaben, die im Jahr 1999 46 740 Dollar wert waren, sind im Jahr 2000 auf 41 919 Dollar gesunken und gingen im Jahr 2001 noch weiter auf 41 300 Dollar zurück. Das bedeutete einen Verlust von 11,6 Prozent in 18 Monaten. Dabei handelte es sich nur um Durchschnittswerte, das heißt, Amerikaner, die an einem Fonds mit einem Übergewicht an Aktien der New Economy beteiligt waren, haben noch weitaus mehr verloren.

Die Gefahren der privaten Altersvorsorge zeigte sich auch am Beispiel des Enron-Debakels in Amerika. Mit der Insolvenz des Energieversorgers verloren viele US-Bürger nicht nur ihren Arbeitsplatz, sondern auch einen beträchtlichen Teil ihrer Ersparnisse für das Alter. Enron hatte seine Mitarbeiter aufgefordert, sich im Rahmen der staatlich geförderten Altersvorsorge am Unternehmen zu beteiligen. Folglich investierte die Belegschaft mehr als 60 Prozent ihrer steuerbegünstigten Gehälter in Enron-Aktien.

Die Konzentration der Ersparnisse auf ein Unternehmen widerspricht der gängigen Anlegerpraxis. Oberstes Gebot ist es, die Risiken zu streuen. Viele Beschäftigte mussten hilflos zusehen, wie die Enron-Aktie innerhalb eines Jahres von 85 Dollar auf einen Dollar fiel. Sie verloren ein Milliardenvermögen, während die Manager sich durch den rechtzeitigen Verkauf ihrer Aktien bereichert hatten. Allein der Firmenchef Kenneth Lay, ein Freund Präsident Bushs, steckte 205 Millionen Dollar ein. Die besser Verdienenden wissen immer auch besser, wann sie ein Schnäppchen machen können. Als ruchbar wurde, dass bei Enron angefallene Milliardenverluste in eigens gegründeten Partnerfirmen versteckt wurden, kündigte Präsident Bush schnellstmögliche Aufklärung an. Aber sein Justizminister John Ashcroft musste sich für befangen erklären, weil er 57 000 Dollar an Wahlkampfspenden von dem Konzern erhalten hatte. Der ehemalige Branchenstar im Energiesektor pflegte die politische Landschaft Washingtons. Über 2,2 Millionen Dollar stiftete Enron Parteien und Politikern im Wahljahr 2000. Das Unternehmen förderte 70 der 100 Senatoren und das halbe Repräsentantenhaus, 220 000 Dollar flossen allein in Bush's Wahlkampfkassen. Allein 15 hochrangige Mitglieder der Bush-Administration, darunter Militärminister Donald Rumsfeld, besaßen Enron-Aktien. Große Investmentbanken der Wall Street hatten die Enron-Aktie lange auf ihrer Empfehlungsliste.

Der Dunstkreis von Bankrott, Bilanzfälschung, Insiderbetrug und dem Schmieren von Politikern veranlasste den renommierten amerikanischen Ökonomen Paul Krugman zu dem Kommentar, hier habe der selbe »Kumpelkapitalismus« – Crony capitalism – zugeschlagen, den die Amerikaner den Asiaten immer so gerne vorwerfen.

Wie die steuerlich geförderte Lebensversicherung, so wird auch die Riester-Rente nur von denen in Anspruch genommen werden, die nach der Bestreitung des Lebensunterhalts noch etwas Geld übrig haben. Für die unteren Lohngruppen gilt das nicht. Die Riester-Rente, die vorsieht, jährlich einen steigenden Anteil vom Lohneinkommen in die Privatversicherung einzuzahlen, kollidiert zudem mit dem Ziel der Lohnzurückhaltung.

Weil die Lohnabschlüsse zu niedrig waren, sind die Reallöhne in Deutschland seit zehn Jahren nicht gestiegen. Wenn die nominalen Lohnzuwächse weiter bei zwei Prozent liegen, dann ist es schon aus konjunkturpolitischer Sicht unvertretbar, in Zukunft vier Prozent vom Lohn für die Riester-Rente abzuzweigen. Da die niedrigen Einkommensschichten praktisch ihr gesamtes Geld ausgeben, wird jede Einschränkung für die Rente sofort die Konsumausgaben reduzieren. Die für die Bekämpfung der Arbeitslosigkeit so wichtige Binnennachfrage wird weiter geschwächt.

Im Jahre 2003 hieß es, die Riester-Rente, die als große Jahrhundertreform gefeiert worden war, sei ein Flop. Flugs wurden von Regierung und Opposition Kommissionen eingesetzt, um eine neue Rentenformel zu finden.

Der Mensch ist keine Ware

Wörter machen Politik. Die Sprache ist immer die Sprache der Herrschenden. Schon Karl Marx und Friedrich Engels störten sich daran, dass die Unternehmer »Arbeitgeber« und die Malocher »Arbeitnehmer« genannt wurden. Die Wirklichkeit sei doch anders. Die Arbeitnehmer seien Arbeitgeber und die Arbeitgeber seien Arbeitnehmer. Denn die Arbeiter gäben ihre Arbeit her, um ihre Familien zu ernähren, und der Unternehmer nehme sie, um Gewinne zu erzielen.

Am meisten störte mich immer das Wort »Arbeitsmarkt«. Schon mit dem Wort »Viehmarkt« habe ich Probleme. Da Tiere zu Menschen mehr oder weniger enge Beziehungen entwickeln, tat es mir in meiner Jugend Leid, wenn ich sah, wie Tiere auf dem Markt verkauft wurden. Würde man den Arbeitsmarkt »Menschenmarkt« nennen, dann würde schon das Wort die Unmöglichkeit, Menschen wie Waren zu behandeln, offenlegen. Aber ein Wort wie »Arbeitsmarkt« ist Ausdruck des Zeitgeistes. Und wenn das Denken in Kostenstellen wichtiger geworden ist, als das Nachdenken über menschliche Beziehungen, dann stört sich auch niemand mehr daran.

Weiß der Chor der Experten nicht mehr weiter, dann greift er auf eine Zauberformel zurück. Nur die Flexibilisierung des Arbeitsmarkts, so wird verkündet, kann einen Beschäftigungsaufschwung in Europa ermöglichen. Vorbild sind die Vereinigten Staaten. Hier gibt es keinen Kündigungsschutz, hier heißt es »hire and fire«. Die Arbeitnehmer werden angestellt, wenn man sie braucht, und entlassen, wenn man sie nicht mehr braucht. Hätten wir solche Regeln auch in Deutschland und Europa, dann, so meinen die Gelehrten, hätten wir ähnlich günstige Arbeitslosenzahlen wie die angelsächsischen Länder. Das Merkwürdige ist nur, dass wir in Amerika im Jahr 2001 einen massiven konjunkturellen Einbruch hatten, der eigentlich gar nicht hätte vorkommen dürfen, weil doch in den Vereinigten Staaten nach Lust und Laune gekündigt werden kann. Und wenn man sich zurückerinnert, stellt sich unweigerlich die Frage, warum in den siebziger Jahren in Deutschland bei einem »starren Arbeitsmarkt« die Arbeitslosigkeit viel geringer war. Aus solchen Überlegungen heraus müsste zumindest der Schluss gezogen werden, dass die viel gepriesene Flexibilität des Arbeitsmarkts nicht das Allheilmittel zum Abbau der Arbeitslosigkeit sein kann.

Die glühendsten Anhänger des flexiblen Arbeitsmarkts sind Professoren, die Lebenszeitbeamte sind, Mitglieder des Zentralbankrats, die ihren Arbeitsplatz nur dann verlieren, wenn sie aus Altersschwäche vom Stuhl fallen oder Politiker und Verbandsfunktionäre, die über hohe Abfindungen und Pensionen abgesichert sind. Dazu kommen die flotten jungen Männer, die auf hoch bezahlten und steuerbegünstigten Arbeitsplätzen bei der EU, der OECD und dem IWF sitzen. Sie haben an den Universitäten nur den neoliberalen Einheitsbrei serviert bekommen und kauen ihn brav wieder. Sie alle müssen sich den Vorwurf gefallen lassen, dass sie den Arbeitnehmern Arbeitsbedingungen verordnen wollen, unter denen sie selbst nicht bereit wären, einen Job anzunehmen. Bei der ganzen Diskussion geht es mehr um ideologische Aspekte als um eine sachbezogene Suche nach einem Weg aus der Arbeitslosigkeit.

Die Propheten des flexiblen Arbeitsmarkts sind zahlenresistent. Sie tun so, als hätten sich bei uns die Spielregeln auf dem Arbeitsmarkt in den letzten Jahren nicht verändert. Dabei hat die Wochenend- und Schichtarbeit zugenommen. Wer in Industriegebieten aufgewachsen ist, weiß, was von den Menschen verlangt wird, die rund um die Uhr, das heißt auch nachts und am Wochenende zur Arbeit gehen müssen.

Auch die geringfügigen Beschäftigungsverhältnisse, die keinen Kündigungsschutz haben, sind Einrichtungen eines »flexiblen Arbeitsmarkts«. In Deutschland gibt es über vier Millionen davon. Als die rot-grüne Koalition zu Beginn ihrer Amtszeit diese Beschäftigungsverhältnisse sozialversicherungspflichtig machte, erhob sich ein großes Wehklagen. Die Folge sei, so die Wirtschaftsverbände, dass diese Arbeitsplätze jetzt abgebaut und nur in geringem Umfang durch neue reguläre Arbeitsplätze ersetzt würden. Es war aber eine der wichtigsten Reformentscheidungen der Regierung Schröder, durch die Neuregelung bei den 325-Euro-Jobs, den Marsch aus dem Sozialstaat zu stoppen. Als der vorausgesagte Arbeitsplatzabbau ausblieb und über vier Millionen geringfügige Beschäftigungsverhältnisse registriert waren, gaben sich die Wirtschaftsverbände überrascht. Das hätten sie nicht erwartet. Dabei konnte die Auflage, für diese »kleinen Arbeitsplätze« Sozialversicherungsbeiträge zu zahlen, nicht zum Wegfall der auf diesen Stellen geleisteten Arbeit führen. Für die Wirtschaft ist die Möglichkeit, bestimmte Tätigkeiten durch geringfügige Beschäftigungen erledigen zu lassen, nach wie vor attraktiv.

Um die »Flexibilität des Arbeitsmarkts« zu erhöhen, wurde den Betrieben auch das Recht eingeräumt, befristete Arbeitsverträge abzuschließen. Davon machten sie reichlich Gebrauch. Jeder fünfte Arbeitnehmer unter 30 Jahren ist nur noch auf Zeit angestellt. Die gesetzliche Höchstdauer von zwei Jahren für die Befristung ohne Sachgrund, kann durch Tarifverträge verlängert werden. Und wenn ein Arbeitgeber einen Sachgrund für die Befristung hat, dann kann er denselben Arbeitnehmer immer wieder zeitlich begrenzt beschäftigen. 58-Jährige können ohne Angabe von Gründen auf Zeit beschäftigt werden. Die 325-Euro-Jobs und die befristeten Arbeitsverhältnisse haben den »Arbeitsmarkt« in den letzten Jahren flexibler gemacht. Aber erstaunlicherweise geben die Vertreter der stärkeren Flexibilisierung des Arbeitsmarkts nie an, wie weit nach ihren Vorstellungen der Abbau von Arbeitnehmerschutzrechten gehen soll.

Dabei hat das Institut der Deutschen Wirtschaft im November 2000 zufrieden festgestellt: »Ein unbefristeter Vollzeitjob ist für viele Deutsche längst nicht mehr das Nonplusultra. Andere Beschäftigungsformen, wie vor allem die Teilzeitarbeit, sind verstärkt im Kommen. Im Jahr 1998 arbeiteten bundesweit schon fast 14 Millionen Menschen – das sind knapp 40 Prozent der Erwerbstätigen – in Arbeitsverhältnissen außerhalb der gewohnten Reihe. Entgegen landläufigen Vorurteilen handelt es sich generell weder um minderwertige und schlecht bezahlte Jobs, noch geht die so genannte atypische Beschäftigung auf Kosten der Normalarbeitsverhältnisse.« In dem Artikel wird über Selbständige in Teilzeit und in Vollzeit und über abhängig Beschäftigte in unbefristeter und befristeter Teilzeit, in befristeter Vollzeit und in geringfügigem Nebenerwerb berichtet. In Westdeutschland sei die Zahl der »atypisch Beschäftigten« von 1985 bis 1998 um über 20 Prozent gestiegen. Warum registrieren die neoliberalen Ideologen diese Veränderungen nicht?

Vor allem der Kündigungsschutz ist ihnen ein Dorn im Auge. Dieser ist aber eine Einrichtung von Menschen für Menschen, die wissen, dass Arbeitnehmer keine Kostenstellen, sondern beispielsweise Väter oder Mütter sind, die für ihre Kinder sorgen wollen und gerne die Gewissheit haben, auch in den nächsten Monaten einen bestimmten Betrag auf ihrem Konto zu finden. Ist das Professoren, Zentralbankmitgliedern und Verbandsfunktionären wirklich nicht zu vermitteln? Unter der Überschrift »Auf die Familie kommt es an«, meinte selbst die wirtschaftsfreundliche *FAZ* kürzlich: »Es scheint sich als kurzsichtig zu erweisen, von den arbeitskraftstarken Jahrgängen, die zugleich die ›gebährfähigen‹ sind, die primäre Unterordnung unter die Flexibilitätsforderungen des Wirtschaftslebens zu verlangen, statt die Betriebe zugunsten der Familien, insbesondere der potentiellen Mütter, zu flexibilisieren.«

Auch die Mitarbeiter in den 1,7 Millionen Kleinstbetrieben mit bis zu fünf Beschäftigten haben keinen Kündigungsschutz. Wie man die Dinge auch wendet, für ein Fünftel aller Beschäftigten in Deutschland hat der Kündigungsschutz keine Bedeutung. Und wie zur Bestätigung, ergab eine Umfrage der Bundesvereinigung der Deutschen Arbeitgeberverbände (BDA) im Jahr 2001, dass nur die Hälfte aller Unternehmen in Deutschland den Kündigungsschutz als Einstellungshemmnis ansehen. Im Übrigen kann allen Arbeitnehmern aufgrund wirtschaftlicher Schwierigkeiten gekündigt werden. Es handelt sich dabei um die betriebsbedingte Kündigung. Und selbst diese wird immer weniger in Anspruch genommen, weil es häufig in wirtschaftlich schwierigen Zeiten Vereinbarungen zwischen Betriebsräten und Unternehmern gibt. Sie nennen sich »betriebliche Bündnisse für Arbeit«. In zahlreichen Flächentarifen ist die Möglichkeit verankert, zugunsten der Arbeitsplatzsicherung vom Tarifvertrag abzuweichen. Nach neuesten Untersuchungen haben 30 Prozent aller Unternehmen davon Gebrauch gemacht.

Wie ideologisch die Debatte geführt wird, zeigt sich auch daran, dass es in Deutschland immer noch populär ist, zu verkünden, wir müssten alle wieder länger arbeiten. Das mag in einzelnen Fällen sicherlich sinnvoll sein. Wenn es beispielsweise in einem bestimmten Bereich zu wenig Spezialisten gibt, dann ist deren Arbeitszeit mit Sicherheit überdurchschnittlich lang. Aber längere Arbeitszeiten für alle in einer Volkswirtschaft mit vier Millionen Arbeitslosen zu fordern, ist Zynismus oder Dummheit. Auch der ehemalige Bundeskanzler Helmut Kohl ließ sich von diesem Verbandsgeschwätz anstecken und sprach von einem »Freizeitpark Deutschland«. Später änderte er seine Meinung und verlangte richtigerweise eine Ausweitung der Teilzeitarbeitsplätze nach holländischem Vorbild. Sein Nachfolger Gerhard Schröder antwortete noch im Sommer 2001 auf die Frage, was er von einer Verkürzung der Arbeitszeit halte: »Diejenigen, die die Arbeitszeiten aushandeln, haben diese Diskussion längst überwunden, die da im Sommerloch wieder aufgekommen ist. Ich glaube nicht, dass wir in der nächsten Zeit Anlass haben, über solche Vorschläge ernsthaft nachdenken zu müssen. Das Thema ist abgeschlossen.«

Aber die Wirklichkeit kann einen schnell einholen. Am Ende des Jahres 2001 flehte der Bundeskanzler die Industrie geradezu an, nicht zu entlassen, sondern auf Modelle der Arbeitszeitverkürzung zurückzugreifen. Die Arbeitszeitregelungen im Automobilsektor, etwa bei VW oder BMW, wurden lobend herausgestellt. Das für die Wirtschaft Interessante an diesen »atmenden Fabriken«: Sie haben keine festen Arbeitszeiten, sondern es ist vorgesehen, diese innerhalb eines bestimmten Rahmens zu verändern. Wenn das Geschäft läuft, wird viel gearbeitet, wenn die Aufträge weniger werden, haben die Beschäftigten mehr Freizeit. Gab es früher noch viele Überstundenzuschläge, so bieten die Betriebe heute eher Freizeitausgleich an. In der Flaute des Jahres 2001 griffen auch die Deutsche Lufthansa, einige Banken und Versicherungen zur Arbeitszeitverkürzung, um Entlassungen zu verhindern. Bei Siemens-Mobilfunk konnten Arbeitnehmer freiwillig bis zu einem Jahr Auszeit nehmen. Dabei zahlte Siemens den Mitarbeitern je nach Länge der Auszeit weiterhin 20 bis 50 Prozent ihres früheren Gehalts. Es geht uns darum, gute Leute bei uns zu halten, hieß es bei Siemens. Der Konzern wolle verhindern, dass wertvolle Fachkräfte angesichts der Auftragsflaute kündigten.

Aber im Mai 2003 legte die CDU-Vorsitzende Angela Merkel die alte Platte wieder auf. Obwohl die Arbeitslosigkeit einen Rekordstand erreicht hatte, meinte sie: Nur wenn wir wieder länger arbeiten, kommen wir aus der Krise. Die Arbeitslosen hatten Schwierigkeiten, dieser Weisheit zu folgen.

Lohnzurückhaltung ist Betrug

Die Entwicklung der Löhne bestimmt die Kaufkraft der Bevölkerung. An den Löhnen hängen auch die Renten. Steigen die Löhne, dann haben ein Jahr später die Rentner mehr Geld in der Tasche. Kleinere Veränderungen an der Rentenformel sind unwichtiger für die Renteneinkommen als die Lohnentwicklung. Wenn die Löhne kräftig steigen, dann sind Kürzungen der Renten über die Rentenformel eher zu verkraften. Die Höhe des Arbeitslosengeldes und der Arbeitslosenhilfe richtet sich ebenfalls nach den Löhnen und Gehältern.

Die Lohnentwicklung bestimmt die Einnahmen des Staates und der Sozialkassen. Sie hat für die Entwicklung einer Volkswirtschaft eine ähnliche Bedeutung wie die Geld- und Fiskalpolitik. Wie bei der Geldpolitik, so gibt es auch bei der Lohnpolitik einen merkwürdigen Hang zur Diskussionsverweigerung, der insbesondere bei Gewerkschaftsfunktionären zu beobachten ist. Ich habe öfters die Erfahrung gemacht, dass mir, wenn ich etwas zur Lohnentwicklung gesagt hatte, entgegengehalten wurde, die Gewerkschaften könnten auf ungebetene Ratschläge verzichten. Das kam mir nicht nur deshalb immer merkwürdig vor, weil ich seit Jahrzehnten Gewerkschaftsmitglied bin, sondern auch aus dem Grund, weil die Tarifabschlüsse für die Entwicklung der Volkswirtschaft von herausragender Bedeutung sind. Entsprechend muss es in einer Demokratie selbstverständlich sein, über die Lohnpolitik zu streiten. Einige Gewerkschaftsfunktionäre leiden an einem ähnlichen Krankheitssymptom wie die Mitglieder von Zentralbankräten. Sie wollen über alles mitreden, verbitten sich aber Einmischungen in Tarifverhandlungen.

Natürlich weiß ich, dass innerhalb der Gewerkschaften die Mitglieder in einem demokratischen Willensbildungsprozess die jährlichen Tarifziele festlegen. Aber nur eine Minderheit der Arbeitnehmer ist gewerkschaftlich organisiert. Da Tarifpolitik, Geldpolitik und Fiskalpolitik entscheidende Bestimmungsgrößen des Konjunkturverlaufs sind, ist es vernünftig, jährlich diese einzelnen Politikbereiche aufeinander abzustimmen. Nichts anderes versuchte in früheren Jahren Bundeswirtschaftsminister Karl Schiller in seiner Konzertierten Aktion, und Vergleichbares beabsichtigt auch Bundeskanzler Gerhard Schröder im Bündnis für Arbeit. Aber sowohl bei Schiller als auch bei Schröder erklären Zentralbank und Gewerkschaften in regelmäßigen Abständen, sie ließen sich in ihre Geschäfte nicht hineinreden. Die Geldpolitik sei unabhängig, die Tarifpolitik auch. Und daher gehörten diese Themen nicht in solche Abstimmungsrunden.

Über die Lohnpolitik wurde dann aber doch geredet. Die Verärgerung der Gewerkschaftsmitglieder über das Bündnis für Arbeit hatten sich Kanzler und Gewerkschaftsbosse selbst zuzuschreiben. Nach der neoliberalen Wende der rot-grünen Koalition vereinbarten sie eine Lohnzurückhaltung. Der Beschluss passte in die Zeit wie die Faust aufs Auge. Im Jahr 2000 gab es ein kräftiges Wirtschaftswachstum von drei Prozent und die Unternehmen machten wirklich gute Gewinne. Damit sie nicht zu kurz kamen, langten die deutschen Manager kräftig zu und erhöhten sich ihre Bezüge im Lauf von drei Jahren um bis zu 300 Prozent. Die Unternehmensberatung Arthur Andersen gab für 2001 die Pro-Kopf-Gehälter der Vorstände einschließlich Boni und Optionswerten für die Deutsche Bank mit 11,08 Millionen Euro, für Infineon mit 7,27 Millionen Euro, für DaimlerChrysler mit 6,35 Millionen Euro und für die Deutsche Telekom mit 3,82 Millionen Euro an. Gott sei Dank hatten die meisten Wirtschaftsführer so viel Anstand, das Wort »Lohnzurückhaltung« nicht mehr in den Mund zu nehmen. Im Jahr 2001 stiegen die Öl- und die Nahrungsmittelpreise. Nach Abzug der Preissteigerung hatten Arbeitnehmer, Rentner, Arbeitslose und Sozialhilfeempfänger weniger Geld im Geldbeutel als im Jahr davor. Der Unmut in den Belegschaften stieg an. Sie fühlten sich benachteiligt, nicht nur weil die Manager sich kräftig bedient hatten, sondern auch, weil die Gewerkschaftsführung in einer Zeit, in der höhere Lohnabschlüsse möglich und notwendig gewesen wären, Lohnzurückhaltung vereinbart hatte. Dabei war die These von der Arbeitsplatz schaffenden Lohnzurückhaltung längst widerlegt. Seit Anfang der neunziger Jahre stiegen die Reallöhne langsamer als die Arbeitsproduktivität. Nach der neoliberalen Lehre hätte dies zum Abbau der Arbeitslosigkeit führen müssen. Das Gegenteil war aber der Fall. Die Arbeitslosigkeit stieg an.

Jede Woche können sich Gewerkschaftsführer den britischen *Economist* kaufen. In diesem liberalen Wirtschaftsmagazin werden Tabellen veröffentlicht, die merkwürdigerweise in der deutschen Presse kaum auftauchen. Dafür haben wir in den großen Tageszeitungen seitenlange Listen mit Kursen der Wertpapiere. Nun, in diesen Tabellen des *Economist* wird die reale Lohnentwicklung in den europäischen Staaten und in den USA wiedergegeben. Wenn die Gewerkschaftsführer diese Tabellen aufmerksam studiert hätten, wären sie auf eine erstaunliche Tatsache gestoßen: Lohnentwicklung und Wirtschaftswachstum haben wirklich etwas miteinander zu tun. Dort, wo es reale Lohnzuwächse gab, hatte man eine ausreichende Binnennachfrage. Dort, wo es eine schwache Lohnentwicklung gab, wie in Japan, Italien oder Deutschland, war die Binnennachfrage entsprechend. Insbesondere England setzte sich in den letzten Jahren von Deutschland ab. Ende der neunziger Jahre wurden in Großbritannien nominale Lohnabschlüsse von über sechs Prozent getätigt. Und auch im Jahr 2001, als die deutschen Arbeitnehmer Reallohnverluste hinnehmen mussten, konnte man im *Economist* nachlesen, dass die englischen Arbeitnehmer einen Reallohnzuwachs von drei Prozent hatten. Auch Frankreich widerlegt den deutschen Irrglauben, die Arbeitnehmer könnten, indem sie den

Gürtel enger schnallen, neue Stellen für ihre arbeitslosen Kollegen schaffen. Die Stundenlöhne stiegen in unserem Nachbarland von 1997 bis 2001 im Vergleich zu Deutschland um das Doppelte. Der Verteilungsspielraum, der sich aus Produktivitätszuwachs und Inflationsrate zusammensetzt, wurde ausgeschöpft. Das Wirtschaftswachstum erreichte im Durchschnitt dieser Jahre in Frankreich 2,8 Prozent gegenüber 1,8 Prozent in Deutschland.

Bei uns hatte sich ein merkwürdiger Gesinnungswandel vollzogen. In den Anfangsjahren der Bundesrepublik wollten die Gewerkschaften über die Lohnpolitik umverteilen. Der Anteil der Arbeitnehmerschaft am Kuchen sollte größer werden. In den siebziger Jahren hieß es dann, die Lohnentwicklung muss Produktivität und Preisentwicklung berücksichtigen. Stiegen beispielsweise die gesamtwirtschaftliche Produktivitätsentwicklung und die Preise um je zwei Prozent, dann war eine Lohnsteigerung von vier Prozent angemessen. In den neunziger Jahren änderte sich auch diese Vorstellung. Wenn Produktivitätsentwicklung und Preissteigerung einen Lohnabschluss von vier Prozent ermöglicht hätten, dann gaben sich die Gewerkschaften auch schon mal mit zwei Prozent zufrieden. Jetzt glaubten auch Gewerkschaftsführer, wie der DGB-Vorsitzende Dieter Schulte, der IGBCE-Vorsitzende Hubertus Schmoldt und der IG-Metall-Vorsitzende Klaus Zwickel an die Arbeitsplatz schaffende Wirkung der zurückhaltenden Lohnpolitik. Und wenn diese nicht eintrat und die Unternehmer stattdessen Entlassungen ankündigten, dann waren die Artisten unter der Zirkuskuppel ratlos.

In Deutschland gibt es im Gegensatz zu den Vereinigten Staaten, England oder Frankreich keinen gesetzlichen Mindestlohn. Dieser, der nicht unterschritten werden darf, ist nicht nur eine soziale Einrichtung. Er ist auch ein Steuerinstrument der Kaufkraft. England erhöhte im Jahr 2001 den Mindestlohn um elf Prozent. Man stelle sich vor, welches Protestgeschrei die Verbände der deutschen Wirtschaft erhoben hätten, wenn in Deutschland jemand für einen Niedriglohn eine Anhebung von elf Prozent verlangen würde. Bei einigen Aposteln des Neoliberalismus hätte geradezu Suizidgefahr bestanden. Man hätte sich ernsthaft sorgen müssen, ein Vertreter der reinen Lehre springe gleich aus dem nächsten Fenster.

Ich bin für die Einführung eines gesetzlichen Mindestlohns auch in Deutschland. Andere Länder haben damit gute Erfahrungen gemacht. Wir in einem ganz speziellen Bereich: Wegen der Zuwanderung von Bauarbeitern aus Polen und der Ukraine wurden Entsenderichtlinien erlassen, die einen gesetzlichen Mindestlohn festlegten. Die Regelung richtete sich nicht gegen osteuropäische Bauarbeiter. Sie verhinderte aber zu geringe Löhne. Die Zuwanderung ausländischer Arbeitnehmerinnen und Arbeitnehmer findet auch in anderen Gebieten der Wirtschaft statt. Daher ist es logisch, für alle Bereiche einen gesetzlichen Mindestlohn einzuführen. Die Marktfundamentalisten, die erwartungsgemäß Einspruch einlegen werden, muss man nur mit der Frage konfrontieren, ob sie selbst bereit wären, für einen noch geringeren Lohn als den Mindestlohn zu arbeiten. Und man muss sie bitten, zu erklären, wie sie bei solchen Löhnen eine Familie mit zwei Kindern ernähren wollen. Die Lohndebatte in Deutschland krankt nämlich daran, dass gut betuchte Menschen mit hohem Einkommen und einem ordentlichen Kündigungsschutz sich ständig über die zu teure Arbeit im Niedriglohnsektor auslassen.

Eher als eine Lohnzurückhaltung trägt eine Gewinnzurückhaltung zum Erhalt von Arbeitsplätzen bei. Würde eine Großbank beispielsweise auf den Gewinn von einer Milliarde Euro verzichten, dann könnte sie, wenn man einen finanziellen Aufwand pro Beschäftigten von 50 000 Euro zugrunde legt, 20 000 Menschen zusätzlich beschäftigen. Man kann das Spiel noch weiter treiben. Da es Vorstandsgehälter von acht Millionen Euro gibt und der Personalaufwand in vielen Betrieben pro Beschäftigten nicht höher als 50 000 Euro ist, kann man mit einem Vorstandsgehalt 160 Mitarbeiter bezahlen. Das ist die Belegschaft eines mittleren Betriebs. Aber den Begriff »Managergehaltszurückhaltung« kennt die deutsche Sprache nicht. Es wäre ja zugegebenermaßen auch ein ziemliches Wortungetüm. In Holland fordert der Gewerkschafter Lodewijk de Waal eine Kleptokratensteuer: Danach soll das Einkommen, das über 1,4 Millionen Euro hinausgeht, zu 100 Prozent besteuert werden. Das Wort »Kleptokratensteuer« ist hübsch. Denn Kleptomanie äußert sich durch einen krankhaften Hang zum Stehlen.

In Deutschland hat die Steuerreform des Jahres 2000 Folgendes zum Ergebnis: Der Spitzensteuersatz greift schon bei einem ledigen Facharbeiter. Aber auch die Vorstände seines Unternehmens, die 10 Millionen Euro Jahresgehalt beziehen, zahlen keinen höheren Steuersatz. Die Manager katapultieren ihre Gehälter in astronomische Höhen und der Steuersatz sinkt. Dabei wäre es dringend geraten, ihn mit wachsendem Einkommen wieder ansteigen zu lassen. Seien wir großzügiger als de Waal, damit uns die Manager nicht scharenweise davonlaufen. Aber ab zwei Millionen Euro könnte der Steuersatz 100 Prozent betragen.

Wie auch immer, die Lohnzurückhaltung des Jahres 2000/2001 brachte die Gewerkschaftsführer ordentlich ins Schwitzen. Die Belegschaften wollten sich nicht mehr mit Löhnen abfinden, die noch nicht einmal die Preissteigerung ausglichen. Und so mussten die Gewerkschaften höhere Lohnforderungen ausgerechnet zu dem Zeitpunkt erheben, in dem alle von Rezession sprachen. Anfängliche Überlegungen von Zwickel und Schmoldt, einen kurzfristigen Tarifvertrag mit bescheidener Lohnsteigerung abzuschließen, um dann, wenn es wieder besser läuft, höhere Löhne zu fordern, wurden von den Beschäftigten nicht mehr akzeptiert. Diese hatten schlicht und einfach die Nase voll. Zwickel musste sich die Abfindungs- und Anerkennungsprämien von rund 50 Millionen Euro für den früheren Mannesmann-Chef Klaus Esser und andere Konzernmanager nach der Übernahme durch den Konkurrenten Vodafone vorwerfen lassen. Die Metaller waren wütend, weil er sich im zuständigen Ausschuss des Aufsichtsrats der Stimme enthalten hatte. Wer Managern zweifelhafte Abfindungen und Anerkennungsprämien in Millionenhöhe nicht versagen wollte, konnte bei den Belegschaften schlecht für Lohnzurückhaltung werben. Schröder nannte die Tarifabschlüsse des Jahres 2000/2001 »außerordentlich vernünftig«. Die Arbeitnehmer, die Reallohneinbußen zu verkraften hatten, hörten das nicht gern.

Wenn es mit der Lohnzurückhaltung nicht so klappt, dann fordern die Wirtschaftsverbände ausländische Arbeitskräfte, um die Löhne zu drücken. Vor allem Computerspezialisten, so sagten sie, seien gefragt. Die Bundesregierung gab diesem Drängen nach. Für Experten auf diesem Gebiet wurde im August 2000 eine Greencard-Regelung beschlossen. Insgesamt kam es zu einer Ausgabe von 10 500 solcher Greencards. Aber schon ein gutes Jahr später hatte sich der Arbeitsmarkt wieder abgekühlt. Im Hightech-Land Bayern stand das erste Dutzend Greencard-Inhaber auf der Straße. Die Arbeitsverwaltung sagte, der Bedarf an Computerfachkräften sei offensichtlich weit geringer als die Branche noch vor einem Jahr angegeben hatte. Bei den bayerischen Arbeitsämtern waren 4900 erwerbslose IT-Spezialisten registriert, denen nur 2000 offene Stellen gegenüberstanden. Besonders angespannt war die Lage im Raum Nürnberg. Dort hatten viele Betriebe Ingenieure und Informatiker entlassen. Ähnliche Meldungen kamen auch von den Arbeitsverwaltungen der anderen Bundesländer. Um die arbeitslosen Greencard-Besitzer darf sich jetzt wieder die Allgemeinheit kümmern. Die Unternehmen wollen Gewinne machen, aber keine Sozialabgaben zahlen. Über die Zuwanderung in Deutschland wurde heftig gestitten. Bei vier Millionen Arbeitslosen war die Notwendigkeit, weitere ausländische Arbeitskräfte anzuwerben, nicht mehr zu vermitteln. Und viele Arbeitnehmer begriffen, dass die Forderung der Arbeitgeber nach ausländischen Arbeitskräften ein Wink mit dem Zaunpfahl war.

Eine Greencard gibt es mittlerweile für katholische Priester.

Nahezu 1400 der 12 500 Seelsorger in Deutschland kommen aus dem Ausland – vor allem aus Polen, Indien und Afrika –, weil es zu wenig deutsche Priester gibt. Die ausländischen Seelsorger werden bezahlt wie ihre einheimischen Amtsbrüder. Einen Teil des Geldes überweisen sie nach Hause, auch an ihre Heimatkirchen. Gegen diese Greencards kann man wirklich nichts einwenden. Deutsche Arbeitslose lassen sich schlecht zu Priestern umschulen. Und die Gefahr, dass die klerikalen Greencard-Inhaber arbeitslos werden, besteht nicht.

Alles für uns

Vor 200 Jahren klagte Adam Smith, »Alles für uns und nichts für die anderen« sei der abscheuliche Wahlspruch der Herrschenden. Schon der griechische Philosoph Platon hatte gefordert, große soziale Gegensätze zu vermeiden. Der Schüler des Sokrates besaß eine klare Vorstellung von einer gerechten Gesellschaft. Niemand dürfte danach mehr als das Vierfache des Vermögens eines anderen besitzen.

Solche Betrachtungen wirken heute wie von einem anderen Stern. Wenn Manager das Hundertfache des Gehalts ihrer Mitarbeiter beziehen, ist das keine Seltenheit mehr. Und wenn eine Niete im Nadelstreifen Milliarden in den Sand gesetzt hat und gekündigt wird, dann erhält sie noch üppige Abfindungen. Den vorläufigen Höhepunkt dieser obszönen Entwicklung bildete der Geldregen für den Ex-Mannesmann-Chef Klaus Esser, der, nachdem er die »Übernahmeschlacht« gegen den britischen Konzern Vodafone verlor, 31 Millionen Euro kassierte.

Einen ähnlichen Fall von Bereicherung gab es beim schwedischen Konzern ABB, der weltweit führend in Energie- und Automatisierungstechnik ist. Manager hatten sich mehr als 150 Millionen Euro als Pension zugeschanzt. Die schwedischen Zeitungen sprachen von einer »schweinischen Raffkultur«. Einer der Übeltäter, Percy Barnevik, war viermal nacheinander zum europäischen Manager des Jahres gewählt worden. Die üppigen Pensionszahlungen entsprachen dem Jahreseinkommen sämtlicher 6000 ABB-Beschäftigten in Schweden. Barnevik hatte rechtzeitig seinen Wohnsitz ins Ausland verlegt.

Plötzlich erschien vielen auch die Fusion der schwedischen

Firmengruppe mit der eidgenössischen Brown Boveri in einem anderen Licht. Unternehmensfusionen entspringen oft dem Wunsch der Vorstände, ihre Gehälter maßlos zu steigern. Natürlich können sie das so nicht sagen. Deshalb geht es in den öffentlichen Diskussionen immer um die Verbesserung der internationalen Wettbewerbsfähigkeit. So werden, wie wir auch in Deutschland gesehen haben, Milliarden verpulvert. Gleichzeitig schwindet das Vermögen der Aktionäre dahin. Wenn diese Herren in ihren Clubs über leistungsgerechte Bezahlung schwadronieren oder für Lohnzurückhaltung werben, dann kommt einem die Galle hoch.

Der Sachverständigenrat stellte in seinem Gutachten 2000 fest, die Vermögen seien »naturgemäß« viel ungleicher als die Einkommen verteilt, weil einkommensstarke Haushalte über lange Zeiträume oder gar Generationen hinweg mehr sparen können. Bemerkenswert ist dabei, wie leicht das Wort »naturgemäß« den Sachverständigen angesichts der ungleichen Vermögensverteilung in Deutschland fällt. Die Verteilung von heute entscheidet aber über die Chancen der nächsten Generation. 25 Prozent der westdeutschen Haushalte sind, wenn man Guthaben und Kredit verrechnet, verschuldet. Zehn Prozent der vermögensreichsten Haushalte Westdeutschlands haben dagegen einen 50-prozentigen Anteil am Netto-Geldvermögen. Die lang anhaltende Umverteilung zugunsten von Gewinn und Vermögenseinkommen und zulasten von Arbeitseinkommen macht sich bemerkbar. Daher muss die Umverteilung auf der politischen Tagesordnung bleiben.

Das Wort »Umverteilung« führt zu falschen Schlußfolgerungen. Besser wäre der Begriff »Rückverteilung«, da er die Ungerechtigkeiten in der primären Einkommensverteilung ausdrückt. Managergehälter in Deutschland sind nämlich nicht Ergebnisse von Angebot und Nachfrage, sondern eher das Resultat von Seilschaften, die sich gegenseitig bedienen. Da aber die besten Manager ohne die Belegschaften keine Wertschöpfung zustande brächten, ist es nur billig, festzustellen, dass sie sich ein zu großes Stück vom gemeinsam gebackenen Kuchen wegnehmen. Würde dafür der Begriff »Umverteilung« hergenommen, so erweckte er bei denen, die ausreichend haben, das Gefühl, sie müssten weniger Leistungsfähigen etwas von dem abgeben, was ihnen zu Recht zustünde und was sie sich hart erarbeitet hätten. Wenn die Lohnquote in Deutschland, statt zu fallen, wieder ansteigen würde, dann wäre das nach dieser Überlegung keine Umverteilung, sondern eine Rückverteilung.

Einkommens-, Vermögens- und Erbschaftsteuer sind staatliche Instrumente, um die Rückverteilung zu bewerkstelligen. Aber da diese Steuern alle sinken, wird in den neoliberalen Gesellschaften die Verteilung durch Kürzung sozialer Leistungen in umgekehrter Richtung vorgenommen. Den Reichen wird gegeben, den Armen wird genommen. Das Ganze dient der Wirtschaft und schafft Arbeitsplätze, sagen die Profiteure dieser Fehlentwicklung. Soziale Gerechtigkeit ist aber die Voraussetzung für eine friedliche Welt. Und solange die Wohlhabenden nicht fähig sind, innerhalb ihrer eigenen Gesellschaften für eine gerechte Verteilung zu sorgen, solange werden sie es gegenüber der Dritten Welt erst recht nicht tun. Seit dem Zusammenbruch des Kommunismus und der Sowjetunion ist der Raubtierkapitalismus rücksichtsloser und aggressiver geworden. Der Kommunismus zwang die kapitalistischen Gesellschaften, durch soziale Regeln dem Recht des Stärkeren Grenzen zu setzen.

Eine andere Welt ist möglich

Amerika ist das Kraftzentrum der Welt. Der oft verwendete Begriff der Globalisierung ist ein anderes Wort für das Vordringen der amerikanischen Vorherrschaft und Lebensweise auf dem Erdball. Die Hegemonie der Vereinigten Staaten ist nicht nur militärisch und wirtschaftlich, sondern auch kulturell. Ihre Instrumente sind Waffen, Geld, Öl und Medien. Amerika ist die größte Waffenschmiede der Erde. Die amerikanischen Rüstungsfirmen exportieren ihre Produkte in 140 Länder. Die Bush-Regierung sieht wie ihre Vorgängerinnen in der Sicherung der Rohstoffquellen und Absatzmärkte eine militärische Aufgabe. Nach Afghanistan besetzte sie den Irak. Und schon hat sie Syrien und den Iran im Visier. Der Dollar ist die Leitwährung der Welt. NBC und Hollywood sind ebenso allgegenwärtig wie Coca-Cola, Levis-Jeans, Nike und McDonalds.

Nie werde ich ein Erlebnis vergessen, das ich 1990 in Moskau hatte. In der Nähe des Roten Platzes sah ich die Menschenschlange, die die Besucher während der Sowjetzeit bildeteten, weil sie das Lenin-Mausoleum sehen wollten. Als ich leichthin bemerkte, Lenin habe aber trotz des Falls der Mauer noch viele Anhänger, klärte mein Fahrer mich auf. Die Schlange führe nicht mehr zu Lenin, sondern zur neu eröffneten Filiale von McDonalds. Endgültig vorbei waren die Zeiten, in denen Sammy Davis jr. witzeln konnte, New York, London, Paris, Madrid und Berlin seien sehenswerte Städte, weil es dort McDonalds gäbe. Moskau und Peking müsse man aber nicht besuchen, denn dort hätte McDonalds keine Filialen.

Der militärisch-industrielle Komplex, vor dem der amerikanische Präsident Dwight D. Eisenhower warnte, hat sich mit dem Finanzkapital der Wall Street und der Ölindustrie verbunden. Weltbank und Internationaler Währungsfonds sind, wie der ehemalige Finanzminister Larry Summers mit erfrischender Offenheit erklärte, Instrumente amerikanischer Machtpolitik. Amerika kann für viele Länder den Geldhahn auf- oder zudrehen. Eine solch außerordentliche Machtfülle hat es in der Geschichte bisher noch nicht gegeben. Es konnte sie auch nicht geben, weil die Welt noch nie zuvor so vernetzt war und weil die Technik noch nie zuvor eine derartige globale Dimension in Form von Satelliten, Raketen, Computern und Kernkraftwerken erreicht hat.

Macht muss kontrolliert werden. Aber wer kontrolliert Amerika, das, wenn es nach Militärminister Donald Rumsfeld geht, »ohne Rücksicht auf bestehende Verträge und Einwände der Alliierten« führt. Amerika ist ein faszinierendes Land. Ich bewundere seine Literatur, seine Musik, seine bildende Kunst und seine wissenschaftlichen Leistungen. In dem Land der unbegrenzten Möglichkeiten ist die Idee der Freiheit lebendig. Eindrucksvoll belegen das die Worte auf dem Sockel der Freiheitsstatue und die Passagen der amerikanischen Unabhängigkeitserklärung, die ich am Anfang des Buches zitierte. Aber schon der französische Politiker und Historiker Alexis de Tocqueville warnte im 19. Jahrhundert: »Die Amerikaner haben eine immens hohe Meinung von sich selbst, und es fehlt nicht viel, dass sie glauben, eine Art von Spezies jenseits der menschlichen Rasse zu sein.«

Wer nicht für mich ist, ist gegen mich, das kann der Anspruch eines alttestamentarischen Gottes sein, nicht aber die Haltung des Regierungschefs eines demokratischen Landes. »Ausgehend von schrankenloser Freiheit ende ich in unumschränktem Despotismus«, ist in Fjodor Michailowitsch Dostojewskis »Dämonen« zu lesen. Die Gefahren dieser Entwicklung werden auch in Amerika selbst gesehen. Die notwendige politische Antwort könnte ein amerikanischer Präsident geben, der es als seine Aufgabe betrachtet, die Hegemonie der USA durch die Einbindung seines Landes in die demokratische Entscheidungsfindung der Vereinten Nationen in den Dienst einer neuen Weltordnung zu stellen. Ein Präsident, der, wie seine großen Vorgänger, George Washington, Abraham Lincoln oder Franklin D. Roosevelt, die Kraft zur Durchsetzung weit tragender politischer Entscheidungen hätte. Das ist auch heute möglich, wie Michail Gorbatschow mit Glasnost und Perestroika bewies. Er brach die Verkrustungen auf, die sich über viele Jahre durch den Kalten Krieg entwickelt hatten, und stieß für die kommunistische Staatenwelt das Tor zur Freiheit auf.

Eine Einbindung der Hegemonialmacht in die Vereinten Nationen würde die Möglichkeit eröffnen, der UNO die Rolle der Weltpolizei zu übertragen, die Atomwaffen schrittweise abzuschaffen, die Waffenproduktion und die Waffenexporte drastisch zu verringern und eine für alle gültige internationale Rechtsordnung zu schaffen.

In der amerikanischen Innenpolitik müsste ein Reformpräsident die Änderung der Energie- und Agrarpolitik und – weil das im März 2002 verabschiedete Gesetz zur Begrenzung der Parteispenden nicht ausreicht – die Demokratisierung der Wahlkampffinanzierung vorantreiben. Diese Reformen hätten eine enorme globale Auswirkung.

Skeptiker werden einwenden, der militärisch-industrielle Komplex, der in der Wall Street und der Ölindustrie mächtige Partner hat, sei mittlerweile zu fest betoniert. Aus sich selbst heraus könne er sich nicht mehr reformieren. Aber was dann? Institutionen wie die UNO, die WTO, die Weltbank, der IWF und die Nato können dazu dienen, die amerikanische Politik in partnerschaftlicher Zusammenarbeit zu beeinflussen und zu korrigieren. Hier liegt die besondere Verantwortung der Europäer. Im UNO-Sicherheitsrat sollte es einen europäischen Sitz geben und im Internationalen Währungsfonds muss Europa mit einer Stimme sprechen. Das ist natürlich nur dann möglich, wenn die europäische Einigung weiter vorankommt und wenn die lächerlichen

Eitelkeiten und Rivalitäten, die im Afghanistankrieg sichtbar wurden, durch staatsmännisches Handeln ersetzt werden. In keinem Fall darf Europa der Versuchung erliegen, eine ähnliche militärische Macht aufzubauen wie Amerika. Ein sich um Waffen, Geld und Öl drehender europäischer Moloch nach amerikanischem Vorbild würde die Welt nicht weiterbringen. Europa sollte sich zum Fürsprecher der Entwicklungsländer machen und deren Interessen auf internationaler Ebene vertreten.

Die Ost-Erweiterung wird die europäischen Entscheidungen erschweren. Schon lange befürworte ich daher ein Europa der zwei Geschwindigkeiten, in dem diejenigen, die näher zusammenrücken wollen, das in naher Zukunft auch tun sollten. Gleichzeitig muss den anderen Ländern, die zögerlicher sind, Zeit gelassen werden, bis sie zu einer engeren Zusammenarbeit bereit sind. Da England sich nicht zwischen Amerika und Europa entscheiden kann, müssen Deutschland und Frankreich das Heft in die Hand nehmen. Eine deutsch-französische Konföderation, der sich die Benelux-Staaten anschließen können, wäre der Beginn einer neuen Rolle Europas in der Weltpolitik. Männer wie Charles de Gaulle und Konrad Adenauer hatten ein Gespür für den historischen Auftrag des alten Kontinents. Valéry Giscard d'Estaing und Helmut Schmidt ebenso wie François Mitterrand und Helmut Kohl haben die deutsch-französische Zusammenarbeit zum Motor der europäischen Entwicklung gemacht. Dieser Motor stottert zur Zeit. Aber die politische Aufgabe bleibt. Zwar wird es schwer sein, im Zeitalter medialer Eitelkeit und der Vorherrschaft nationaler Wahlkämpfe einen Durchbruch zu erreichen. Aber eine deutsch-französische Konföderation, die eine institutionalisierte gemeinsame Außen- und Sicherheitspolitik ebenso umfasst wie eine gemeinsame Wirtschafts- und Finanzpolitik, kann Europa zu einem Partner werden lassen, der die Politik Amerikas ausgleicht und korrigiert. Ein solches Vorhaben kann nur gelingen, wenn es von einer neuen geistigen Orientierung getragen wird.

Der große indische Politiker Mahatma Gandhi zählte »sieben soziale Sünden der Menschheit« auf:

Politik ohne Prinzipien
Reichtum ohne Arbeit
Genuss ohne Gewissen
Wissen ohne Charakter
Geschäft ohne Moral
Wissenschaft ohne Menschlichkeit
Religion ohne Opfer

Dieser Sündenkatalog des Predigers der Gewaltlosigkeit beleuchtet die Krankheiten unserer Zeit. Zur Politik ohne Prinzipien, zum Reichtum ohne Arbeit, zum Geschäft ohne Moral sind auf den zurückliegenden Seiten viele Beispiele angeführt worden. Wissenschaft ohne Menschlichkeit führt zum Retortenbaby, dessen Produktion auf der Grundlage eines Firmenpatents erfolgt. Genuss ohne Gewissen hat einen Ressourcenverbrauch zum Ergebnis, der die Lebensgrundlagen der Erde zerstört. Wissen ohne Charakter haben die Techniker in den Waffenfabriken. Religion ohne Opfer ist das christliche Lippenbekenntnis, das den gerechten Krieg predigt und dem Hungertod die kalte Schulter zuwendet.

Wenn die Gesellschaft sich erneuern soll, kommen die politischen Parteien wieder ins Spiel. Die beobachtete Hinwendung zur Beliebigkeit und Orientierungslosigkeit führt zu einer Durchwurstelei, in der keiner mehr weiß, in welche Richtung es geht. Das ist ein Versagen konservativer und linker Parteien zugleich. Zur Veränderung der politischen Praxis der sozialdemokratischen Parteien und der Gewerkschaften habe ich einiges gesagt. New Labour, Neue Mitte und die kraftlose Verteidigung der Arbeitnehmerinteressen sind beredter Ausdruck des Identitätsverlustes der politischen Linken. Die Sozialistische Internationale fristet ein Schattendasein, während in Seattle, Genua und Porto Alegre eine neue Bewegung die Programme für eine bessere Welt formuliert. Die internationalen Gewerkschaftskongresse wirken dagegen blutleer und beziehungslos, obwohl Lohndumping in aller Welt Armut und Krankheit zur Folge hat.

Die Konsumkultur zerstört die Tradition. Sie führt zum Verlust der Werte, ohne die eine Erneuerung der Politik nicht möglich ist. Es ist Zeit, die politische Linke an den Auftrag zu erinnern, den der französische Sozialist Jean Jaurès zu Beginn des letzten Jahrhunderts seinen Freunden gab: »Bewahrt vom Feuer der Vorfahren die Glut und nicht die Asche.« Die Reformer und Modernisierer der politischen Linken haben die Asche in alle Winde zerstreut. Dabei ist aber auch die Glut der sozialen Gerechtigkeit erloschen, ohne die die Welt nicht in Frieden und Freiheit leben kann.

Personenregister

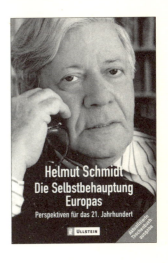

Das Zeitalter des gemischten Teams ist eingeläutet